JN061480

新 版

富山の百山

［グレーディング版・ピッチマップ付き］

富山県山岳連盟 編

写真：高見源彰

北日本新聞社

小川
大鷲山
50
境川
白鳥山
47
南保富士
52
51
黒菱山
黒部川
入善町
新潟県
49
46
犬ヶ岳
大地山
48
初雪山
53
45
黒岩山
片貝川
黒部市
負釣山
朝日町
鋲ヶ岳
54
43
朝日岳
55
烏帽子山
早月川
44
雪倉岳
白岩川
上市川
清水岳
魚津市
56
僧ヶ岳
39
40
白馬岳
滑川市
57
駒ヶ岳
41
杓子岳
42
鑓ヶ岳
濁谷山
上市町
13
毛勝山
59
大倉山
58
釜谷山
12
37
唐松岳
城ヶ平山
細蔵山
11
猫又山
61
60
15
14
38
五龍岳
城山(千石城山)
鍋冠山
大猫山
10
赤谷山
中山
63
大熊山
立山町
6
池平山
高峰山
62
17
18
クズバ山
36
鹿島槍ヶ岳
16
5
大辻山
塔倉山
66
9
8
剱岳
7
黒部別山
64
大日岳
奥大日岳
65
別山
2
67
35
爺ヶ岳
来拝山
1
立山
尖山
68
浄土山
3
4
34
赤沢岳
大品山
龍王岳
69
針ノ木岳
32
71
70
鍬崎山
鳶山
19
33
蓮華岳
高頭山
鉢伏山
20
越中沢岳
30
烏帽子岳
21
薬師岳
29
赤牛岳
72
六谷山
北ノ俣岳
31
野口五郎岳
28
水晶岳
寺地山
22
23
祖父岳
27
26
鷲羽岳
24
25
黒部五郎岳
三俣蓮華岳
岐阜県
長野県

新版
富山の百山
位置図
▲中部山岳公園の山
▲県東部の山
▲県中央部の山
▲県西部の山
碁石ヶ峰
82
氷見市
富山湾
余川川
小矢部川
二上山
81
庄川
高岡市
83
元取山
射水市
84
稲葉山
75
城山(呉羽丘陵)
小矢部市
砺波市
富山市
石川県
小佐波御前
77
大乗悟山
夫婦山
78
79
祖父岳
八乙女山
87
85
牛岳
医王山
96
南砺市
88
赤祖父山
89
高清水山
高落場山
90
唐堀山
74
袴腰山
92
91
高坪山
白木峰
80
93
猿ヶ山
金剛堂山
86
大門山
97
人形山
94
95
三ヶ辻山
奈良岳
98
大笠山
99
笈ヶ岳
100

池平山より剱岳を望む（安宅繁正）

4月の弥陀ヶ原より奥大日岳を望む（村上清光）

新雪の立山（松本睦男）

黒部五郎岳と五郎のカール（永山義春）

新版の発刊にあたって

前富山県山岳連盟会長　山田信明

『富山の百山』は２０１４年8月に北日本新聞社から発刊されました。富山県山岳連盟の加盟団体が総力をあげて取り組んだこの本は、好評をもって受け入れられ、多くの読者にご利用いただいてきました。

富山の百山選定の趣旨は、『越中の百山』（北日本新聞社刊）改訂版発行から30年以上が経過し、新たな１００の山を県内全域から選んでガイドブックにまとめ、富山の山々をより深く知ってもらい、安全に山を楽しんでいただこうということでした。

富山県は三方を山に囲まれ、東側には北アルプス北部の山並みが屏風（びょうぶ）のように連なっています。このため、選定百山のうち中部山岳国立公園内の山は45座を占め、県境稜線上にある山も34座を数えます。

富山の百山は、高度な体力・技術を要する名だたる高峰から、四季を通じて幅広く登られている中級山岳、そして気軽に豊かな

自然を楽しめる低山・里山まで多岐にわたります。かつて残雪期にしか登れなかった多くの山に、登山道が開かれて日帰り登山が可能になりました。

初版以来7年ぶりとなる新版では、富山県自然保護課公表（2020年3月）の富山県「山のグレーディング」に準拠して、体力度と技術的難易度の情報を盛り込み、概念図では登山ルートの難易度を色分けしたピッチマップで表示しています。他県のグレーディングと共通の基準になっており、自分の登山経験や力量にあった山を選ぶ上でも参考にしていただくことができます。

2021年の今年は立山黒部アルペンルートの全線開業から50周年、トロッコ電車の黒部峡谷鉄道も創立50周年の節目の年です。4月の営業運転再開は、新型コロナウイルスの影響で静かなスタートでした。

コロナ禍で当初の発行予定より遅れてしまいましたが、最新情報を網羅したこの本が、安全な山登りを楽しむ一助として、またふるさとの山の魅力を見直す読み物としてもご活用いただけたら幸いです。

羽田・富山便で、有峰湖上空から見た立山連峰周辺。目前には立山カルデラと弥陀ヶ原。立山・剱岳を中心に南北に連なる峰々。その先には、黒部の深い谷を隔てた後立山連峰と、遠くには頸城山塊も。（写真・長岡正利＝日本山岳会会員・南砺市福野出身）

目次

新版 富山の百山 位置図……2
口絵……4
新版の発刊にあたって 前富山県山岳連盟会長 山田信明……6
本書の使い方……12
「富山の百山」山のグレーディング……14
登山届の提出方法……16

中部山岳国立公園の山

1 立山 大展望の大汝山は富山県の最高地点……18
2 別山 眼前に屹立(きつりつ)する剱岳(つるぎ)を堪能する……22
3 浄土山 立山(たてやま)信仰の中心的存在……24
4 龍王岳 浄土の守護神、龍王を祭る……26
5 剱岳 北アルプス屈指の名峰は氷河と岩の殿堂……28
6 池平山 剱岳の岩峰群やお花畑の絶景……34
7 黒部別山 壮絶な岩壁を連ねる秘境に迫る……36
8 奥大日岳 花咲く稜線から剱岳を間近に望む……38
9 大日岳 ラムサール条約登録でさらに脚光を浴びる……40
10 赤谷山 ビバークの装備必要。上級者向けの険しい山……42
11 猫又山 南斜面は剱岳の雄姿を望む特等席……44
12 釜谷山 安易な入山は許されない道なき峰……46
13 毛勝山 体力と技術が問われる岳人憧れの頂……48
14 大猫山 剱岳の眺望や大猫平の池塘(ちとう)を楽しむ……50
15 細蔵山 剱岳の幽玄な北西面を大迫力で望む……52
16 大熊山 立山杉の巨木が多く立つ剱岳の展望台……54
17 中山 ファミリーハイクで剱岳を堪能する……56
18 クズバ山 急登に耐え遮(さえぎ)るものなき眺望を得る……58
19 鳶山 西に立山カルデラ、東に湿原をもつ断崖の山……60
20 越中沢岳 知名度は低いが眺望や植生に味がある……62
21 薬師岳 折立(おりたて)から北アルプスの夏山を満喫する……64
22 寺地山 北ノ俣岳(きたのまた)から西に延びる県境稜線の山……68

23 北ノ俣岳 川の源頭で原始の自然に身を置く……70
24 黒部五郎岳 美しく壮大なカールを頂く花の山……70
25 三俣蓮華岳 山頂は富山、岐阜、長野の県境……70
26 鷲羽岳 鷲が羽を広げたような雄大な山容……74
27 祖父岳 雲ノ平は立ち去りがたい雲上の楽園……74
28 水晶岳 大展望の山頂は富山市の最高地点……78
29 赤牛岳 知る人ぞ知る奥黒部のへそ……78
30 烏帽子岳 全国に数ある同名山の最高峰……82
31 野口五郎岳 ゴロゴロした岩場から名前がついた……82
32 針ノ木岳 盛夏でも涼しい針ノ木雪渓を登る……86
33 蓮華岳 高山植物の女王コマクサの群落……89
34 赤沢岳 エメラルドグリーンの黒部湖を眼下に……92
35 爺ヶ岳 初心者も挑戦できるなだらかな花の山……94
36 鹿島槍ヶ岳 秀麗な双耳峰は北ア北部の代表的存在……96
37 唐松岳 ゴンドラリフトで一気に八方尾根へ……98
38 五龍岳 武骨で豪快な岩稜の名山に挑む……98
39 清水岳 ひそかに人気がある花の山旅……102
40 白馬岳 脚力があれば富山側から天空の花園へ……102
41 杓子岳 屋根型の頂上付近にコマクサが群生……106
42 鑓ヶ岳 鑓温泉の大露天風呂で疲れを癒やす……106
43 朝日岳 ブナの原生林に癒やされて歩く……110
44 雪倉岳 小屋を基点にお花畑を往復……110
45 黒岩山 高山植物の種類が豊富な隠れた名山……114
46 犬ヶ岳 頂上の栂海山荘で快適な一夜を過ごす……114
登山でクマに遭ったなら①……118

県東部の山

47 白鳥山 栂海新道最北。山姥伝説を秘めた登山道……120
48 初雪山 北又谷と小川の分水嶺を成す山……122
49 大地山 黒部川扇状地に堂々たる山容を示す……124
50 大鷲山 海抜ゼロメートルから手軽に登る……126
51 黒菱山 富山湾を望む展望のいい里山……128
52 南保富士 朝日ふるさと歩道から登る里山……130

53 負釣山 低い割に変化に富む人気の山……132
54 鋲ヶ岳 手軽なファミリー登山に最適の山……134
55 烏帽子山 後立山連峰と黒部川扇状地の大展望台……134
56 僧ヶ岳 雪形と信仰で広く知られる花の山……136
57 駒ヶ岳 駒ヶ岳16山の中でも難攻不落とされた山……140
58 大倉山 山頂に「笠」と書かれた石標がある……142
59 濁谷山 早月川本流を濁した1等三角点の山……144
60 城山（千石城山） 気軽に山歩きを楽しめる剱岳の展望台……146
61 城ヶ平山 映画「おおかみこどもの雨と雪」で人気……148
62 高峰山 美しく紅葉した稜線を歩く身近な山……150
63 鍋冠山 雪の早春に里山を登る……152
64 大辻山 初心者向けながら登山の醍醐味を満喫……154
65 来拝山 自然を観察しながら楽しく登る……156
66 塔倉山 春の女神ギフチョウに出合える山……158
67 尖山 美しい円錐形の特異な山容を見る……160
登山でクマに遭ったなら②……162

県中部の山

68 大品山 百間滑を経てブナ林の尾根道を歩く……164
69 鍬崎山 黄金伝説を秘めた優美な山を登る……166
70 鉢伏山 鉱山跡を一角に残す閑雅な山……168
71 高頭山 播隆上人の生誕地から登るブナ林の山……170
72 六谷山 飛越県境の茂住峠から登る展望の山……172
73 キラズ山 彼岸には双耳峰のコルから日が昇る……174
74 唐堀山 春の山頂一帯はスダケの宝庫……176
75 城山（呉羽丘陵） しらとり広場から望む圧巻の立山連峰……178
76 小佐波御前山 家族連れで大自然を気軽に楽しむ……180
77 大乗悟山 天湖森に寄り添うミズバショウの群生地……182
78 夫婦山 猿丸大夫の塚があるいにしえの双耳峰……184
79 祖父岳 手軽で展望に優れるが急登がきつい……186
80 白木峰 大自然の景観と高山植物の宝庫……188
死亡者数の多いスズメバチ対策……190

県西部の山

81 二上山 海越しの立山連峰を望む万葉ゆかりの山 …… 192
82 碁石ヶ峰 運がよければ立山連峰の絶景が待つ …… 194
83 元取山 地元に親しまれている歴史散策の里山 …… 196
84 稲葉山 「越の下草」に記された小矢部の独立峰 …… 198
85 牛　岳 市民に親しまれている砺波市の最高地点 …… 200
86 金剛堂山 優美な風衝草原をたどって360度の大展望を …… 202
87 八乙女山 砺波平野の散居村を眼下に収める …… 204
88 赤祖父山 四季を通じブナの原生林を楽しめる水源の山 …… 206
89 高清水山 伝説と神秘に包まれた縄ヶ池から登る山 …… 208
90 高落場山 標高は1122メートルで「いい夫婦」 …… 210
91 高坪山 おむすび山と親しまれる三角形の山容 …… 212
92 袴腰山 5月にはシャクナゲと雪の白山を望む砺波富士 …… 214
93 猿ヶ山 十二支の山として申年に人気がある …… 216
94 人形山 名前の由来は手をつないだ姉妹の雪形 …… 218
95 三ヶ辻山 山頂に2等三角点がある端正な鋭鋒 …… 218
96 医王山 奈良時代に泰澄大師が開いた霊山 …… 220
97 大門山 石川、富山県境稜線にある加賀富士 …… 222
98 奈良岳 眺望を楽しんで白山国立公園の北端を歩く …… 222
99 大笠山 桂湖から1等三角点の頂上を目指す …… 226
100 笈ヶ岳 道がなく残雪期に登る秘境の霊峰 …… 228

安全に山を楽しむために

インタビュー／富山県警察山岳警備隊長に聞く —— 230
コラム「登山届」について —— 237

資料編

登山の装備と持ち物チェックリスト —— 238
宿泊情報 —— 241
富山の百山 登山史上の人物 —— 244
富山県山岳連盟選定「富山の百山」一覧 —— 248
執筆者一覧 —— 252
参考文献一覧 —— 254
『新版 富山の百山』に寄せて 北日本新聞社代表取締役社長 駒澤信雄 —— 256
編集後記 富山県山岳連盟副会長・理事長 開澤浩義 —— 258

■本書の特徴

本書は、富山県山岳連盟が創立65周年事業として、2014年に選定した「富山の百山」について、その魅力と登山コースガイドを、エリア別に紹介するものです。本書に収載する各山の情報や紹介文は、取材時(2020年～2021年3月)のものです。登山の際は必ず各自で詳細な地図、最新の情報を入手し、安全な登山を心掛けてください。

タイトル周り

各山ガイドのタイトル周りでは個々の山岳データを配置しています。

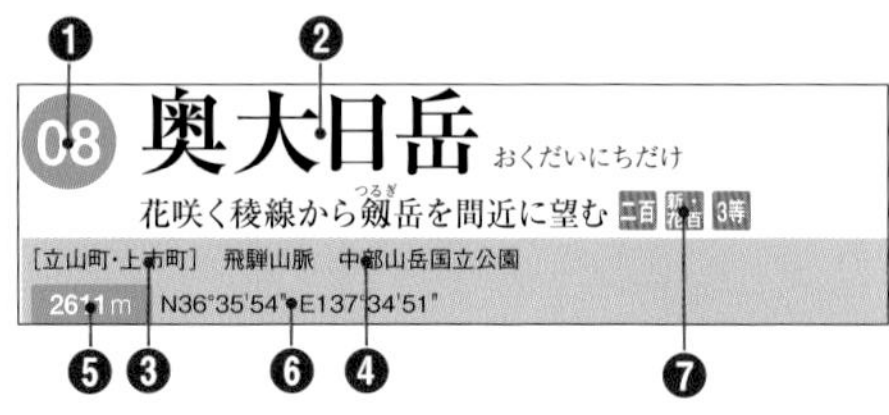

❶番　　号　立山を1とし、立山連峰周辺は北から南へ、後立山連峰は南から北へ、それ以外は、100の笈ヶ岳までおおよそ東から西へ順に番号がついています。番号は「富山の百山」位置図(2–3ﾍﾟ)に対応しています。

❷山 岳 名　紹介山岳名の表記と読み方(ひらがな)は国土地理院発行の地形図に準じています。そのほかの代表的な呼称はゴシック体で記しています。

❸市 町 村 名　山頂が位置する市町村を示しています。

❹山域名など　その山がある山脈、連峰、連山、公園等を示しています。

❺標　　高　山頂の最高地点の標高です。三角点の標高は2014年4月改訂の数値に準じます。

❻山頂の座標　N=北緯、E=東経を示しています。

❼カテゴリー　それぞれのマークは次のとおりです。

- 百 … 日本百名山
- 二百 … 日本二百名山
- 三百 … 日本三百名山
- 新・日百 … 新日本百名山
- 花百 … 花の百名山
- 新・花百 … 新花の百名山
- 1等 … 1等三角点の山
- 2等 … 2等三角点の山
- 3等 … 3等三角点の山

登山口、山小屋・休憩所情報

登山口へのアクセスについての情報と、山小屋などの連絡先を表記しています。

❶登　山　口　コースの登山口を紹介しています。

❷写　　真　登山口周辺の写真を掲載しています。

❸座　　標　登山口の座標(N=北緯、E=東経)を示しています。

❹アクセス　登山口までの交通手段や駐車場情報、公共交通や道路状況などの問い合わせ先を記載しています。

❺山小屋・休憩所の連絡先
コースの登山口や下山口近くの宿泊施設、またはルート内の山小屋・避難小屋や休憩所の連絡先を記載しています。コース概念図にも記載されています。※室堂周辺の山小屋は多数あるため宿泊情報(241ﾍﾟ)を確認ください。

本書の使い方

コース紹介

登山準備に必要な情報を記載しています。

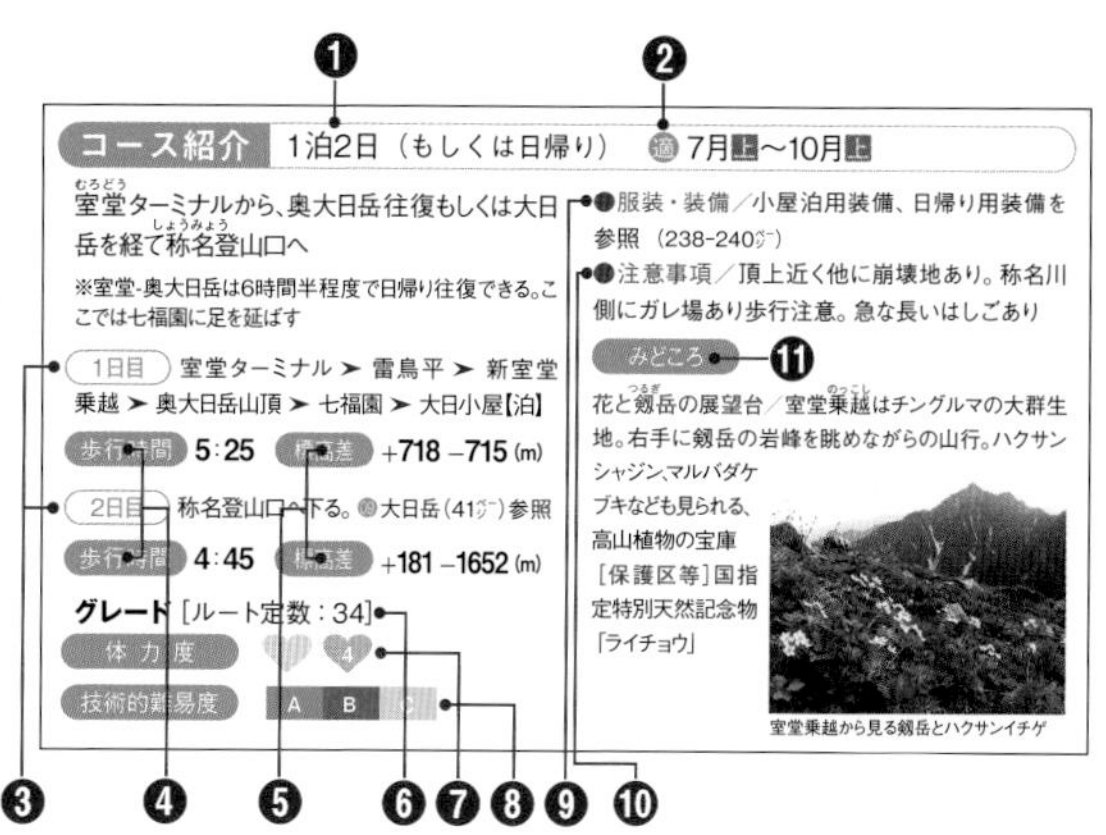

❶コースの登山日程を示しています。
❷登山に適する時期を示しています。
❸日帰り、1日目、2日目のように、行動日ごとのルート（経路）とルート上の主な地点を示しています。これらはコース概念図の表記と連動しています。
❹行動日ごとの歩行時間（標準コースタイム）を［時間:分］で示しています。一般的な成年男女の晴天時を想定しており、休憩時間は含みません。
❺行動日ごとの累積登り標高差（＋）と、累積下り標高差（−）をメートル単位で示します。
❻各山のグレードを、客観的な数値であるルート定数で表しています。（14㌻参照）
❼ルート定数にもとづく体力度のレベルを10段階で示しています。数字が大きいほど、体力が必要です。
❽必要とされる最も高い技術的難易度を、低い方からアルファベットの5段階で示しています。
❾服装・装備　ルートの最低限必要な装備です。
❿注意事項　注意喚起の必要な事項を記しています。
⓫取材者によるみどころ紹介です。

コース概念図

コースのイメージ（概念図）を難易度別のピッチマップで示しています。

❶山岳名と標高　山岳名は赤字、標高はメートル表記です。
❷ピッチマップ　各区間ルートを、技術的難易度別に色分けし、区間単位の標準ピッチタイムを赤字で記しています。

緑	技術的難易度A
青	技術的難易度B
黄	技術的難易度C
赤	技術的難易度D
黒	技術的難易度E
紫	遊歩道のため技術を必要としない

- - - - -　紹介ルート外の登山道　…………　その他の登山道

❸ピッチポイント　コース紹介の主な地点と連動しています。
❹コース上の注意点　注意すべき地点に赤字で示しています。
❺対応する国土地理院地形図の図幅名です。

その他の記号

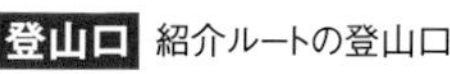

登山口　紹介ルートの登山口
自動車道
トンネル
山小屋（有人）
避難小屋（無人）・休憩所
キャンプ場
水場
国道
温泉
三角点
方位盤
県道
駐車場
•1409 標高点と標高
県境
市町村境
スケール
転倒しやすい
転落・滑落の事故発生あり
迷いやすい
その他の危険箇所等

「富山の百山」 山のグレーディング一覧 本書掲載ルートに対応したマトリックス表です

表の見方は15ページ参照

体力度		技術的難易度 A	B	C	D	E
10	2～3泊以上が適当		〔周〕23 北ノ俣岳→24 黒部五郎岳→25 三俣蓮華岳→26 鷲羽岳→27 祖父岳→雲ノ平	〔縦〕雲ノ平→28 水晶岳→29 赤牛岳→黒部ダム		
9					〔縦〕剱沢→06 池平山→欅平	
8				〔周〕ブナ立尾根→30 烏帽子岳→31 野口五郎岳→湯俣温泉 43 朝日岳→44 雪倉岳（北又▶） 〔縦〕北又→朝日岳→45 黒岩山→46 犬ヶ岳→坂田峠		
7	1～2泊以上が適当			〔縦〕扇沢→32 針ノ木岳→黒部ダム 〔縦〕祖母谷温泉→39 清水岳→40 白馬岳→猿倉		
6			21 薬師岳	五色ヶ原→20 越中沢岳 〔縦〕33 蓮華岳（七倉山荘▶） 柏原新道→34 赤沢岳→針ノ木岳 36 鹿島槍ヶ岳（赤岩尾根▶） 〔周〕大雪渓→白馬岳→41 杓子岳→42 鑓ヶ岳→鑓温泉	12 釜谷山	05 剱岳〈早月尾根〉
5	1泊以上が適当		称名→09 大日岳	10 赤谷山 11 猫又山 13 毛勝山 五色ヶ原→19 鳶山 〔縦〕八方尾根→37 唐松岳→38 五龍岳→遠見尾根 大品山→69 鍬崎山 〔縦〕97 大門山→98 奈良岳→大笠山→桂湖	〔縦〕剱沢→07 黒部別山→黒部ダム（頂上踏まず）	05 剱岳〈別山尾根〉
4			扇沢→32 針ノ木岳 針ノ木峠→33 蓮華岳 扇沢→35 爺ヶ岳 48 初雪山（越道峠▶） 僧ヶ岳→57 駒ヶ岳 94 人形山→95 三ヶ辻山 97 大門山→98 奈良岳（ブナオ峠▶）	〔縦〕室堂→08 奥大日岳→称名 14 大猫山 99 大笠山（桂湖▶）		
3	日帰りが可能	74 唐堀山 80 白木峰	〔周〕01 立山→別山 02 別山 16 大熊山 22 寺地山 〔周〕坂田峠→47 白鳥山→山姥コース 49 大地山（夢創塾▶） 50 大鷲山 51 黒菱山 58 大倉山 56 僧ヶ岳〈宇奈月尾根〉 68 大品山（粟巣野▶） 71 高頭山 86 金剛堂山 〔縦〕国見平→96 奥医王山→横谷峠	15 細蔵山 18 クズバ山 56 僧ヶ岳〈東又ルート〉 70 鉢伏山		
2		〔周〕61 城ヶ平山→浅生 72 六谷山（茂住峠▶） 76 小佐波御前山 78 夫婦山 81 二上山→大師ヶ岳 87 八乙女山 91 高坪山	〔周〕03 浄土山 〔周〕04 龍王岳 〔周〕17 中山 53 負釣山 54 鋲ヶ岳→55 烏帽子山 59 濁谷山 64 大辻山（長尾峠▶） 73 キラズ山 85 牛岳→三段の滝 88 赤祖父山 89 高清水山 90 高落場山 93 猿ヶ山			
1		52 南保富士 60 千石城山 62 高峰山〈西種コース〉 66 塔倉山〈長倉コース〉 67 尖山 〔周〕77 大乗悟山→笹津山 79 祖父岳 〔周〕82 碁石ヶ峰 〔縦〕83 元取山 92 袴腰山	65 来拝山			
		A	B	C	D	E

数字が大きくなるほど体力が必要 体力度

技術的難易度 右になるほど難易度が増す

凡 例

〔縦〕 入山・下山口が異なる縦走ルート
〔周〕 異なる経路で入山口にもどる周回ルート
▶ 登山口名
〈 〉 ルートの名称

01～46 中部山岳国立公園の山　47～67 県東部の山
68～80 県中央部の山　81～100 県西部の山

注 意

遊歩道で登る75城山（呉羽丘陵）、84稲葉山は含んでいません。また積雪時に登山する63鍋冠山、100笈ヶ岳は評価の対象としません。

「富山の百山」山のグレーディング

■山のグレーディングとは

「山のグレーディング」は、客観的な基準に基づく10段階の「**体力度（キツさ）**」と、5段階の「**技術的難易度（難しさ）**」を組み合わせ、登山ルートの総合的な難易度を表現するものです。独学で登山を始めた初心者や、ブランクを置いて再開した中高年登山者などにみられる、登山の力量と山域の難易度のミスマッチを避け、遭難事故を防止するため使われるようになりました。現在は国内の多くの山について情報提供されており、富山県も県内の代表的な92の登山ルートを対象に、2020年3月公表しました。

本書における山のグレーディング

本書は「山のグレーディング」と共通の基準で各ルートを評価しています（13㌻「コース紹介」参照）。体力度（同❼）のレベルは、ルート定数をもとに測られ、技術的難易度（同❽）は、ルート中の最難関箇所の難易度を採用しています。ルートの区間ごとの難易度を示したピッチマップ（13㌻「コース概念図」参照）も掲載しました。各ルートの体力度と技術的難易度のマトリックス表は14㌻に示しています。ただし整備された遊歩道を歩く㊎城山（呉羽丘陵）や㉞稲葉山と、積雪期をかんじきで歩く㊸鍋冠山や⑩笠ヶ岳は同じ基準で評価できないため示していません。

グレーディングとマトリックス表の使い方

これから登山を始める方は、グレード（体力度・技術的難易度）の低いルートから選び、徐々に実力を上げてください。難易度の高いルートを行く時は、経験者に同行してください。マトリックス表（14㌻）縦軸の体力度は、上に向かって数字が大きくなるほど体力を必要とし、技術的難易度は、右になるほど難易度が増します。ルートの難易度の基準は、下記に示しています。ご自分の登山技術と引き比べて使用してください。

体力度とルート定数の算出式

体力度レベル＝ルート定数÷10（小数点以下切り上げ）
ルート定数＝コースタイム（時間）×1.8＋ルート全長（km）×0.3＋累積登り標高差（km）×10.0＋累積下り標高差（km）×0.6

技術的難易度の基準

	A	B	C	D	E
登山道	◇ 概ね整備済み ◇ 転んだ場合でも転落・滑落の可能性は低い ◇ 道迷いの心配は少ない	◇ 沢、崖、場所により雪渓等を通過 ◇ 急な登下降がある ◇ 道が分かりにくいところがある ◇ 転んだ場合に、転落・滑落事故につながる場所がある	◇ ハシゴ、鎖場、また、場所により雪渓や徒渉箇所がある ◇ ミスをすると転落・滑落などの事故になる場所がある ◇ 案内標識が不十分な箇所も含まれる	◇ 厳しい岩稜や不安定なガレ場、ハシゴ・鎖場、藪漕ぎを必要とする箇所、場所により雪渓や徒渉箇所がある ◇ 手を使う急な登下降がある ◇ ハシゴ・鎖場や案内標識などの人工的な補助は限定的で、転落・滑落の危険箇所が多い	◇ 緊張を強いられる厳しい岩稜の登下降が続き、転落・滑落の危険箇所が連続する ◇ 深い藪漕ぎを必要とする箇所が連続する場所がある
技術・能力	◇ 登山の装備が必要	◇ 登山経験が必要 ◇ 地図読み能力があることが望ましい	◇ 地図読み能力、ハシゴ・鎖場などを通過できる身体能力が必要	◇ 地図読み能力、岩場・雪渓を安定して通過できるバランス能力や技術が必要 ◇ ルートファインディングの技術が必要	◇ 地図読み能力、岩場・雪渓を安定して通過できるバランス能力や技術が必要 ◇ ルートファインディングの技術、高度な判断力が必要 ◇ 登山者によっては、ロープを使わないと危険な箇所もある

寺地山のニッコウキスゲ（浅井淳一）
秋の称名滝（林　伯雄）
コバイケイソウと夕焼け雲（小西孝司）
ワレモコウと奥大日岳（小西孝司）

家族や友人、職場や所属山岳会等に登山計画（行き先）を知らせましょう!

登山届の提出方法

◎富山県警察本部山岳安全課

【ホームページ】富山県警察「登山計画書等提出先」にアクセスし各提出先へ

【郵　送】〒930-8570 富山市新総曲輪1-7 富山県警察本部地域部山岳安全課

◎登山アプリ「コンパス」（日本山岳ガイド協会が運用するオンライン登山届、全国の山域を対象）

◎登山口の登山届ポスト（備え付けの用紙に記入または持参した計画書を投函）
室堂ターミナル等や長野県側主要登山口に設置

※富山県には「富山県登山届出条例」（剱岳周辺:12/1～5/15）及び「富山県立山室堂地区山岳スキー等安全指導要綱」（4･5･11月）があり、指定された手続きでの登山届が必要になります（コンパス登山届は対応）。

※長野県内の山（指定登山道）を登る場合、「長野県登山安全条例」により登山計画書の届出が必要です（コンパスを活用した提出でもOK）。岐阜県の北アルプス地区にも同様の条例があり、登山届が義務化されています。

詳細は236ページのQRコードとURLからご確認ください。

中部山岳国立公園の山

立山連峰、後立山連峰、黒部川源流の山々など、富山県内および県境の標高3千メートル級の高峰は、すべてこの地域に集中している。

日帰りから2泊以上の縦走まで、登山の醍醐（だいご）味を味わう。

ミドリガ池からの立山

01 立山 たてやま

大展望の大汝山は富山県の最高地点

大汝山 おおなんじやま 百 新・花百 花百

［立山町］ 飛騨山脈 立山連峰 中部山岳国立公園

3015m N36°34'34" E137°37'11"

雄山 おやま 1等

［立山町］ 飛騨山脈 立山連峰 中部山岳国立公園

3003m N36°34'24" E137°37'04"

富士ノ折立 ふじのおりたて

［立山町］ 飛騨山脈 立山連峰 中部山岳国立公園

2999m N36°34'46" E137°37'17"

霊峰「立山」の峰々を辿る

立山という固有な山はない。江戸時代の医師、橘南谿は「峰々甚だ多く連なり、波涛の如く連なり、皆立山」と書いている。昔、「三山かけ」の禅定は、浄土山に登って、雄山の峰本社、真砂岳を経て別山の帝釈天の祠を拝む道順であった。「立山三山」とは、浄土山、雄山、別山を指していたが、現在では、雄山、大汝山、富士ノ折立を称している。雄山は古くは、立山御前、峰本社とも呼ばれていた。標高3003メートルの絶頂の峰本社に、手力雄神、伊耶那岐神を祭る。

立山黒部アルペンルートの地鉄立山駅から、立山ケーブルカー、高原バスと乗り継いで室堂ターミナルに着く。標高2450メートルの室堂平に立てば、まずは、立山連峰の雄大な姿に圧倒される。浄土山、雄山、大汝山、富士ノ折立、真砂岳、別山と連なり、剱岳、大日岳を合わせて法華曼荼羅の八葉蓮華を思わせる。

室堂平から懺悔坂を登り一ノ越から雄山山頂へ

室堂平から石畳の登山道を一ノ越へと登る。「懺悔坂」と呼ばれる道を登っていくと、祓堂がある。古くは、ここでお祓いをして頂上に登った。祓堂の左側に、夏のシーズンには祓川が流れて、周囲には、ミヤマキンポウゲなどの花々が咲き乱れる。

一の越山荘が建つ一ノ越に到着し、ここから二ノ越、三ノ越、四ノ越、五ノ越へと、急な岩場を落石に注意しながら登る。平安時代末期に作られた『伊呂波字類抄』には、立山を

三ノ越から雄山山頂を目指す

標高3003メートルの雄山山頂の雄山神社峰本社

雄山から大汝山

富士ノ折立の威容

仏の姿にたとえ、神輿の輿を当てて、一輿が膝、二輿が腰、三輿が肩、四輿が頸、烏瑟（頭）は五輿と名付けた。立山は、仏教の影響を色濃く残している。

遠くに加賀の白山や薬師岳などの名峰を望みながら、トウヤクリンドウやイワギキョウなどの可憐な高山植物に心和ませる。雄山神社峰本社の登拝を終え、鳥居をくぐって縦走路に入る。大汝山の岩稜が至近距離にある。ミクリガ池やミドリガ池、地獄谷など室堂平周辺の景観や、大日連山を眺めながらの稜線漫歩である。

大汝山からの大展望、さらに富士ノ折立へ

岩の累々とした大汝山山頂からは、富士山や後立山連峰、北アルプスの峻峰の絶景に酔いしれる。近くに大汝休憩所がある。大汝山は、富山県の最高地点である。古くから峰本社の社殿を改築する場合は、ここに仮宮を建てたとされ、御内陣ともいう。西面の山肌には、「汝」の雪形が現れる。大展望を堪能したら、別山へと縦走する。

別山へと続く稜線の奥には剱岳が屹立し、登頂意欲がかき立てられる。大汝山から富士ノ折立を過ぎて急なジグザグの下り坂となる。右手に内蔵助雪渓を見ながら振り返ると、室堂平からは岩こぶのようにしか見えなかった富士ノ折立が、まるで、立山の神々の座を守る守護神のように、威厳に満ちた風貌でそびえ立つ。

真砂岳手前の鞍部から大走りを下って、雷鳥沢に降りるコースがある。エスケープルートとして利用できるが、下部では、7月ごろまで雪が残るので注意したい。

斑状花崗岩が風化して砂状になった砂礫帯を登ると真砂岳である。さらに稜線を辿れ

稜線から室堂平、大日連山の景観

別山への縦走路と剱岳（奥）

イワギキョウ

ミヤマキンバイ

ば、広い別山山頂に着く。剱岳の雄姿が目の前である。

歴史と自然の魅力を存分に体験できる立山は、郷土の誇りの山である。冬晴れの日、白雪に輝く崇高な姿には思わず手を合わせてしまう。室堂平からの立山連峰は、屏風を立てたように鎮座する。室堂平から見て東側に位置するので、日の出に染まる光景は見られない。払暁の時、立山の峰々の黒々としたシルエットが浮かぶ。この情景を大伴家持の部下である大伴池主は、

「朝日さし　そがひに見ゆる
神ながら　御名におばせる
白雲の　千重を押し分け
天そそり　高きたち山」

と詠んだ。『立山のいぶき』の著者、廣瀬誠は、「そがひに見ゆる」とは、「逆光線にけぶらって」の意で、「一層崇高に清らかに見える」と賞讃している。

氷河地形「山崎カール」と日本初の現存する氷河も

雄山と大汝山の中間あたりの西側に、スプーンですくったような谷がある。山崎カールである。この地形を氷河地形だとしたのが、山崎直方博士である。２０１２（平成24）年に剱岳東面の三ノ窓雪渓や小窓雪渓、立山東面の御前沢雪渓が、日本で初めて現存する氷河であることが日本雪氷学会に認められた。冬期間、北西からの季節風によって風下の東側に多量の降雪がもたらされるので、東側斜面は多年性雪渓が発達している。

一方、山崎カールは、西側にある氷河地形の存在を示すもので、１９４５（昭和20）年に「立山の山崎圏谷」と命名され、国の天然記念物に指定された。大汝山への稜線から山崎カールを覗くと、氷河が造り上げたというローソク岩が見える。

立山に生育する植物は、２４０種を超えるとされるが、花の時期になると百花繚乱、色とりどりの高山植物が咲き誇り、お花畑にはライチョウの親子が遊ぶ。時間が許せば、室堂平を散策し立山の自然と歴史を満喫しよう。

（渋谷　茂）

コース紹介　日帰り　適 7月中～10月上

室堂(むろどう)ターミナルから、雄山、大汝山、富士ノ折立を経て、別山乗越から雷鳥沢へ

日帰り　室堂ターミナル ➤ 一ノ越 ➤ 雄山山頂 ➤ 大汝山山頂 ➤ 富士ノ折立山頂 ➤ 真砂岳 ➤ 別山南峰 ➤ 別山乗越 ➤ 雷鳥沢キャンプ場 ➤ 室堂ターミナル

歩行時間 7:00　**標高差** ±1082 (m)

グレード [ルート定数：27]

体力度 

技術的難易度　A　B

●服装・装備／日帰り用装備　(238-239ページ)

●注意事項／一ノ越から雄山までの登りは、落石に注意。稜線歩きで雷や悪天時は、真砂岳の鞍部から雷鳥沢へ下る「大走り」コースがある

みどころ

ライチョウ／国の特別天然記念物のライチョウは、2016(平成28)年の調査で、室堂平を中心とした雄山、別山、浄土山などの地域で295羽が確認された

日本初の「氷河」／2012(平成24)年、立山連峰の御前沢雪渓、剱岳の三ノ窓・小窓雪渓が現存する氷河と認定され、2018(平成30)年には内蔵助雪渓、剱岳の池ノ谷右俣雪渓も新たに氷河と認定された

雄山神社峰本社／1996(平成8)年に建て替えられ、前の社殿は1860(万延元)年のもので、総けやき造り。修復されて、室堂ターミナルに展示されている

立山室堂／現存する日本最古の山小屋

室堂平の石仏群／室堂周辺に西国三十二番札所の分霊像が祭られる

一ノ越へと続く懺悔坂(奥)と立山室堂近くの石仏(手前)

登山口　室堂ターミナル

「玉殿の湧水」から立山を目指す

N36°34′38″ E137°35′45″
室堂ターミナル屋上から玉殿の湧水の脇を通る

アクセス／公共交通：JR富山駅から地鉄立山線、立山ケーブルカー、高原バスと乗り継ぎ室堂ターミナルへ／駐車場：立山駅周辺(無料)／アルペンルートは自家用車は通行不可／交通機関：立山黒部貫光☎076(432)2819

山小屋・休憩所　要予約

室堂周辺の山小屋　(241ページ)

一の越山荘 ☎090(1632)4629

大汝休憩所 ☎090(8704)7006

内蔵助山荘 ☎090(5686)1250

剱御前小舎 ☎080(8694)5076

室堂平から別山を望む

02 別山 べっさん

眼前に屹立する剱岳を堪能する

［立山町］　飛騨山脈　立山連峰　中部山岳国立公園

2880m　N36°35'51"　E137°37'13"（北峰）

「別山」剱岳の雄姿を仰ぐ

地鉄立山駅から入山して、室堂で高原バスを下車する。室堂平に降り立つと、立山の屏風を立てたような峰々の北側に、別山がそびえる。通称「らくだのこぶ」と呼ばれる連なりである。

別山は、『今昔物語』に帝釈の嶽とあり、頂上の小祠には、帝釈天を祭る。『日本山名事典』（三省堂）によれば、全国に「別山」は5座ある。石川県の白山の隣にも別山があるが、白山にも、弥陀ヶ原、地獄谷があり、開山の歴史の共通性をうかがわせる。別山の名は、廣瀬誠著『立山のいぶき』（シー・エー・ピー）によれば「仏教の本山に対する別院と同様、格式の高い名称」で、別格の意味であろう。

雷鳥平から別山乗越へ頂上から剱岳を望む

室堂平から、ミクリガ池、リンドウ池とたどり雷鳥平に下る。雷鳥平はキャンプ指定地で、ここから見る立山の大伽藍は迫力満点である。浄土沢に架かる橋を渡って、奥大日岳との分岐から別山乗越を目指す。秋になると葉が真紅に色づき、その美しさから「深山のお姫様」といわれるナナカマドの中をくぐり、室堂平の景観や立山の峰々の山容の変化も楽しみながら、標高を上げていく。岩の多い場所から一登りして剱御前小舎が建つ別山乗越に着けば、目の前に剱岳が迎えてくれる。

別山乗越は、別山、大日岳、剱沢への道が交わる場所である。別山への尾根道は、剱岳を眺めながらの登りである。剱沢に下る分岐点を過ぎれば、別山南峰頂上である。ここに帝釈天を祭る祠がある。

ここからの剱岳の眺めは、詩人の前田鉄之助が「御身の山容は永遠原始の美」と絶賛したほどである。この地で剱岳をあがめ、遥拝したものであろう。別山の北峰へと進むと硯ヶ池がある。この水を使って経を書き込んだことから、経ヶ池とも呼ばれる高山湖である。山頂を後にして、別山乗越から雷鳥平に下り、室堂平に戻る。剱岳の姿を堪能し、ライチョウにも出合える山旅である。

（渋谷　茂）

コース紹介　日帰り　適 7月中～10月上

室堂(むろどう)ターミナルから、雷鳥平、別山乗越を経て山頂往復

日帰り 室堂ターミナル ➤ 雷鳥平 ➤ 別山乗越 ➤ 別山南峰 ➤ 別山乗越 ➤ 雷鳥平 ➤ 室堂ターミナル

歩行時間 6:15　**標高差** ±857 (m)

グレード [ルート定数：23]

体力度 

技術的難易度 A B

●服装・装備／日帰り用装備 (238-239ページ)

●注意事項／増水時の称名(しょうみょう)川は橋の通行注意

みどころ

剱(つるぎ)御前／標高2777メートル、名称は剱岳を遥拝した地の意味

ハイマツの群落／ハイマツの実は熟すのに2年かかり、種子はホシガラスが大好物である

硯(すずり)ヶ池／この池の水で経帷子(きょうかたびら)(死装束)にお経を書いたと伝わり、別名「経ヶ池」

[保護区等]国指定特別天然記念物「ライチョウ」

登山口 室堂ターミナル

室堂平の「玉殿の湧水」から別山を目指す

N36°34'38" E137°35'45"

室堂ターミナル屋上を経て玉殿の湧水の脇から雷鳥沢方面へ

アクセス／公共交通：JR富山駅から地鉄立山線、立山ケーブルカー、高原バスと乗り継ぎ室堂ターミナルへ／駐車場：立山駅周辺(無料)／アルペンルートは自家用車は通行不可／交通機関：立山黒部貫光☎076(432)2819

山小屋・休憩所 要予約

室堂周辺の山小屋 (241ページ)

剱御前小舎 ☎080 (8694) 5076

内蔵助山荘 ☎090 (5686) 1250

別山から雄山(左)、浄土山を望む

ライチョウの親子(秋)

別山から剱岳を望む

雷鳥沢〜一ノ越ルート（神の道）からの浄土山

03 浄土山 じょうどさん

立山信仰の中心的存在

［立山町］　飛騨山脈　立山連峰　中部山岳国立公園

2831m　N36°34'06"　E137°36'13"

曼荼羅にも描かれた立山信仰の中心的存在

立山三山（浄土山、雄山、別山）を巡るかつての禅定道最初の山が浄土山。現在、過去、未来を象徴する三山を巡ることで、結願するとされた。

立山曼荼羅図絵を見ると浄土山の上空には二十五菩薩の来ごうが描かれている。雄山から御来光を背に振り返ると、浄土山方向の煙霧にブロッケン現象を見ることがある。それはあたかも菩薩の来ごうを彷彿させる。

山頂北峰付近の遺構は、天日鷲命を祭っていた芦峅寺立山神社奥ノ院の浄土神社。少し離れた場所には石で囲まれた阿弥陀堂の跡をかすかに確認することができる。

また浄土山は、日本一の落差を誇る称名滝へと流れ込む、称名川の源頭に位置する山でもある。北方正面に対峙するのは剱岳。南峰にある建物は富山大学立山研究所。前身は日本陸軍の測候所であった。

登山道は2通り　懺悔坂近くに三十三番観音も

登山道は2通り。一つ目は室堂平から室堂山展望台へと続く道を、途中より左に分れて北峰に直接突き上げる道。二つ目は室堂から浄土山の北面をかすめ、一ノ越を経由して南峰に到達する道。どちらも室堂から約1時間30分の行程。

前者は室堂山展望台への分岐付近から岩石累々とした急登を行く道で、過去に落石事故も起きているため、荒天時の下降は避けたい。展望台への分岐付近はリンドウ平と呼ばれ、昭和の初めには、立山カルデラ内の旧立山温泉から浄土山と国見岳の鞍部に出て室堂に続く御歌道が存在した。

一方、後者は立山登山のメインルートでもあり、一ノ越までは整備された石畳が続く。途中、登山道から外れた下方には、西国三十三所観音霊場の分霊として祭られている、最終三十三番観音石仏があるが、存在を知る人は少ない。三十三所全てを巡礼参拝すれば、現世で犯したあらゆる罪業が消滅し、極楽往生すると伝わる。旧道では懺悔坂と呼ばれる付近である。その先を進めば祓堂もあり、往時の信仰が色濃く残る道である。

（文・小藥正義／写真・小西孝司）

コース紹介　日帰り　適 7月上〜10月上

室堂ターミナルから、室堂山展望台分岐を経て山頂へ

日帰り　室堂ターミナル ➤ 室堂山展望台分岐 ➤ 浄土山北峰 ➤ 南峰 ➤ 一ノ越 ➤ 室堂ターミナル

歩行時間 **3:10**　標高差 ±**470** (m)

グレード [ルート定数：12]

体力度　2

技術的難易度　A B

●服装・装備／日帰り用装備 (238-239ページ)

●注意事項／室堂山から浄土山北峰への登りは傾斜も強く、荒天時の下降は避ける。過去に事故も発生。残雪期、視界不良時、山頂付近は迷いやすい

みどころ

山頂付近は広い平たん地。夏は高山植物が咲き乱れる。立山禅定道の遺構(本文参照)など

[保護区等]国指定特別天然記念物「ライチョウ」

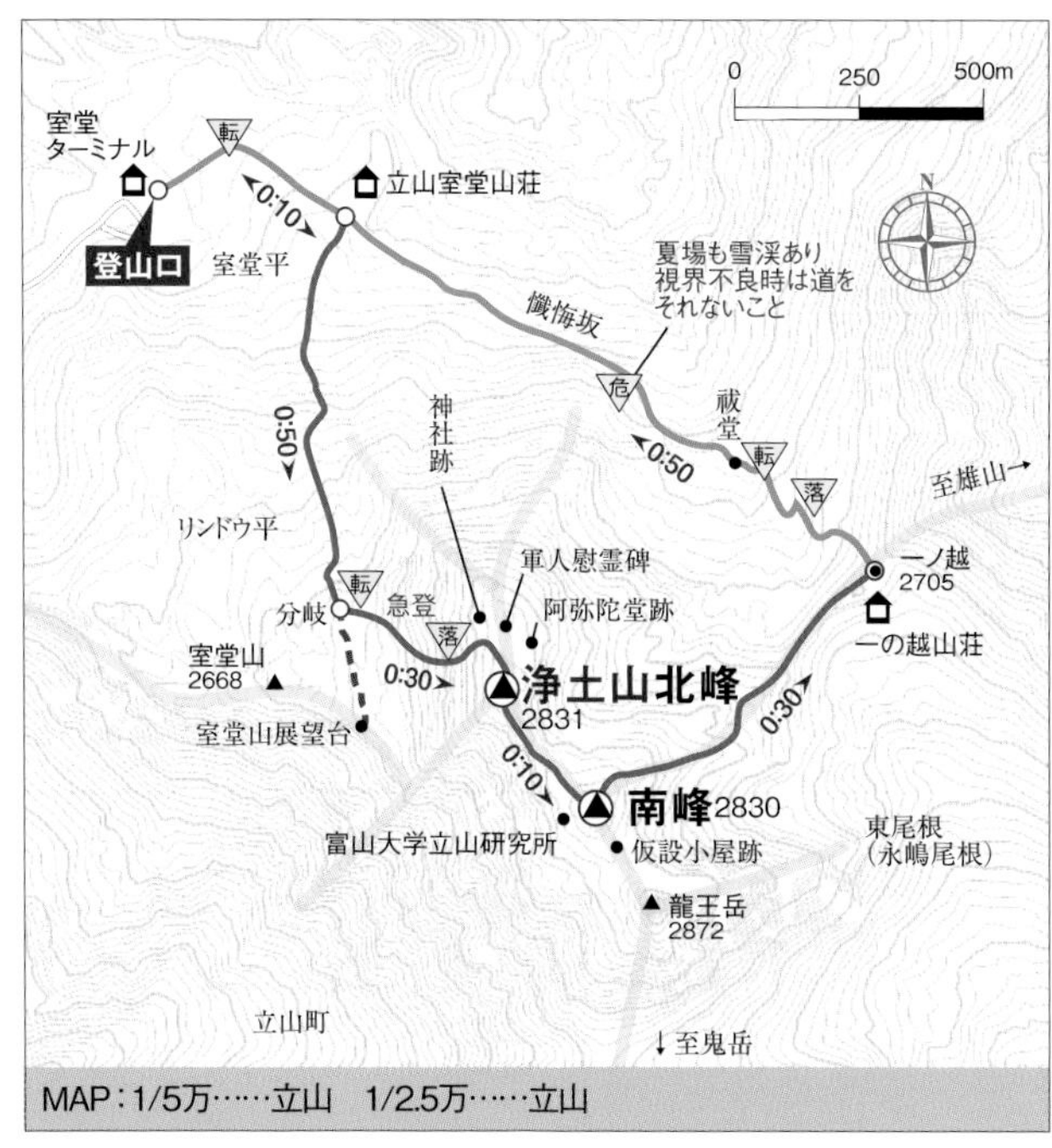

MAP：1/5万……立山　1/2.5万……立山

登山口　室堂ターミナル

「玉殿の湧水」から室堂山方面へ

N36°34'38" E137°35'45"
室堂ターミナル屋上から玉殿の湧水の脇を通る
アクセス／公共交通：JR富山駅から地鉄立山線、立山ケーブルカー、高原バスと乗り継ぎ室堂ターミナルへ／駐車場：立山駅周辺(無料)／アルペンルートは自家用車は通行不可／交通機関：立山黒部貫光☎076(432)2819

山小屋・休憩所　要予約

室堂周辺の山小屋 (241ページ)
一の越山荘 ☎090 (1632) 4629

室堂山から浄土山の北峰へお花畑の急登

浄土山からの遠望。五色ヶ原越しに左から、槍・穂高連峰、笠ヶ岳、黒部五郎岳、薬師岳

南峰(富山大学立山研究所)から白山を遠望

東一ノ越への水平道から眺めた秋の龍王岳

04 龍王岳 りゅうおうだけ

浄土の守護神、龍王を祭る

［立山町］　飛騨山脈　立山連峰　中部山岳国立公園

2872m　N36°33'53"　E137°36'26"

浄土山の山頂から黒部側に視界を転じると、その一角にそそり立つ岩峰が龍王岳。かつて山頂には龍王嶽社があった。

浄土の守護神、龍王を祭る

祭神は天水分神と国水分神で、天地の水の分配をつかさどる神。暴れ川である常願寺川の源流にそびえる山にふさわしい山名。

その昔、岩頂に天狗がすんでいて、登ってくる者を八つ裂きにすると恐れられた。龍の荒々しさが妖怪に変じたらしい。しかし、本来龍王は仏教を守る善神で浄土の守護神とされる。山の位置関係を見ると、龍王岳が浄土山の守護神であるに違いない。他の山岳信仰が盛んな地域でも見られるが、霊山の信仰上「竜蛇封じ込めの池」が近くに存在する。龍王岳の場合は、カルデラ内の「刈込池」がそれにあたる。実際、加賀藩領で干ばつが続いたときに芦峅や岩峅の衆徒が藩命を受け、この地で雨乞いなどをするしきたりがあった。

五色ヶ原への縦走路を行く

龍王岳の山頂に至るには、浄土山の富山大学立山研究所の建物から五色ヶ原方面への縦走路を行く。縦走路近くに仮設小屋の風雪よけの石積跡があり、その先に続く踏み跡をたどる。往復20分程度。

龍王の山名にふさわしい山容は、黒部側に延びる東尾根にある。別名、永嶋尾根ともいう。1930（昭和5）年に京都大学の永嶋吉太郎（旧制富山高校卒）らが初めてこの尾根を登攀して紹介した。

北面、南面は貴重な岩壁登攀の対象

一ノ越から東一ノ越にかけてこの尾根を望むと、さながら龍の背が横たわり、または天に昇るようにも見える。尾根そのものも岩稜であるが、側壁は切り立っている。北面、南面ともにスケールは小さいながらも、室堂周辺では貴重な岩壁登攀の対象を提供している。

また、注意して見ないと気付かないが、一の越山荘の黒部側下部に池を確認できる。これは龍王岳のカール地形から運ばれてきたモレーン（氷堆石）が堰き止めた池で、龍王池とも呼ばれている。

（文・小藥正義／写真・小西孝司）

コース紹介　日帰り　適 7月上〜10月上

室堂（むろどう）ターミナルから、浄土山を経て、帰りは一ノ越経由で室堂へ

日帰り　室堂ターミナル ➤ 室堂山展望台分岐 ➤ 浄土山北峰 ➤ 浄土山南峰 ➤ 龍王岳山頂 ➤ 一ノ越 ➤ 室堂ターミナル

歩行時間 **3:40**　標高差 ±**540** (m)

グレード [ルート定数：14]

体力度 

技術的難易度　A　B

●服装・装備／日帰り用装備　(238-239ページ)

●注意事項／縦走路から分岐する踏み跡を見逃さずたどる。浮き石などに注意。東尾根はクライミング技術を要す

みどころ

龍王岳の山容／鬼岳や雄山から望むと、荒々しい東尾根と派生する幾つもの岩稜（がんりょう）が迫る。東一ノ越の黒部側からは一際目立つ

東面の圏谷群（カール地形）／東一ノ越から龍王岳、鬼岳へと連なる東面からは圏谷群の特徴が分かりやすい

［保護区等］国指定特別天然記念物「ライチョウ」、国指定重要文化財「立山室堂」

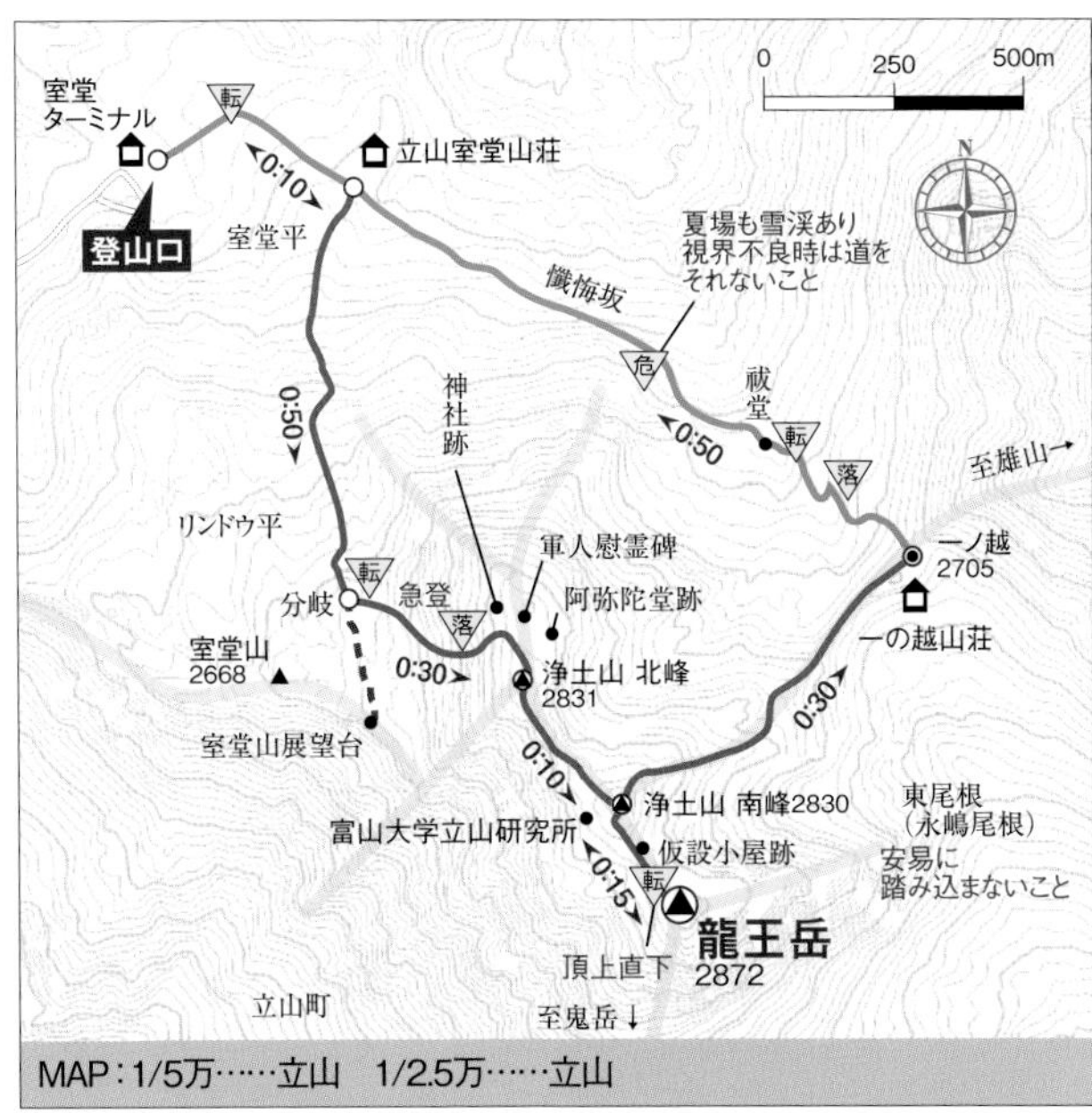

MAP：1/5万……立山　1/2.5万……立山

登山口　室堂ターミナル

「玉殿の湧水」から室堂山方面へ

N36° 34'38" E137° 35'45"

室堂ターミナル屋上から玉殿の湧水の脇を通る

アクセス／公共交通：JR富山駅から地鉄立山線、立山ケーブルカー、高原バスと乗り継ぎ室堂ターミナルへ／駐車場：立山駅周辺（無料）／アルペンルートは自家用車は通行不可／交通機関：立山黒部貫光☎076（432）2819

山小屋・休憩所　要予約

室堂周辺の山小屋（241ページ）

一の越山荘 ☎090（1632）4629

浄土山、龍王岳は登山者も少ないので
ライチョウ親子に出合うことが多い

龍王岳頂上から一ノ越方面を望む

龍の背のようにゴツゴツした岩尾根（永嶋尾根）を
連ねる龍王岳。龍が天に昇るような山容である

別山から剱岳東面を望む

05 剱岳 つるぎだけ

北アルプス屈指の名峰は氷河と岩の殿堂 百 新・日百 3等

［立山町・上市町］ 飛騨山脈 立山連峰 中部山岳国立公園

2999m N36°37'24" E137°37'01"

別山尾根ルート

最もポピュラーなルートは立山室堂ターミナルから

剱岳は富山県人にとって、立山とともにシンボル的な山である。天候や季節の移り変わりを知らせ、暮らしを共にしている生活の山だ。また日本屈指の名峰であり、登るのに最難関の山でもある。

全国から剱岳を目指して来る登山者の様子を見ると、出発前夜の不安な表情、登山中の緊張感、無事に小屋へたどり着いたときの安堵感は手に取るようだ。涙ぐむ人さえいる。登山者の憧れ続ける特別な峰であることを、如実に物語っている。

別山尾根は、剱岳を登るのに最もポピュラーなルートだ。登山口は立山室堂ターミナルになる。このルートには剱御前小舎、剣山荘、剱澤小屋の三つの小屋があるが、ここでは剱澤小屋に1泊し、そこを起点にしよう。

夏は早朝まだ暗いうちからヘッドランプを付けて出発する。剱澤小屋から雪渓を渡り、トラバース気味に行くと剣山荘だ。そこから30分ほどで一服剱に着く。武蔵のコルにいったん下ると、前剱の急登の始まりだ。大岩が見えてくると3点支持で登る岩場に変わる。鎖に導かれて行くと、展望の利く前剱だ。ここで少し体を休めよう。

前剱から間もなく、鉄の橋を渡って鎖場のトラバースに取り付く。しばらく行くと平蔵の頭に着く。これからが本格的な岩場だ。

4カ所の鎖場を過ぎると平蔵のコルに出る。この先が上りの最難所のカニのタテバイだ。約20メートルのほぼ垂直の壁を登る。鎖はワンスパン1人を厳守したい。最盛期には順番待ちを強いられる。30分ほどで早

登山口 室堂ターミナル

登山口の室堂ターミナル

N 36° 34'38" E 137° 35'45"
室堂ターミナルから雷鳥沢、剱沢方面へ
アクセス／公共交通：JR富山駅から地鉄立山線、立山ケーブルカー、高原バスと乗り継ぎ室堂ターミナルへ／駐車場：立山駅周辺（無料）アルペンルートは自家用車は通行不可／交通機関：立山黒部貫光☎076（432）2819

剱岳山頂から立山方面を望む

剱澤小屋

カニのタテバイを登る登山者

剱沢キャンプ場と剱岳

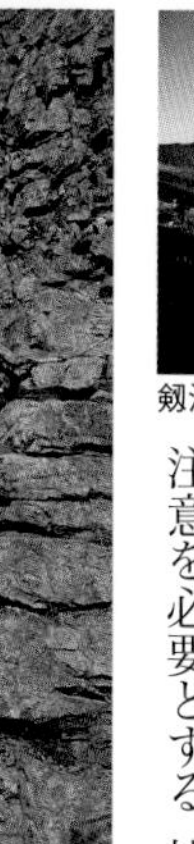
カニのヨコバイを行く

月尾根との合流点に出る。残り5分、本峰山頂は目前だ。

近代登山での初登頂は明治40年の柴崎測量隊

山頂には、祠(ほこら)と、1907(明治40)年に剱岳初登頂を成した柴崎測量隊の測量100周年を記念して、2007(平成19)年に設置された3等三角点がある。北西に富山平野と富山湾、その向こうに能登半島が、東を望めば北アルプスの峰々が、時には富士山も望める360度の眺望だ。

剱岳は、下りが登り以上に注意を必要とする。核心部はカニのヨコバイだ。足元がスパッと切れ落ちている垂壁をトラバースする。最初の一歩が肝心だ。

続いて東大谷側のはしごを下ると、平蔵のコルに出る。あとは慎重に往路をたどって剱澤小屋に戻る。一番事故の多い場所は前剱からの下りだ。細心の注意を払って下山したい。

剱岳の鎖場には、①〜⑬まで番号が付いているので、事故発生時には鎖場の番号を報告し、迅速な救助活動に協力しよう。

流動する雪渓 現存する剱岳の氷河

2012(平成24)年4月に立山の御前沢雪渓とともに、剱岳の三ノ窓雪渓と小窓雪渓、さらに2018(平成30)年に池ノ谷右俣雪渓が国内に現存する氷河として初めて認定された。剱岳は、岩と雪の殿堂であることに加え、新たに氷河を抱く特異な山となった。

(池田則章)

早月尾根ルート

馬場島を基点に標高差2200メートル以上の長大な難路

上市町から見て、剱岳山頂から真下に延びるのが早月尾根だ。左を池ノ谷、右を東大谷に挟まれた長大な尾根である。

1917(大正6)年に、キワラ谷から早月尾根を登った冠松次郎が命名した。登山道が切り開かれたのは1932(昭和7)年に入ってからである(旧制富山高校山岳部報3号・昭和10年)。

大熊山から見た剱岳と早月尾根

早月尾根ルートは、登山愛好家なら一度は登りたいと思う馬場島起点のコースである。

1日目に宿泊する早月小屋まで水場はない。十分な水を携行する。

1日目 まずは北アルプス三大急登の休憩所、早月小屋を目指す

尾根に取り付き、いきなりの急登で150メートルほど高度を稼ぐと松尾平に出る。200メートルごとに標識が設置されている。しばらく緩やかな台地を歩き、奥ノ平展望台に着く。平たんな道を進み、再び急登となる。巨大な立山杉(通称・一服杉)を過ぎて、スギやブナの森林帯になる。夏場は草いきれで暑さが厳しい。1700メートル地点にはコメツガの大木がある。眺望もよく、休憩するにはいい場所だ。

1921メートルの三角点を過ぎて緩やかな登りを繰り返し、早月小屋に着く。大日岳、毛勝三山、小窓尾根や剱岳北方稜線の岩稜などの眺望が広がる。この小屋で十分に休養を取りたい。

2日目 森林限界を過ぎたら正念場 池ノ谷を巻き鎖場を登る

小屋から2400メートルまでは樹林帯を登る。森林限

登山口 馬場島

馬場島荘と馬場島警備派出所(右)

N36°38'50" E137°33'23"
馬場島荘前から「試練と憧れ」の碑を通りキャンプ場草付きの広場の奥
アクセス/自家用車利用を勧める。/公共交通:富山地方鉄道上市駅からタクシーを利用し馬場島まで/交通機関:馬場島荘☎076(472)3080/上市町役場☎076(472)1111(代)/上市交通☎076(472)0151/旭タクシー☎076(472)0456

早月尾根の標高2600メートル付近から剱岳山頂を振り返る（写真・安宅繁正）

標高2600メートルから上の早月尾根と剱岳（写真・安宅繁正）

赤谷尾根より山頂と池ノ谷を望む（写真・安宅繁正）

秋の早月小屋

剱岳山頂風景

標高1100メートル付近の巨大な立山杉（通称一服杉）

界を過ぎ、小窓尾根や剱尾根などの岩壁が現れる。ここから池ノ谷側を巻くように上っていくとハクサンイチゲ、ミヤマキンポウゲなどのお花畑が見られるようになる。2800メートルを過ぎ、シシ頭から山頂へは鎖場が続く。落石には十分注意。シシ頭は池ノ谷側をトラバースし、カニのハサミを経て別山尾根との合流点に出る。ここから山頂まではもうすぐである。頂上から富山平野、富山湾、遠くは槍ヶ岳、天気のよい日には富士山まで眺められることもある。

下りは岩場での滑落や体力消耗による転倒に注意

帰りは山頂から2500メートルの間の岩場の下りは、特に滑落に注意。下るに従い暑さが増し、体力の消耗が激しく、転倒によるけがも多い。余裕を持って行動したい。7月中旬まで1900メートルより上には残雪があり、視界が悪いと迷いやすく、マーキングを見落とさないよう下山する。

（澤井仁一）

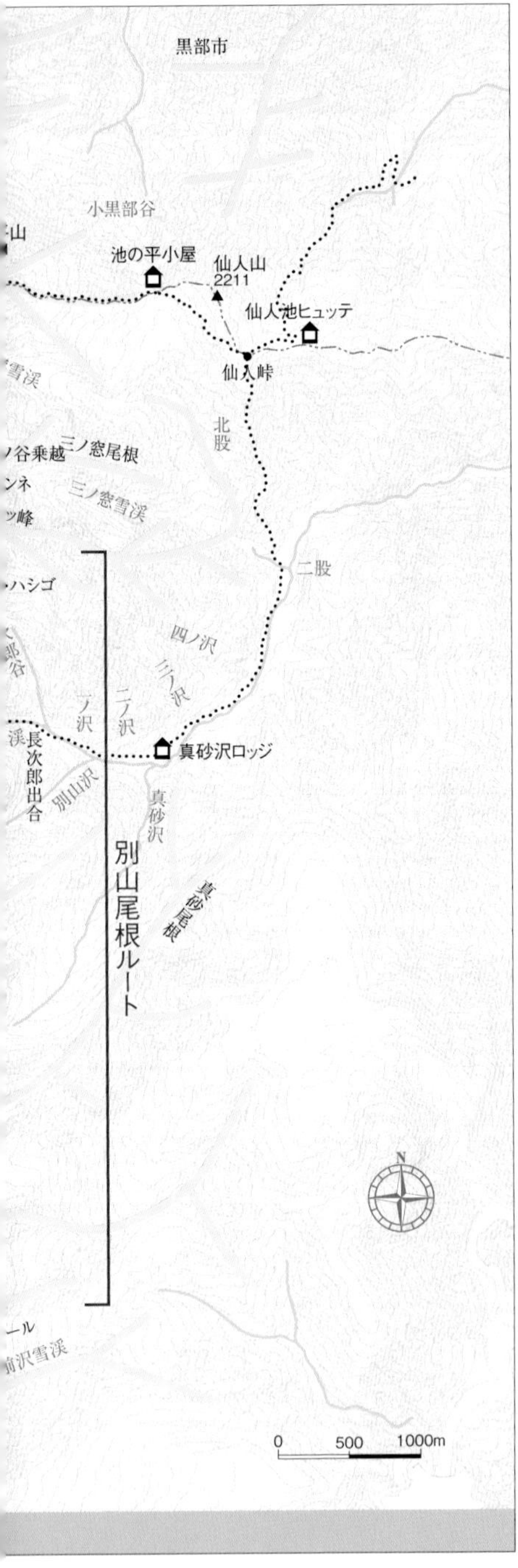

別山尾根ルート：コース紹介

1泊2日　適 7月下～9月下

室堂（むろどう）ターミナルから別山乗越（のっこし）を経て剱沢（つるぎ）へ。剱沢から別山尾根経由で剱岳を登頂し、往路を戻る

1日目　室堂ターミナル ➤ 雷鳥平 ➤ 別山乗越 ➤ 剱澤小屋【泊】

歩行時間 3:30　標高差 +546 −443 (m)

2日目　剱澤小屋 ➤ 剣山荘 ➤ 一服剱 ➤ 前剱 ➤ 平蔵のコル ➤ 剱岳山頂 ➤ 平蔵のコル ➤ 前剱 ➤ 一服剱 ➤ 剣山荘 ➤ 剱澤小屋 ➤ 別山乗越 ➤ 雷鳥平 ➤ 室堂ターミナル

混雑状況によってコースタイムに鎖場での待ち時間が加減される

歩行時間 9:40　標高差 +1243 −1348 (m)

グレード [ルート定数：48]

体力度   

技術的難易度 

●服装・装備／小屋泊用装備（240㌻）。ヘッドランプが必要。ロープ、ハーネス（ロープを結びつけるベルト）、ヘルメットがあればベター

●注意事項／滑落、落石に注意。2012年鎖場に番号が付けられた。事故の際は鎖場の番号を報告のこと。中級者以下は山岳ガイドや上級者などの指導や同伴が必要

●登山口／28㌻参照

みどころ

別山乗越・三田平（剱沢）からの眺望／別山乗越では剱岳の勇姿が飛び込んでくる。振り返ると眼下に噴煙を上げる地獄谷、大日連山、室堂平、天狗平、その向こうに薬師岳が見える。別山乗越より剱沢に下れば眼前に迫る八ッ峰、源次郎尾根の鋭い岩峰が圧巻

剱岳山頂／富山平野、富山湾、能登半島、北アルプスの山々を360度で展望。剱岳を初登頂した柴崎芳太郎測量隊が錫杖の頭と鉄剣を発見した。錫杖頭は柴崎家より富山県に寄贈され、現在立山博物館に収蔵されている。国指定重要文化財

山小屋・休憩所　要予約

室堂周辺の山小屋（241㌻）
剱御前小舎 ☎080(8694)5076
剱澤小屋 ☎080(1968)1620(衛星電話)
剣山荘 ☎090(2372)5799、090(8967)9116

早月尾根ルート：コース紹介

1泊2日　適 7月下〜9月下

馬場島（ばんばじま）から松尾平を経て、早月小屋で一泊。翌日登頂を目指す

1日目 馬場島登山口 ➤ 松尾平 ➤ 1921m三角点 ➤ 早月小屋【泊】

歩行時間 **6:00**　標高差 **+1484 −20** (m)

2日目 早月小屋 ➤ 2600m峰 ➤ 剱岳山頂 ➤ 2600m峰 ➤ 早月小屋 ➤ 1921m三角点 ➤ 松尾平 ➤ 馬場島登山口

歩行時間 **9:00**　標高差 **+883 −2342** (m)

グレード [ルート定数：57]

体力度　6

技術的難易度　A B C D E

●服装・装備／別山尾根ルートに準じる
●注意事項／2600メートルからは鎖場が続く。滑落、落石に注意。十分な飲み物の携行が必要。岩につけられたペンキの印から外れない。体力に合わせて2泊3日の行程にも。中級者以下は山岳ガイドや上級者などの指導や同伴が必要
●登山口／30ページ参照

みどころ

馬場島の「試練と憧れ」の碑／標高差2240メートルを一気に登る早月尾根ルートの登山口、馬場島に「試練と憧れ」の字が刻まれた石碑がある。強靭（きょうじん）な体力が要求されるルートに挑戦する登山者を見送るように立つ

山小屋・休憩所　要予約

早月小屋 ☎090(7740)9233
馬場島荘 ☎076(472)3080

池の平小屋周辺のお花畑

06 池平山 いけのだいらやま

剱岳の岩峰群やお花畑の絶景

［立山町・黒部市・上市町］　飛騨山脈　中部山岳国立公園

北峰 2561m　N36°38′29″ E137°37′31″

登山者が少ない急峻な岩峰

剱岳北方稜線上の山で、小窓と大窓の中間に位置する。北峰と南峰があり、両側が切れ落ちた急峻な岩峰である。登山道はなく、仙人池へのメインコースから離れていることから登山者は少ない。高山植物の群生するお花畑は、心を和ませてくれる。頂上からは後立山連峰の名峰や毛勝三山から僧ヶ岳までの山々が望める。最高の眺めは、三ノ窓雪渓から八ッ峰、チンネの岩峰群であろう。

1日目の室堂から剱澤小屋までは、05剱岳（28㌻）を参照。

剱澤小屋から池の平小屋へ健脚者向の大パノラマ

2日目

剱沢雪渓を下り、真砂沢ロッジに至る。さらにハシゴ谷乗越の分岐を過ぎ、二股吊橋に着く。ここから見上げる三ノ窓雪渓は素晴らしい。橋を渡り河原のゴロゴロ道を数分進むと、池平山との分岐となり、仙人新道へ入る。かん木に覆われた急登を終え、ベンチのある展望台に着くと、裏剱の絶景が待っている。仙人峠を池平山に向かい、40分で池の平小屋に着く。周辺にはモリブデン鉱を採掘した坑道跡が残り、鉱山事務所跡を池の平小屋としていたが、1994（平成6）年に現在の小屋が新築された。小屋の下の平の池や鉱山道をしばらく行った展望台は、写真撮影の絶好ポイントだ。

3日目

池平山を往復する。鉱山道をわずかに進むと、池平山への分岐がある。かん木帯を抜けると広大なお花畑だ。目印に沿って、落石に注意しながら急登を登り、稜線に出る。踏み跡に従い15分ほどで池平山南峰に着く。頂上は大岩が幾つも重なった所で、360度の展望が楽しめる。かすかな踏み跡が大窓や小窓へ続くが、ここから先は経験者のガイドが必要。

池の平小屋から仙人池ヒュッテに寄って、仙人池に映りこむ八ツ峰の絶景を楽しんだ後、雲切新道を下り仙人ダムを経て黒部峡谷を阿曽原温泉経由の水平道で、欅平まで下る。高度感抜群のこの帰路は経験を伴った健脚者向きで、もう1泊必要。剱沢の登りがきついが、10時間ほどで室堂に折り返すこともできる。

（高井　充）

コース紹介　3泊4日（池の平小屋までは登山道あり）　適 7月下〜10月上

剱沢、二股、池の平小屋を経て池平山南峰へ。帰路は仙人池経由で阿曾原、欅平へ

1日目　03剱岳（32ページ）参照

歩行時間 **3:30**　標高差 **+546 −443 (m)**

2日目　剱澤小屋 ➤ 真砂沢ロッジ ➤ 二股（吊橋）➤ 仙人峠 ➤ 池の平小屋【泊】

歩行時間 **6:20**　標高差 **+618 −1107 (m)**

3日目　池の平小屋 ➤ 池平山南峰 ➤ 池の平小屋 ➤ 仙人峠 ➤ 仙人池ヒュッテ ➤ 仙人温泉小屋 ➤ 仙人ダム ➤ 阿曾原温泉小屋【泊】

歩行時間 **8:45**　標高差 **+1145 −2316 (m)**

4日目　阿曾原温泉小屋 ➤ 折尾大滝（オリオ谷）➤ 志合谷 ➤ 欅平

歩行時間 **5:15**　標高差 **+270 −530 (m)**

グレード [ルート定数：81]

体力度    9

技術的難易度 A B C D

●服装・装備／小屋泊用装備 （240ページ）

●注意事項／池の平小屋から池平山への登降は落石に、仙人谷の雪渓ではルートに注意。志合谷トンネルはライト必要。アイゼン必携

みどころ

絶景の登山道／剱沢雪渓からの平蔵谷、長次郎谷や、二股吊橋・仙人新道・池平山からの三ノ窓雪渓やハッ峰・チンネの針峰群は圧巻

天空のお花畑／種類も多く高山植物の楽園

阿曾原温泉／高熱隧道から湯を引いた露天風呂

黒部峡谷／国指定特別名勝・特別天然記念物

池平山頂上より剱岳を望む

黒部峡谷の水平道

登山道は踏跡程度
落石に注意

【仙人谷】
夏まで不安定な雪渓が残る
足場の悪いトラバースがある
重大事故発生箇所

残雪時はルートファインディングに注意

秋まで雪渓が残り
秋以降不安定になる

鎖場注意

シーズン後半から
クレバスやスノーブリッジが形成される

MAP：1/5万……立山・黒部　1/2.5万……剱岳・十字峡・欅平

登山口　室堂ターミナル

N36° 34'38" E137° 35'45"
室堂ターミナルから雷鳥沢方面へ

アクセス／公共交通：富山地方鉄道立山駅から立山黒部アルペンルート／駐車場：立山駅周辺に無料駐車場／交通機関：富山地方鉄道☎076(432)3456／立山黒部貫光☎076(432)2819／黒部峡谷鉄道☎0765(62)1011

山小屋・休憩所　要予約

剱澤小屋 ☎080 (1968) 1620 (衛星)
真砂沢ロッジ ☎090 (5686) 0100
池の平小屋 ☎080 (5923) 5413
仙人池ヒュッテ ☎090 (1632) 9120
阿曾原温泉小屋 ☎0765 (62) 1148

池の平小屋

黒部ダムから望む黒部別山と大タテガビン岩壁（手前）

07 黒部別山 くろべべっさん

壮絶な岩壁を連ねる秘境に迫る 3等

［立山町］　飛騨山脈　中部山岳国立公園

2353m　N36°36'43" E137°39'40"

自然の姿そのままに 登頂はクライマーのみ

黒部ダムの下流左岸10キロ、剱岳と鹿島槍ヶ岳の間に位置し、北峰・主峰・南峰と三つのピークから成る。西面は森林に覆われて平凡だが、東面は大タテガビンをはじめ、険しい岩壁が連なって黒部川に落ち込み、下ノ廊下の一角を成す。

初登頂は『剱岳・点の記』で知られる測量官・柴崎芳太郎らによるもので、1907（明治40）年6月、北峰と南峰に三角点を選定している。

1963（昭和38）年に黒部ダムが完成、日電歩道も開放され、登山者が黒部奥山に足を踏み入れるようになった。しかし、黒部別山には東面を登攀するクライマーを除いて近づく者はなく、自然の姿を保っている。南北に延びる頂上稜線は所々草原を成し、立山・後立山の峰々が指呼の間だ。

ここでは登頂はせずに、室堂から黒部別山の懐を巡る黒部ダムへのコースを紹介する。

剱澤小屋から真砂沢ロッジへ 黒部別山の懐を巡る

1日目

室堂から剱澤小屋までは05剱岳（28㌻）を参照。小屋からしばらくで剱沢雪渓に降り立つ。「岩と雪の殿堂」と呼ばれる剱岳の東面、源次郎尾根、長次郎谷、八ッ峰を眺めながら下る。正面に黒部別山が見えてくると、今日の宿、真砂沢ロッジは近い。黒部別山に抱かれるように建つロッジは、キャンプ指定地になっている。

2日目

ロッジの下流で剱沢を渡り、急登を頑張ればハシゴ谷乗越だ。黒部別山の稜線が近い。残雪期ならば、ハシゴ谷乗越から雪稜通しに頂上を目指せるが、ここに至るまでの登山道はまだ雪の下で、山小屋も閉まっており注意が必要だ。しかし無雪期の登頂には、背丈を越す笹の猛烈なやぶこぎを強いられる。

ハシゴ谷乗越の展望台で眺望を楽しんだら、内蔵助平から内蔵助谷出合へと下る。右に高く丸山東壁を望む。出合からは旧日電歩道を黒部ダムへとたどる。小さなアップダウンを繰り返すと、豪快に放水するダムが見えてくる。木橋で対岸に渡り、最後のつづら折りを登れば黒部ダム駅への入口に着く。振り返れば、黒部別山が大タテガビンの岩壁を見せてそびえる。

（西嶋真市）

コース紹介　1泊2日（頂上付近登山道なし）　適 7月上〜10月上

室堂ターミナルから剱沢、真砂沢ロッジを経て、ハシゴ谷乗越、内蔵助平と、黒部別山を望み黒部ダムへ下る(登頂しない)

1日目　室堂ターミナル ➤ 雷鳥平 ➤ 剱御前小舎 ➤ 剱澤小屋 ➤ 真砂沢ロッジ【泊】

歩行時間 5:25　標高差 +552 −1214 (m)

2日目　真砂沢ロッジ ➤ 仮橋(丸木橋) ➤ ハシゴ谷乗越展望台 ➤ 内蔵助平 ➤ 内蔵助谷出合 ➤ 黒部ダム

歩行時間 7:05　標高差 +724 −1039 (m)

グレード [ルート定数：42]

体力度  

技術的難易度　A　B　C　D

●服装・装備／小屋泊用装備（240ページ）

●注意事項／長い雪渓歩きがあるのでしっかりした登山靴と軽アイゼンが必要。内蔵助谷の登山道は崩壊箇所がある。真砂沢ロッジで確認。初心者は経験者かガイドの同伴が必要

みどころ

剱沢雪渓／日本三大雪渓。豪壮な裏剱を眺められる

ハシゴ谷乗越展望台／立山三山･剱岳の裏側に位置し、見慣れた富山側とは違った山々の姿が見られる

丸山東壁／内蔵助谷右岸にそびえる大岩壁

旧日電歩道／黒部峡谷の岩壁に刻まれ、開削当時がしのばれる

MAP：1/5万……立山　1/2.5万……立山・剱岳・十字峡・黒部湖

登山口　室堂ターミナル

室堂ターミナルから雷鳥沢に向かう

N36° 34′38″ E137° 35′45″
室堂ターミナル屋上を経て玉殿の湧水の脇から雷鳥沢方面へ

アクセス／公共交通：JR富山駅から地鉄立山線、立山ケーブルカー、高原バスと乗り継ぎ室堂ターミナルへ／駐車場：立山駅周辺(無料)／アルペンルートは自家用車は通行不可／交通機関：立山黒部貫光☎076(432)2819

山小屋・休憩所　要予約

室堂周辺の山小屋（241ページ）

剱御前小舎 ☎080 (8694) 5076

剱澤小屋 ☎080 (1968) 1620 (衛星電話)

真砂沢ロッジ ☎090 (5686) 0100

岩壁に刻まれた旧日電歩道

丸山東壁

石壁に守られた真砂沢ロッジ

室堂から見る奥大日岳（右）と大日岳

08 奥大日岳 おくだいにちだけ

花咲く稜線から剱岳を間近に望む 二百 新・花百 3等

［立山町・上市町］　飛騨山脈　中部山岳国立公園

2611m　N36°35'54"　E137°34'51"

角度により顔を変える スケールの大きな山

奥大日岳は前大日岳から続く大日連峰の最高峰である。弥陀ヶ原をバスで行くと、車窓からは大日岳・奥大日岳のなだらかな山並みに見えるが、反対側の剱岳早月尾根からは立山川を眼下に、奥の深いスケールの大きな山容を見せる。稜線の一部は二重山稜となっており、窪地に水がたまり池塘が見られる。

室堂ターミナルからミクリガ池を抜け、雷鳥沢キャンプ場へと向かう。色とりどりのテントの間を通り、称名川の源流でもある浄土沢の木橋を渡り、しばらくして剱御前小舎との分岐を左へ進む。コバイケイソウやチングルマの群生する木道を登ると、雪渓が出てくる。急な箇所もあるので注意しながら登ると、新室堂乗越に出る。稜線を進むと室堂乗越で、剱岳の雄姿が現れ感動する。室堂乗越は昔、地獄谷で採取した硫黄を馬場島へ運んだ道が室堂から立山川へと続いていたが、今は廃道となっている。

稜線の称名川側を 山頂を経て中大日岳まで

花の咲く稜線の称名川側を巻いて行くと、小さな池塘がある。二つ目のピークを過ぎると鞍部（カガミ谷乗越）に着く。ここから称名川側の斜面を登るが、岩が出てきて、浮き石も多いので注意する。稜線に出ると頂上はすぐで、右に行くと最高点２６１１メートル、そのまま左に行くと3等三角点のある奥大日岳山頂である。

頂上からの展望は素晴らしく、眼下の広々とした弥陀ヶ原には時折高原バスが行き来し、剱岳西面の荒々しい姿、毛勝三山、立山三山、薬師岳、遠くは白山までも見渡せる。

頂上からの眺めを堪能したら、中大日岳へ向け下りにかかる。称名川側を巻いて進むが、急な崩壊地になっていて、しばらく行くと急なはしごがある。ここは十分注意して進む。鞍部を過ぎると岩場の登りを経て七福園に至る。巨岩とハイマツ、ナナカマドと高山植物の織り成す日本庭園風の景観で、このコースのハイライト。ここから20分で中大日岳（２５００メートル）に着き、さらに20分で赤い屋根の大日小屋に到着する。

（蓮田　哲・ルミ子）

コース紹介　1泊2日（もしくは日帰り）　適 7月上〜10月上

室堂（むろどう）ターミナルから、奥大日岳往復もしくは大日岳を経て称名（しょうみょう）登山口へ

※室堂-奥大日岳は6時間半程度で日帰り往復できる。ここでは七福園に足を延ばす

（1日目）室堂ターミナル ➤ 雷鳥平 ➤ 新室堂乗越 ➤ 奥大日岳山頂 ➤ 七福園 ➤ 大日小屋【泊】

歩行時間 **5:25**　標高差 **+718 −715** (m)

（2日目）称名登山口へ下る。⑨大日岳（41ページ）参照

歩行時間 **4:45**　標高差 **+181 −1652** (m)

グレード [ルート定数：34]

体力度　4

技術的難易度　A B C

●服装・装備／小屋泊用装備、日帰り用装備を参照（238-240ページ）

●注意事項／頂上近く他に崩壊地あり。称名川側にガレ場あり歩行注意。急な長いはしごあり

みどころ

花と剱岳（つるぎ）の展望台／室堂乗越（のっこし）はチングルマの大群生地。右手に剱岳の岩峰を眺めながらの山行。ハクサンシャジン、マルバダケブキなども見られる、高山植物の宝庫

[保護区等]国指定特別天然記念物「ライチョウ」

室堂乗越から見る剱岳とハクサンイチゲ

MAP：1/5万……立山　1/2.5万……剱岳・立山

登山口　室堂ターミナル

室堂ターミナルから雷鳥沢へ向かう

N36° 34′38″ E137° 35′45″
室堂ターミナル屋上を経て玉殿の湧水の脇から雷鳥沢方面へ
アクセス／公共交通：JR富山駅から地鉄立山線、立山ケーブルカー、高原バスと乗り継ぎ室堂ターミナルへ／駐車場：立山駅周辺（無料）／アルペンルートは自家用車は通行不可／交通・道路状況：立山黒部貫光☎076(432)2819／立山町役場☎076(463)1121(代)

山小屋・休憩所　要予約

室堂周辺の山小屋（241ページ）
大日小屋 ☎090 (3291) 1579
大日平山荘 ☎090 (3295) 1281

奥大日岳の鳳凰（ほうおう）の雪形（早月尾根より）

新室堂乗越に向かう木道とコバイケイソウ

大日小屋と大日岳頂上

09 大日岳 だいにちだけ

ラムサール条約登録でさらに脚光を浴びる 新・花百 2等

［立山町・上市町］ 飛驒山脈 中部山岳国立公園

2501m N36°35′58″ E137°33′00″

美しい大日平の湿原を堪能しつつ大日小屋へ

風景の多様な変化と咲き誇る高山植物は、大日岳登山を楽しいものとしてくれる。

1日目

立山駅からバス、または自家用車で称名滝駐車場へ。そこから称名滝方向へ歩くこと約30分、左手に「大日岳登山口」の標識がある。草が刈り込まれた登山道は、まもなく急登となる。途中猿ヶ馬場のベンチを経て、牛ノ首のコルに出ると視界が広がり、大日岳から早乙女岳への稜線がまぶしい。

牛ノ首からは岩を削り込んだ階段と木の根、はしごなど滑りやすい道が続き、間もなく大日平の湿原と木道が始まる。ぬれた木道は滑りやすく注意を要する。やがて空が大きく広がり中大日岳が見えてくるころ、行く先に小さく大日平山荘が見える。山荘で小休止し、裏手に回り一ノ谷から落ちる不動滝を見てくるのもよい。

草原を行く木道は山荘を経て、大日岳と中大日岳の間の大きなゆったりとした谷へ延びて行く。登山道はこの沢を数回横切るたびに高度を稼ぎ、大日平や鍬崎山を見下ろすこととなる。最後の水場で一息入れてから大岩を通過すると、大日小屋への最終の登りとなり、大日小屋直下の鞍部に至って、眼前に剱岳の全貌をほしいままにする。ランプの小屋として親しまれる大日小屋では、ギター演奏を聴けることもある。

剱岳、立山の絶景と岩と植物の造形「七福園」

2日目

大日小屋から頂上まで約20分。2等三角点（2498・2メートル）があり、剱岳・立山の展望が素晴らしい。その後は前日登って来た登山道を引き返すが、大日小屋より中大日岳を経由して約30分、岩と高山植物の織り成す日本庭園風の七福園は必見。

2012（平成24）年大日平は隣接する弥陀ヶ原とともにラムサール条約（湿地とそこに生息・生育する動植物の保全と利用を目的とする国際条約）に登録された。もちろん登山者は登録の有無にかかわらず、現状の環境をそのまま次世代に引き継ぐ義務があることを忘れてはならない。

（安宅繁正）

コース紹介　1泊2日　適 7月上〜10月上

称名（しょうみょう）滝側の登山口から大日（だいにち）平を経て山頂往復

1日目　称名滝駐車場 ➤ 称名（大日岳登山口）➤ 牛ノ首 ➤ 大日平山荘 ➤ 大日小屋【泊】

歩行時間 **6:00**　標高差 **+1551 −89** (m)

2日目　大日小屋 ➤ 大日岳山頂 ➤ 大日小屋 ➤ 大日平山荘 ➤ 牛ノ首 ➤ 称名 ➤ 称名滝駐車場

歩行時間 **4:45**　標高差 **+181 −1652** (m)

グレード [ルート定数：42]

体力度 

技術的難易度　A　B

●服装・装備／小屋泊用装備　(240ページ)

●注意事項／牛ノ首付近はせまい尾根で滑りやすいので注意

みどころ

山頂からの展望／剱（つるぎ）岳、立山、弥陀（みだ）ヶ原をはじめ、北アルプスから白山まで360度の眺望

高山植物／大日平から大日小屋にかけて、キヌガサソウやカライトソウ、ワタスゲなど多種類の高山植物が見られる。秋はナナカマドなどの紅葉が美しい

称名滝／落差350メートル、日本一の称名滝は登山口から徒歩20分。国の名勝・天然記念物

[保護区等]ラムサール条約登録

MAP：1/5万……立山　1/2.5万……立山・剱岳

登山口　称名滝駐車場

N36° 34'・48" E137° 30'26"
立山駅より称名滝探勝バスが運行されている。称名滝駐車場隣接の終点で降り、滝へ向かうこと約30分、左手に「大日岳登山口」の標識がある

大日岳登山口

アクセス／公共交通：称名滝探勝バスが利用できる／富山地方鉄道立山駅前より称名滝終点のバス。所要時間20分／タクシー利用：あり／無料駐車場あり。登山口まで徒歩30分／交通機関：立山黒部貫光☎076（432）2819

山小屋・休憩所　要予約

大日平山荘 ☎090 (3295) 1281
大日小屋 ☎090 (3291) 1579

七福園。後方は剱岳と奥大日岳（右）

ランプの大日小屋

大日平の木道と大日平山荘、右の山裾に小さく望める

早月川から望む赤谷山

10 赤谷山 あかたにやま

ビバークの装備必要。上級者向けの険しい山

［上市町・黒部市］　飛騨山脈　中部山岳国立公園

2260m　N36°39'35" E137°36'38"

赤谷山頂は剱岳北方稜線の見事な展望台

赤谷山の特徴は、剱岳北方稜線の素晴らしい展望である。一方、登山口から山頂までは標高差1500メートルあり、日帰りコースとしては体力がいる。山中に山小屋などの宿泊施設がなく、コース整備もされていない箇所が多いため、上級者の同伴が必要である。

登山口の馬場島から車道を歩き、分岐で左の道を進む。白萩川林道約300メートル先のゲートを越えて、白萩川の橋を渡ると道は左右に分かれ、左のブナクラ谷側を行く。橋を渡れば、ブナクラ取水えん堤に着く（この橋は冬場前に外される）。すぐに小ブナクラ谷、水量の少ない谷、そして大ブナクラ谷となる。大ブナクラ谷は水量が多く、雨の日は注意して渡る。本流のえん堤の手前で山側へ登り、気持ちのよいブナ、ミズナラ、スギの巨木の中を行く。

やがて本流に出て、イタドリなどが囲む登山道や小さな沢を進む。その後本流と別れる。山側の登山道には岩屋があり、やがて田倉谷に出る。この先もイタドリの登山道が続き、その後、戸倉谷に出る。谷の水量は多いため気を抜けない。約300メートル先の左側に見える1メートルほどの岩を登ると戸倉大滝が見える。この先は、草原に岩や石が多くなり急登が続く。ブナクラ峠の手前では、安全のためストックをザックに収納することを勧める。

峠から足場の悪い尾根へ 雨天時は引き返すことも

峠からは後立山連峰の白馬岳や五龍岳が見える。峠の地蔵に別れを告げ、右の赤谷山を目指す。その後、ササの中の登山道となる。開けた草原には小さな池塘があり、巨大な岩も見えてくる。ここでもストックをしまった方がよい。流れのない谷は滑りやすいので、雨の日は引き返すことも考えよう。やがてハイマツの尾根に出る。山頂から崩れた谷側に登山道が作られており、決壊した場所、雨にえぐられている足場の悪い場所があり気が抜けない。山頂は広々とした場所で、剱岳が荒々しい北面を見せてくれる。下山は往路を戻るが時間がかかる。危険箇所が多いので、急がずゆっくり行動したい。

（辰口久一・永山義春）

コース紹介　日帰り　適 6月下〜10月下

馬場島(ばんばじま)からブナクラ峠を経て、赤谷山山頂往復

日帰り 馬場島荘 ➤ ブナクラ取水えん堤(林道終点) ➤ ブナクラ峠 ➤ 赤谷山山頂 ➤ ブナクラ峠 ➤ ブナクラ取水えん堤 ➤ 馬場島荘

歩行時間 12:20　**標高差** ±1727(m)

グレード [ルート定数:45]

体力度 

技術的難易度 A B C

●服装・装備/日帰り用装備 (238-239ページ)

●注意事項/往復12時間20分の日帰り登山のため、万一に備えてビバークの装備が必要。春山は残雪のためアイゼンが必携。中級者以下は経験者かガイドの同伴が必要

みどころ

山頂からの展望/剱岳(つるぎ)が荒々しい北面を見せてくれる。朝日岳から鹿島槍ヶ岳まで、手前の白萩山、赤ハゲ、白ハゲと続く展望は絶景。さらに大日連山、猫又山、毛勝山(けかつ)と見飽きることがない

登山口 馬場島荘

登山口の馬場島荘(写真は駐車場)

N36°38'50" E137°33'23"
馬場島から白萩(しらはぎ)川沿いの道に入るとゲートが閉ざされている。一般車両は馬場島荘に駐車

アクセス/自家用車利用を勧める/駐車場:馬場島荘/公共交通:富山地方鉄道上市(かみいち)駅よりタクシー利用/交通機関:上市町役場☎076(472)1111(代)/馬場島荘☎076(472)3080/上市交通☎076(472)0151/旭タクシー☎076(472)0456

山小屋・休憩所 要予約

馬場島荘 ☎076(472)3080

赤谷山より剱岳を望む

戸倉谷の戸倉大滝

ブナクラ谷からの登り

猫又山の山頂草原（手前）と剱岳

11 猫又山 ねこまたやま

南斜面は剱岳の雄姿を望む特等席 毛勝三山 3等

［魚津市・黒部市・上市町］　飛騨山脈　中部山岳国立公園

2378m　N36°40′52″ E137°35′25″

毛勝三山の南端
平成になり登山道が開通

魚津市・黒部市・上市町の境界にあり、毛勝三山の南端に位置する。三山中最も穏やかな山容である。

登山として記録に現れるのは1915（大正4）年、田部重治、木暮理太郎らによるものだが、古くから登られていたものと推察される。加賀藩が奥山廻り制度を廃し、御縮山を解いたのは1870（明治3）年である。このころに仙人湯が開湯され、片貝川の南又谷やブナクラ谷から仙人湯への道が通じていた。木暮理太郎著『山の憶ひ出』には、彼らが通った時まで道は部分的に残っていたと記されている。その道を修復しようと、富山市の水口武彬氏とその仲間が1993（平成5）年、ブナクラ峠まで伐開し、猫又山へは1998（平成10）年に開通させた。

今、ブナクラ谷には多くの砂防ダムを建設する計画があり、工事用道路は毎年上流へと延びていく。それとともに登山道入口も上流へと移動することになる。馬場島からブナクラ峠までは⑩赤谷山（42ページ）を参照のこと。

ブナクラ峠から北の細い尾根へ
森を抜けるとチングルマの草原

ブナクラ峠から北の急斜面を登る。100メートルくらい岩塔の並ぶ間を登って、細い急な尾根へ出る。背後に堂々とした赤谷山があり、その奥に剱岳北面の荒々しい山容が眺められる。

小さな突起を幾つか越え、背の低いダケカンバやオオシラビソの間を進み、森林限界を抜ける。やがて、東側に浅く開けた草付きの谷へ入っていく。これまでと一変してチングルマの咲く草原である。点在する岩の上を歩き、登り詰めたところが猫又山の山頂。爺ヶ岳から北に連なる山々の広大な展望を楽しむことができる。

下山は往路を戻るが、猫又山から派生する東芦見尾根を下山することもできる。山頂から少し下って右側に分岐する。気をつけて踏み跡を探しながら下る。左に剱岳や大日岳を眺めながら大猫山に至る。あとは⑭大猫山（50ページ）を参照。

（佐伯郁夫・坂口　忍）

コース紹介　日帰り　適 6月下〜10月下

馬場島からブナクラ取水えん堤、ブナクラ峠、雪田斜面を経て、猫又山山頂往復

日帰り　馬場島荘 ➤ ブナクラ取水えん堤（林道終点）➤ ブナクラ峠 ➤ 猫又山山頂 ➤ ブナクラ峠 ➤ ブナクラ取水えん堤 ➤ 馬場島荘

歩行時間 12:40　標高差 ±1674（m）

グレード [ルート定数：45]

体力度　5

技術的難易度　A B C

●服装・装備／日帰り用装備（238-239ページ）。往復12時間以上あるため、万一のためのビバークの装備を。6月上旬までは残雪のためアイゼン必携

●注意事項／ブナクラ峠上部の稜線では、切れ落ちている所があり転落や滑落に注意。増水時は沢の徒渉に注意。中級者以下は上級者かガイドの同伴が必要

みどころ

湧水／戸倉谷手前の湧水が、登山道沿いの岩の下から湧き出ている。暑さや渇きが吹き飛ぶうまさである

雪田斜面／チングルマの白い花が揺れる草原地帯。南方には剱岳の堂々たる雄姿を拝むことができる

猫又山山頂／猫岩から下方は切れ落ち、高度感抜群。東側の草原から釜谷山、毛勝山への連なりが一望できる

MAP：1/5万……黒部・立山　1/2.5万……毛勝山・剱岳

登山口　馬場島荘

登山口の馬場島荘（写真は駐車場）

N36° 38'50" E137° 33'23"
馬場島から白萩川沿いの道に入るとゲートが閉ざされている。一般車両は馬場島荘に駐車

アクセス／公共交通：富山地方鉄道上市駅よりタクシー利用／駐車場：馬場島荘／交通機関：上市交通☎076（472）0151／旭タクシー☎076（472）0456

山小屋・休憩所　要予約

馬場島荘 ☎076（472）3080

頂上東面のお花畑。ブナクラ峠の雲の先に剱岳

猫又山頂上にある切り立った岩。通称猫岩

ブナクラ峠にある標識

毛勝山南峰より釜谷山（中央）と猫又山（左）

12 釜谷山 かまたにやま

安易な入山は許されない道なき峰 毛勝三山

［魚津市・黒部市］　飛騨山脈　中部山岳国立公園

2415m　N36°41′22″ E137°35′09″

毛勝三山の真ん中 田部重治が大正時代に命名

釜谷山は毛勝三山の真ん中に位置する山で、古名を姥倉ヶ岳といった。片貝川南又谷の支流釜谷が西面に突き上げる。

1915（大正4）年、英文学者で登山家の田部重治が、木暮理太郎、南日實、ガイドの宇治長次郎、宮本金作、沢崎源次郎らとともに釜谷山から毛勝三山を登り劔岳から立山を縦走、黒部東沢、赤牛岳を経て大町に抜けている。釜谷山はこの時の田部らの命名によるという。釜谷の釜はこの谷で見られるポットホール（甌穴）に由来する。

毛勝山側からは難所続き 滑落に細心の注意を

釜谷山には一般登山者のための登山道はない。毛勝山から猫又山までをつなぐ稜線上はコメツガやハイマツが密生したやぶで、忠実にたどろうとすれば非常な苦労を強いられる。東面黒部側にはチングルマやイワイチョウが茂る草原地帯が広がっており、踏み跡をたどることで釜谷山山頂へ達することができる。しかし草付き帯は斜度が強い場所が多く、トラバース中のスリップ、滑落には細心の注意が必要だ。危険を感じる箇所では迷わず稜線上に出てやぶをこぐほうが安全であろう。

一部やぶが薄く刈られている所もあり、それをうまくたどることができれば、やぶこぎの労を大幅に軽減できる。

踏み跡をたどり猫又山からはやぶを絡めコルを目指す

比較的安全な猫又山から釜谷山へ向かう場合、猫又山山頂手前から右手の草原に向かい、踏み跡を進む。直に大岩が見えてくる。手前のやぶの中に刈り開きがあり、大岩の際を南又谷側から巻くように続いている。東側の草付きに下降し、やぶを絡めつつコルを目指す。コルからの登りも草付きをたどり、山頂直下の二重山稜を詰めて右手のやぶを分ければ山頂に達する（馬場島～猫又山間は⑪猫又山（44㌻）と⑩赤谷山（42㌻）を参照）。

釜谷山山頂は鋭くとがった形をしており、眺望に優れる。

帰りは往路下山。行程が非常に長いため、体力的、時間的に十分な余裕が必要。

（山本一彦）

コース紹介　日帰り（登山道なし）　適 7月下〜10月上

馬場島(ばんばじま)からブナクラ取水えん堤、ブナクラ峠、猫又山を経て、釜谷山往復

日帰り　馬場島荘 ➤ ブナクラ取水えん堤(林道終点) ➤ ブナクラ峠 ➤ 猫又山 ➤ 釜谷山山頂 ➤ 猫又山 ➤ ブナクラ峠 ➤ ブナクラ取水えん堤 ➤ 馬場島荘

歩行時間 15:40　標高差 ±2026 (m)

グレード [ルート定数：55]

体力度　6

技術的難易度　A B C D

●服装・装備／日帰り用装備　(238-239ページ)

●注意事項／一般的な登山道はない。十分な体力と総合的な登山能力が必要。この山域では誰かの助けは期待できない。安易な入山は許されない。中級者以下は経験者かガイドの同伴が必要

みどころ

毛勝(けかち)三山の中で最後に残った自然の山域／谷筋に雪が残る夏季も美しいが、秋のチングルマの綿毛を敷き詰めたような草紅葉も素晴らしい

[保護区等]国指定特別天然記念物「ライチョウ」

MAP：1/5万……黒部、立山　1/2.5万……毛勝山、剱岳

登山口　馬場島荘

登山口の馬場島荘(写真は駐車場)

N36° 38'50" E137° 33'23"
馬場島から白萩(しらはぎ)川沿いの道に入るとゲートが閉ざされている。一般車両は馬場島荘に駐車

アクセス／自家用車利用を勧める／駐車場：馬場島荘／公共交通：富山地方鉄道上市(かみいち)駅よりタクシー利用／交通機関：上市交通☎076(472)0151／旭タクシー☎076(472)0456

山小屋・休憩所　要予約

馬場島荘 ☎076 (472) 3080

釜谷山新山名板

大岩の通過はやぶの中の刈り開きをたどる

釜谷の由来となったポットホール(コース外)

毛勝山全景

13 毛勝山 けかつやま

体力と技術が問われる岳人憧れの頂 二百 毛勝三山 2等

［魚津市・黒部市］　飛騨山脈　中部山岳国立公園

2415m　N36°42'04" E137°35'27"

西面は毛勝谷の大きな雪渓 古名は瀧倉ヶ岳

毛勝山、釜谷山、猫又山から成る毛勝三山は、剱岳北方稜線上にそびえる巨大な山塊である。その主峰毛勝山は、西面に毛勝谷の雪渓をなぎ落とし、毛勝山の古名である瀧倉ヶ岳の由来となったものと思われる。近代登山史上に毛勝山が現れるのは1910（明治43）年に田部重治が、生家である南日家の2人と、炭焼きの田口弥八郎を案内人として、毛勝谷から登頂したものが最初である。

毛勝山は通常5、6月ごろ、残雪を利用して阿部木谷より登るのが一般的だが、雪山登山技術が必須で上級者に限られる。今回紹介する西北尾根コースは無雪期にも登れるよう刈り開かれたものだが、標高差1700メートルを日帰りする体力が求められる。

1700メートルの標高差 厳しく複雑な地形を日帰りする

通常は片貝山荘の先、阿部木谷出合（僧ヶ岳東又登山口）まで車が入る。阿部木谷出合で橋を渡って、道がカーブするあたりに西北尾根の登山口があり、右手に目印となる石がある。ブナやミズナラの樹林の中をロープや木の根につかまりながらの急登で、高度を稼ぐ。1060メートル辺りで尾根に出て斜度は緩む。1700メートル辺りから次第に丈の低いかん木やササが多くなってくる。

2000メートルまで登ると草原地帯が広がる。左手にモモアセ池がある。一帯は池原の草原と呼ばれ、池塘が点在する草原にチングルマが群生する美しい場所だ。モモアセ山を過ぎ、二重山稜のくぼ地をたどるが、地形が複雑で注意が必要。毛勝山とモモアセ山のコルから針葉樹の斜面を登ると、大清水の草原。滝倉山やウドノ頭など、東又谷源流の山々が目の前に見える。右手のクワガタ池を過ぎ、東又谷側に続く草付きの急斜面を登り切ると、360度の大展望が広がる山頂（北峰）に着く。

下りは往路をたどる。登山道上はロープや赤布などが設置してあるが、整備された道とはいえず行程も長い。十分なトレーニングを積んで臨むべきである。（山本一彦・佐竹剛彦）

コース紹介　日帰り　適 7月下〜10月上

西北尾根登山口から、毛勝山山頂往復

日帰り　西北尾根登山口 ➤ 1274m地点 ➤ 1479.3m地点 ➤ モモアセ山 ➤ 2151m地点 ➤ 毛勝山山頂 ➤ 2151m地点 ➤ モモアセ山 ➤ 1479.3m地点 ➤ 1274m地点 ➤ 登山口

歩行時間 **11:50**　標高差 ±**1742**(m)

グレード [ルート定数：43]

体力度 

技術的難易度　A　B　C

●服装・装備／日帰り用装備 (238-239ページ)

●注意事項／7月中旬までは稜線上に雪渓が残り滑落に注意。行程が長く山小屋、水場がない。迷いやすい所がある。中級者以下は経験者かガイドの同伴が必要

みどころ

大展望台毛勝山／富山平野から剱岳までを一望できる

チングルマの群落／上部の草原地帯にはチングルマが群生しており、点在する美しい池塘と合わせて長い行程の疲れを癒やしてくれる

MAP：1/5万……黒部　1/2.5万……毛勝山

登山口 西北尾根登山口

登山口標識

N36°43'46" E137°33'10"
阿部木谷出合の橋からは車両進入禁止
アクセス／自家用車推奨／駐車場：阿部木谷出合の橋の手前に4〜5台駐車可能なスペースあり。残雪期は片貝第四発電所先の最終除雪地点まで／公共交通：魚津駅から阿部木谷出合までタクシーを利用。下山時は時間を打ち合わせて来てもらう必要あり／交通機関：魚津交通☎0765(22)0640

山小屋・休憩所 要予約

片貝山荘(無人)
☎0765(23)1046(魚津市教育委員会生涯学習・スポーツ課)

大清水の草原より望む毛勝山山頂

紅葉し綿毛となった毛勝山のチングルマ

クワガタ池(標高2150メートル)

クズバ山から見た東芦見尾根の大猫山。右奥は猫又山その左釜谷山（写真・浦井直幸）

14 大猫山 おおねこやま

剱岳の眺望や大猫平の池塘を楽しむ

［上市町・魚津市］　飛騨山脈　中部山岳国立公園

2070m　N36°40′26″　E137°34′38″

近年開かれた登山道 林の中の急登をいく

かつては積雪期に猫又山からの東芦見尾根の1ピークとして、限られた登山者が登っていたが、2000年に地元有志によって、ブナクラ取水えん堤から登山道が切り開かれた。

馬場島から白萩川沿いに進むと、車止めのゲートがある。周辺に数台の駐車は可能だが、馬場島荘に駐車した方が無難である。馬場島荘からは、約50分の林道歩きとなる。

白萩川本流に架かる橋を渡り、左へ進む。さらに橋を渡れば、まもなくブナクラ取水えん堤である。えん堤近くの登山口からいきなりの急登で、スギや広葉樹の登山道をあえぎながら登る。難所にはロープが張ってあり、手掛かりとなる木々もあるので、心配はいらない。

1400メートルのコブは、剱岳の雄姿が望める格好の休憩地である。1550メートルのピークを過ぎ、さらにブナやダケカンバ、杉木立の樹林帯を登っていくと、大きな一枚岩がある。ロープが張ってあるので慎重に降りよう。低樹林やついたてのような屏風岩のある岩場を登り、高度を稼ぐ。東面に目をやると、弧を描いたブナクラ乗越の向こうに五龍岳、鹿島槍ヶ岳を望むことができる。

大草原に点在する 池塘は深山の楽園

間もなく大草原が現れる。大猫平（1857メートル）である。大小8個の池がある。秋には見事な草紅葉で、緑の木々やダケカンバの木肌とマッチして、深山の楽園を思わせる。右に五菱岩を見ると、すぐに東芦見尾根の稜線である。

左に約100メートル行けば2055・7メートルの三角点があり、かつてはここを大猫山山頂と称したようだ。

右に鋭角に曲がり、チシマザサの登山道を進むと、大猫山山頂（2070メートル）である。山頂といっても標柱はなく、赤布とペナントがあるだけである。

この先、小猫山と呼ばれるピーク（2135メートル）を経由して、猫又山まで登山道が通じている。猫又山、釜谷山が大きく迫り、富山湾も望まれる。

（岡本邦夫）

コース紹介　日帰り　適 6月下～10月中

馬場島(ばんばじま)から、ブナクラ取水えん堤、大猫平を経て大猫山山頂往復

日帰り　馬場島荘 ➤ ブナクラ取水えん堤（林道終点）➤ 1400mピーク ➤ 大猫平（1857m地点）➤ 大猫山山頂 ➤ 大猫平 ➤ ブナクラ取水えん堤 ➤ 馬場島荘

歩行時間 **9:20**　標高差 **±1504** (m)

グレード [ルート定数：36]

体力度　4

技術的難易度　A　B　C

●服装・装備／日帰り用装備　（238-239ページ）

●注意事項／登山道は急だが、分岐や交差はなく、問題はない。しかし、残雪期は滑落の危険があり、十分注意が必要。ルート上には水場がないので十分な水を持参。初心者は経験者かガイドの同伴が必要

みどころ

剱(つるぎ)岳の展望／鋭峰剱岳を北西方面から望む。急登な登山道の岩と木々の間から大迫力の剱岳が見える

池塘(ちとう)のある草原／初夏にはニッコウキスゲやチングルマ、イワイチョウが咲き、秋には草紅葉が美しさを競う

MAP：1/5万……黒部、立山　1/2.5万……毛勝山、剱岳

登山口　馬場島荘

登山口の馬場島荘（写真は駐車場）

N36° 38'50" E137° 33'23"

馬場島から白萩川沿いの道に入るとゲートが閉ざされている。一般車両は馬場島荘に駐車

アクセス／自家用車推奨／駐車場：馬場島荘／公共交通：富山地方鉄道上市駅よりタクシー利用／交通機関：上市町役場☎076（472）1111㈹／上市交通☎076（472）0151／旭タクシー☎076（472）0456

えん堤100メートル手前左に登山口目印の石とリボン

山小屋・休憩所　要予約

馬場島荘 ☎076（472）3080

大猫山山頂から望む猫又山（右）と釜谷山（左）

見事に紅葉した大猫平の池塘

1550メートル付近から望む新雪の剱岳

小又川出合付近からの細蔵山

15 細蔵山 ほそぞうやま

剱岳の幽玄な北西面を大迫力で望む

［上市町］　飛騨山脈　中部山岳国立公園

1551m　N36°39'55" E137°32'56"

故・白籏史朗が冬の剱岳撮影のために登った山

剱岳の登山基地・馬場島の手前、早月川右岸にある東芦見尾根から派生した1ピーク。早月尾根・小窓尾根に縁取られ、池ノ谷の右俣・左俣を分ける剱尾根を中心とした北西面の凄絶な青剱と正対できる。剱岳衛星峰の中で最もダイナミックな特設展望台である。

池ノ谷二股下部のゴルジュまで見通せる唯一のピークで、写真家の白籏史朗が、冬季剱岳の写真を撮るために登ったほどの山。積雪期や特定の登山家対象の山である。

上市町市街から県道剱岳公園線を進む。伊折橋の手前で早月川右岸沿いの道路に入るが荒れており、林道入口の鍋増谷は、大雨のたびに橋が欠壊するので、事前確認がいる。木ノ根谷手前から歩きとなる。渇水期は、対岸の小曽谷手前から早月川を徒渉して、登山口に行ける（増水時不可）。西尾根末端手前左に登山口がある。

ルート迷いが多く、ガイドや経験者の同伴必要

砂防林看板がある草付き台地を突っ切り、いきなり尾根の急登が始まる。杉の植林地、ユキツバキの尾根を登ると、ミズナラやブナの広葉樹林帯となる。1000メートル地点のやや平たん地では、樹間から剱岳、剱御前などが姿を見せ、景観を楽しみながら1234メートルの主稜線に至る。ここから尾根に点在する古杉の変化を楽しみ、小さなアップダウンを繰り返して、1330メートルのピークに向かう。いったん最低鞍部まで80メートル下って、一気に300メートル登れば山頂である。

剱岳・北西面の感動的な景観が一気に開ける。剱岳を正面に、左に北方稜線、東芦見尾根の山々、右に別山、立山、浄土山、大日山塊などが一望できる。

下りは来た道を引き返す。刈り開けが不十分で、主稜線から奥はやぶこぎの覚悟がいる。山頂から最低鞍部までと、稜線分岐から登山口までは急峻な部分が多い。要所にロープが設置してあるものの慎重に下りたい。1330メートルの台地や稜線分岐も幅が広く、獣道に迷い込みやすい。登山口へ降りるまで気が抜けない山。

（谷口凱夫）

コース紹介　日帰り（登山道のない区間あり）　適 6月中〜10月中

西尾根末端の登山口から、ユキツバキの尾根道をたどり、主稜線を経て頂上往復。

日帰り 登山口 ➤ 1234m稜線分岐 ➤ 1330mピーク ➤ 細蔵山山頂 ➤ 1330mピーク ➤ 1234m稜線分岐 ➤ 登山口

歩行時間 7:20　**標高差** ±1207 (m)

グレード [ルート定数：28]

体力度 3

技術的難易度 A B C

●服装・装備／日帰り用装備　(238-239ページ)

●注意事項／急斜面が多く、登りと下降には最大限の注意が必要。1234メートル、1330メートル地点は尾根が広く、ルート間違いに注意。初心者は経験者またはガイドの同伴が必要。事前に最新情報を確認して行動すること

みどころ

幻の大杉／尾根から主稜線に出る直前(案内看板あり)左手約100メートル地点に、立山杉単幹日本一の幻の大杉(樹齢推定1,070年、幹周り11.9メートル、樹高23メートル、国の天然記念物級)がある。様々な形の古杉とともに一見の価値あり

MAP：1/5万……立山　1/2.5万……剱岳、大岩

登山口 西尾根登山口

尾根手前の草付きの砂防林看板が目印

N36° 38′50″ E137° 31′27″

伊折(いおり)橋で早月川右岸の道路に入り、木ノ根谷崩壊地手前から徒歩約600メートルで登山口に至る

アクセス／自家用車推奨／駐車場：木ノ根谷の状態が良ければ道路終点に数台駐車可。川原から200メートルで登山口／公共交通：富山地方鉄道上市(かみいち)駅からタクシー利用可／交通機関：上市町役場☎(代)076(472)1111／馬場島荘☎076(472)3080／上市交通☎076(472)0151／旭タクシー☎076(472)0456

山小屋・休憩所 なし

細蔵山から見た剱岳北西面

幻の大杉

登山途中の「くぐり杉」

コット谷鞍部から見た大熊山

16 大熊山 おおくまやま

立山杉の巨木が多く立つ剱岳の展望台 3等

［上市町］ 飛騨山脈 中部山岳国立公園

1629m N36°37'30" E137°31'18"

登山道の整備で オールシーズン登れる山に

大熊山は剱岳の絶好の展望台にもかかわらず、これまでは登山道がなく残雪期にしか登られない山だった。2010年に小曽谷の右岸側の尾根に登山道が整備され、近年多くの人に登られるようになった。また残雪期（5月）には、山頂から雪の上をコット谷へ回る周回コースがある。剱岳の眺望が素晴らしく、お薦めである。

山頂は360度の大パノラマで、東方向に中山、クズバ山、西大谷山へと続く山並みや早月尾根、剱岳が美しい。また南東方向には大日岳の雄姿を真近に望み、北方向は富山湾から能登半島まで見渡せる。

上市町の伊折集落を過ぎ、白萩発電所の手前から小又川に沿って林道を上がって行くと、標高670メートル付近に施錠されたゲートがある。ゲート前の林道脇に駐車する。1・5キロほど林道を歩き、左カーブになった所から踏み分けられた道を150メートルほど直進し、標高715メートル地点で尾根に取り付く。早月川を垣間見ながら標高1250メートルまで急登が続く。危険箇所には固定ロープが全部で7カ所に設置されている。

巨大杉や広葉樹の森をいく やがて池塘のある平原へ

登山道には立派な立山杉が多く見られる。特に標高980メートルの巨大杉や標高1210メートルの杉の造形は見応えがある。標高1264メートルのピークを巻いて行くと、徐々に緩やかな登りになる。ここからは落葉広葉樹が多く見られ、秋には黄葉したブナとミネカエデの紅葉に目を奪われる。

標高1500メートルを過ぎると池塘のある平たん地に出る。ここでは夏にチングルマやイワショウブ、秋はダケカンバの素晴らしい紅葉が見られる。剱岳や毛勝三山の眺望も見事。しばらく行くと3等三角点がある山頂に着く。やぶ山を切り開いた中にあり見晴らしがよい。新しい標識板が設置されており、休憩を取るには最適の場所である。帰りは往路を戻るが、急下降で滑りやすいため、慎重に下りたい。

（藤井久一・高見直哉）

コース紹介　日帰り　適 5月中〜11月上

小又林道ゲート前に車を止め、標高715メートルから尾根に取り付き山頂へ

日帰り　小又林道ゲート前 ➤ 尾根取り付き(715m地点) ➤ 1264mピーク ➤ 大熊山山頂 ➤ 1264mピーク ➤ 尾根取り付き(715m地点) ➤ 小又林道ゲート前

歩行時間　**6:40**　標高差　±**1120** (m)

グレード [ルート定数：26]

体力度　3

技術的難易度　A　B

●服装・装備／日帰り用装備　(238-239ページ)

●注意事項／登山道に雪渓がある時はルートを迷いやすい。下山は急な下りで滑りやすい。夏場は尾根の取り付きが分かりにくい。初心者は経験者かガイドの同伴が必要

みどころ

立山杉(たてやま)／標高980メートル地点、標高1210メートル地点の立山杉に目を奪われる

ブナ林の紅葉／標高1264メートルのピークを過ぎると、ブナなどの落葉広葉樹が多くなる

コット谷からの剱岳(つるぎ)の眺め／残雪期にコット谷を周遊すると剱岳が台座に鎮座するような風景に魅了される

MAP：1/5万……立山　1/2.5万……剱岳

登山口　小又林道ゲート奥

小又林道ゲート前の駐車スペース

N36° 38'32" E137° 32'02"
小又林道ゲートから林道を歩き踏み分け道を150メートル進み715メートル地点の尾根に取り付く
アクセス／自家用車推奨／駐車場：小又林道ゲート前に数台分のスペースあり／公共交通：富山地方鉄道上市(かみいち)駅から20キロ。タクシーで約30分／交通機関：上市町役場☎076(472)1111(代)／上市交通☎076(472)0151／旭タクシー☎076(472)0456

山小屋・休憩所　なし

残雪期にコット谷から見た剱岳

山頂から見た紅葉の剱岳

巨大な立山杉(980メートル地点)

早月川から中山を望む

17 中山 なかやま

ファミリーハイクで剱岳を堪能する 3等

［上市町］ 飛騨山脈（中部山岳国立公園外）

1255m N36°38'22" E137°33'11"

馬場島橋たもとから約2時間で山頂へ

わずか2時間のファミリーハイクで、山頂に立って剱岳の絶景を満喫できる。春は岩と雪の殿堂剱岳、初夏はミズナラ、ブナの新緑、秋は紅葉と、季節を問わず楽しめる山だ。

早月川の両支流、立山川と白萩川に囲まれた早月尾根の末端の河岸台地、馬場島が登山のベースとなる。馬場島とは一説には、富山藩主佐々成政が内蔵助平を越える際、ここに馬を置いていったからと言い伝えられている。

両支流合流点付近の立山川に架かる馬場島橋のたもとが、標高701メートルの中山登山口である。10台ほどの駐車スペースがある。ここからブナクラ谷を背に、山頂へと続く主稜線を目指す。主稜線までは標高差約450メートルの急登であるが、登山道は整備されており、足取りは快調だ。小休止で振り返ると、赤谷山が姿を見せる。登山口から1時間40分ほどで、立山杉の巨木が立ち並ぶ主稜線の五本杉ノ平に着く。立山杉は幹回り10メートルを超え、樹齢は千年を超えるという。

剱岳の長い早月尾根が目前に広がる

五本杉ノ平から主稜線の緩やかな20分ほどの登りで、山頂に着く。山頂には、剱岳を望む特等席の期待を裏切らない絶景が待っている。剱岳のピークをはじめ、馬場島から剱岳へと至る標高差2000メートル以上の早月尾根が、目の前に広がる。

帰りは往路を引き返してもよいが、東方向に東小糸谷沿いに下るコースを選択する。以前はやぶこぎコースであったが、2005（平成17）年に登山道として整備され、歩きやすくなっている。10分でクズバ山への分岐がある（⑱クズバ山の項58ページ参照）。剱岳北方稜線の眺望がよい。早月尾根を右手にミズナラ、ブナの林の間を下る。

ルート後半は、東小糸谷の川音が心地いい。山頂から45分ほどで立山川の左岸に出る。北陸電力の作業橋を渡り、下流へ歩くこと25分ほどで馬場島荘前を経て、出発点の中山登山口に戻る。

（藤木寿俊）

コース紹介　日帰り　適 5月中〜11月上

中山登山口から、五本杉ノ平を経て山頂へ。帰りは東小糸谷へ下り、立山川の作業橋をわたり馬場島経由で戻る

日帰り　中山登山口(馬場島橋) ➤ 中山山頂 ➤ 鞍部 ➤ 東小糸谷出合 ➤ 中山登山口(馬場島橋)

歩行時間 3:10　標高差 ±590 (m)

グレード [ルート定数：13]

体力度 

技術的難易度 A B

●服装・装備／日帰り用装備　(238-239ページ)

●注意事項／五本杉ノ平までの登りに残雪がある場合は、軽アイゼンを携行。増水して危険な場合は、東小糸谷コースを選択しない

みどころ

豊かな植生／ルート全体を通して、立山杉、ミズナラ、ブナの樹林や、花の季節にはイワカガミ、タチツボスミレなどが楽しめる。東小糸谷ルートの下部にはニリンソウ、キクザキイチゲ、カタクリの群生や、シラネアオイが咲くのが見られる

MAP：1/5万……立山　1/2.5万……剱岳

登山口　中山登山口(馬場島橋)

中山登山口(標高701メートル)

N36° 38'58" E137° 32'58"
早月川の馬場島橋手前にある
アクセス／自家用車利用を勧める／駐車場：中山登山口に約10台の駐車スペース有。馬場島周辺に約150台の駐車場／公共交通：富山地方鉄道上市駅から中山登山口まではタクシー利用／交通機関：上市町役場☎076(472)1111／上市交通☎076(472)0151／旭タクシー☎076(472)0456

山小屋・休憩所

馬場島荘 ☎076 (472) 3080

東小糸谷

中山から望む剱岳

五本杉ノ平の立山杉

大日岳からクズバ山を見下ろす（中央）

18 クズバ山 くずばやま

急登に耐え遮るものなき眺望を得る

［上市町］　飛騨山脈　中部山岳国立公園

1876m　N36°37'28"　E137°33'44"

東小糸谷出合から やがて急登や難所の道へ

　この山は登山道が開かれてさほど年数を経た道ではないが、近頃は登山者も多く見られ、町による整備や手入れも進んでいる。固定ロープも各所に増えてはいるものの、急登なことは変わりなく、慎重に歩こう。さて登山道だが馬場島から立山川沿いを１・５キロさかのぼると、東小糸谷出合。ここまでは車も入り、河原に止めることもできる。

　中山と分岐する鞍部を目指し、東小糸谷に沿って付けられた登山道を歩き出す。道は整備されており、小さな木橋で３回沢を渡るが、それ以降に水場はないので、ここで水をくんでおこう。

　１時間ほどでコルに出る。整備された登山道は中山へと向かうので、クズバ山へは、入口に赤いテープがある左の尾根を進む。

　しばらくは尾根も広く、１２００メートル近くまでは傾斜はさほどでもない。そこを過ぎると尾根は狭まり、急登になる。

　１６２５メートルの標高点まで頑張って登ると、痩せ尾根だが傾斜はだいぶ緩くなって、コット谷やブナクラ谷の様子がよく分かる。しかし頂上はまだ見えず、偽ピークを二つ越さねばならない。

　頂上直下１８００メートル付近では急な竹やぶの直登がある。固定ロープを使って慎重に登ると、やがて刈り払われた頂上に着く。

剱岳の尾根尾根を見渡す 帰路は中山周回も

　早月尾根や小窓尾根はもちろん、赤谷山や大日岳など、見飽きることのない景色が広がる。上市町では、西大谷尾根を経て奥大日岳まで登山道を開設する構想があったらしいが、早月尾根に勝るとも劣らない長大な尾根のため、実現は難しい。

　下山は同じ道を引き返すが、足元の潅木や竹などに靴を引っ掛けぬよう注意してゆっくり降りよう。クズバ山だけで物足りない方は、中山から周回して東小糸谷へ戻り、スタートの馬場島に帰れば充実した登山になるだろう。

（藤村宏幸）

コース紹介　日帰り　適 6月下〜11月中

馬場島荘から、東小糸谷出合と中山とのコルを経てクズバ山山頂往復

日帰り　馬場島 ➤ 東小糸谷出合 ➤ 中山との鞍部 ➤ クズバ山山頂 ➤ 中山との鞍部 ➤ 東小糸谷 ➤ 馬場島

歩行時間 **7:10**　標高差 **±1240**（m）

グレード［ルート定数：29］

体力度　3

技術的難易度　A B C

●服装・装備／日帰り用装備 （238-239㌻）

●注意事項／奇麗に整備された登山道ではない。つまずきなどに注意。初心者は入らないこと

みどころ

山頂からの展望／剱岳を中心とした各尾根や谷の様子を、間近に見ることができる

MAP：1/5万……立山　1/2.5万……剱岳

登山口　馬場島荘

登山口の馬場島荘（写真は駐車場）

N36°38'50" E137°33'23"

馬場島を起点に立山川右岸をさかのぼる。東小糸谷出合の立山川河原まで車は入るが収容台数は数台程度

アクセス／自家用車推奨／駐車場：馬場島荘／公共交通：富山地方鉄道上市駅よりタクシー利用／交通機関：上市町役場☎076（472）1111㈹／馬場島荘☎076（472）3080／上市交通☎076（472）0151／旭タクシー☎076（472）0456

山小屋・休憩所　要予約

馬場島荘 ☎076（472）3080

山頂から東芦見尾根や赤谷山を望む

急登箇所には固定ロープがある

中山との分岐にある標識

鷲岳(右)、鳶山(中央)から切り落ちる赤茶けた岩肌の立山カルデラと対照的な台地の五色ヶ原(左)

19 鳶山 とんびやま

西に立山カルデラ、東に湿原をもつ断崖の山

[富山市] 飛騨山脈 立山連峰 中部山岳国立公園

2616m N36°32′03″ E137°35′09″

侵食カルデラの外輪山 東は優美な高原、五色ヶ原

立山カルデラを取り巻く山々の一つ。北隣の鷲岳と合わせて、古地図には鯉鮒岳との記載がある。コイとフナの形をした雪形に由来するという。現在の山名は、山容から名付けられたものといわれる一方、火山地形の「トンブ」などから転訛したものという説もある。(廣瀬誠著『立山のいぶき』)

かつては3000メートル級のアスピーテ型(楯状火山)の立山火山が存在し、火山性の土壌が、長い年月をかけて激しく侵食した。対照的に東側には五色ヶ原の溶岩台地が広がり、多くの池塘群が存在する。雪の浸食作用によるモレーン(氷堆石)間の凹地にあるせき止め湖である。鳶山斜面の残雪の融雪水が直接池に流れ込むものや、伏流水となって湧き出すものなどさまざま。山頂を境に西側の不毛な侵食地形と東側の豊かな台地の対照が興味深い。多様な自然環境に恵まれ、高山植物の宝庫として知られる。

安政5年の飛越地震で2つの頂が崩壊

1858(安政5)年4月の飛越地震で、かつての大鳶山と小鳶山が崩壊し、立山温泉を埋没させて湯川谷をせき止めた。崩壊したのは主稜の鷲岳や鳶山ではなく、立山温泉の裏側に張り出していた支稜。小鳶山は跡形もなく崩壊し、大鳶山は半分崩れた。

鳶山へは室堂から浄土山を経て、龍王岳の西側を巻き鬼岳との鞍部に下る。鬼岳東面には雪渓の横断があるので慎重に。獅子岳からザラ峠間は岩層の不安定な道を360メートル下る。カルデラの崩壊壁の縁を登り、五色ヶ原へ出て、その日は山荘に泊まる。

五色ヶ原から山頂までは約1時間の登り。木道の整備された登山道が続く。山頂からは五色ヶ原の全景が望める。

廃湯となった立山温泉から鳶山に至り、東側のヌクイ谷を下るルートは、積雪期の芦峅寺の猟師道であった。1951(昭和26)年3月には、クマ猟に出掛けた3人の芦峅猟師のうち、2人が雪崩に巻き込まれて遭難死する悲劇が起きている。

(文・小藥正義/写真・小西孝司)

コース紹介　1泊2日　適 7月上〜10月上

室堂(むろどう)ターミナルを登山口に、五色ヶ原で1泊し、鳶(とんび)山、ザラ峠を経て登山口に戻る

1日目　室堂ターミナル ➤ 室堂山展望台分岐 ➤ 浄土山南峰 ➤ 鬼岳東面(雪渓) ➤ 獅子岳山頂 ➤ ザラ峠 ➤ 五色ヶ原山荘【泊】

歩行時間 5:25　標高差 +790 −726 (m)

2日目　五色ヶ原山荘 ➤ 鳶山山頂 ➤ ザラ峠 ➤ 獅子岳山頂 ➤ 鬼岳東面(雪渓) ➤ 浄土山南峰 ➤ 一ノ越 ➤ 室堂ターミナル

歩行時間 7:35　標高差 +864 −926 (m)

グレード [ルート定数：46]

体力度   5

技術的難易度 A B C

●服装・装備／小屋泊用装備 (240ページ)

●注意事項／足に自信のある人は日帰りも可。残雪期は足元やルートを見失わないように注意。鬼岳のトラバース、獅子岳の下降は転倒に注意

みどころ

溶岩地形／鳶山はじめ立山(たてやま)カルデラ周縁は総じて東側に緩やかな地形を持つ。その代表的な溶岩台地の五色ヶ原が裾野に広がる。五色ヶ原は高山植物の宝庫として有名であるが、無数の池塘(ちとう)群にも注目したい

MAP：1/5万……立山　1/2.5万……立山

登山口　室堂ターミナル

「玉殿の湧水」から室堂山方面に向かう

N36° 34'38" E137° 35'45"
室堂ターミナル屋上から玉殿の湧水の脇を通る
アクセス／公共交通：JR富山駅から地鉄立山線、立山ケーブルカー、高原バスと乗り継ぎ室堂ターミナルへ／駐車場：立山駅周辺(無料)／アルペンルートは自家用車は通行不可／交通機関：立山黒部貫光☎076(432)2819

山小屋・休憩所　要予約

室堂周辺の山小屋 (241ページ)
一の越山荘 ☎090 (1632) 4629
五色ヶ原山荘 ☎090 (2128) 1857

コバイケイソウが咲く五色ヶ原を木道伝いに進む

五色ヶ原の雪渓と池塘

岩場のはしごを下り、鬼岳東面の雪渓をトラバースする

鳶山から越中沢岳への稜線

20 越中沢岳 えっちゅうざわだけ

知名度は低いが眺望や植生に味がある 2等

［富山市］ 飛騨山脈 立山連峰 中部山岳国立公園

2592m N36°30′54″ E137°34′59″

山名の由来は越中沢源頭の山

越中沢岳は立山から薬師岳に続く縦走路の半ばにあって、知名度は低いが、穏やかな山容の割に眺望や植生などの変化がある。山頂の2等三角点名は「栂山」。1902（明治35）年に設置された。当時のルートは芦峅寺—立山温泉—湯川—鳶沢—ツガの谷—越中沢乗越—本点。山名の由来は、黒部川に流れ込むヌクイ谷から。ヌクイ谷は信州側では越中沢と呼ばれており、その源頭の山という意味。越中では沢のことを「谷」と呼ぶ。「沢」は信州で使う用語であり、越中側からすると少々不本意な命名かもしれない。

1910（明治43）年、黎明期の日本山岳会員であり山岳画家でもあった中村清太郎が、地名考証と地図作成を企図して奥黒部を縦走した。当時の発表が栂山ではなく越中沢岳の名を決定づけた。

ヌクイ谷は「厳冬期の黒部横断、針ノ木峠越え初踏破」という記録の重要なルートとなった谷でもある。1923（大正12）年2月に立山温泉—鳶山—ヌクイ谷—平ノ小屋—針ノ木峠—大沢小屋の行程で芦峅ガイド佐伯喜左衛門以下8人が成し遂げた。これは名古屋の素封家、伊藤孝一が雪の針ノ木峠越えを果たそうとした山行で、立山温泉にこもる伊藤殖産の堀田銀一が伊藤らを案じて差し向けたもの。彼らは厳冬期の針ノ木峠を越え、伊藤らが停滞する大沢小屋まで行ってしまった。職業登山者による踏破とはいえ、異例の出来事である。

五色ヶ原から3時間 コメツガの樹林帯を抜け山頂へ

越中沢岳山頂へは五色ヶ原から約3時間の距離。越中沢乗越からは穏やかな稜線を歩く。かつての栂山の名にふさわしいコメツガの樹林帯を抜けると、視界が広がりなだらかな尾根が続く。一方、南面は急な下降がスゴ乗越まで続く。標高差は500メートル以上。足元も悪く過去に転倒事故も発生しているので注意したい。1953（昭和28）年8月の落雷事故による遭難碑も立つ。室堂から五色ヶ原までは03浄土山（24ページ）、19鳶山（60ページ）を参照。

（文・小藥正義／写真・小西孝司）

コース紹介　1泊2日　適 7月上〜10月上

室堂ターミナルから、越中沢岳往復

1日目　⑲鳶山（61ページ）を参照

歩行時間 5:25　標高差 +790 −726 (m)

2日目　五色ヶ原山荘 ➤ 鳶山 ➤ 越中沢乗越 ➤ 越中沢岳山頂 ➤ 越中沢乗越 ➤ 鳶山 ➤ 五色ヶ原 ➤ ザラ峠 ➤ 浄土山南峰 ➤ 一ノ越 ➤ 室堂ターミナル

歩行時間 11:45　標高差 +1316 −1382 (m)

グレード [ルート定数：60]

体力度 6

技術的難易度 A B C

●服装・装備／小屋泊用装備 （240ページ）

●注意事項／越中沢乗越から山頂までの広い稜線は視界不良時に迷いやすく、特に山頂付近では木挽山へ続く尾根に迷い込まないように

みどころ

変化に富む登山道／樹林帯からかん木帯を抜け、森林限界を越えてからの広い稜線歩きが変化に富んでいる

黒部源流の山々を望む／眺望の利く長い稜線歩きでは、黒部川上ノ廊下の深い切れ込みとそれを囲む源流域の山々を常に視野に置くことができる。赤牛岳や薬師岳がひときわ重量感を持って迫ってくる

MAP：1/5万……立山　1/2.5万……立山

登山口　室堂ターミナル

「玉殿の湧水」から室堂山方面へ向かう

N36° 34′38″ E137° 35′45″
室堂ターミナル屋上から玉殿の湧水の脇を通る
アクセス／公共交通：JR富山駅から地鉄立山線、立山ケーブルカー、高原バスと乗り継ぎ室堂ターミナルへ／駐車場：立山駅周辺（無料）／アルペンルートは自家用車は通行不可／交通機関：立山黒部貫光☎076（432）2819

山小屋・休憩所　要予約

室堂周辺の山小屋（241ページ）
一の越山荘 ☎090（1632）4629
五色ヶ原山荘 ☎090（2128）1857

振り返ると五色ヶ原の背後に剱・立山が

越中沢乗越から見た黒部湖と後立山連峰

鳶山東斜面のお花畑（奥は薬師岳）

太郎兵衛平と薬師岳

21 薬師岳 やくしだけ

折立から北アルプスの夏山を満喫する 百 花百 2等

［富山市］ 飛騨山脈　立山連峰　中部山岳国立公園

2926m N36°28'08" E137°32'41"

北アルプス南部に横たわる どっしりとした山体

北アルプスの中でもボリュームのある山である。山頂付近は明るい礫岩の山で、標高は2926メートルと高い。展望もよく、夏山を満喫するにはふさわしい山といえる。

1日目

登山口の折立の登山道を入って、すぐ左に遭難慰霊碑の「十三重之塔」がある。登り始めは、ブナ林のジグザグのやや急な登りとなる。見通しの利かない針葉樹の森をたどり、ベンチのある三角点の広場に出る。東側を眺めると目的地の薬師岳が姿を見せる。途中からは階段や石畳などでよく整備された道が、太郎平小屋へ続いている。

2日目

薬師岳へは太郎兵衛平から薬師峠に下り、ここからゴロゴロした石の小沢沿いに登り、大きなケルンのある薬師平に出る。標高2700メートルに薬師岳山荘があり、ここで一息したい。体力があれば、初日にここまで登り、翌朝の日の出を山頂で迎えてもよい。この辺りからは、砂礫の急な斜面をジグザグに登る。そして広い山頂尾根へと至る。薬師岳の山頂からは360度の展望が楽しめる。

復路は来た道を戻る。なお、折立からタクシーで帰る場合は太郎平小屋から電話予約をしておけばよい。

昭和38年厳冬の 記憶に残る遭難事故

薬師岳は標高の割に岩場などがないので、北アルプスでも初心者に向くコースだが、厳冬の痛ましい遭難事故の記憶は、今なお鮮明だ。

1963（昭和38）年1月、三八豪雪といわれた年の厳冬の薬師岳で、愛知大学山岳部の部員13名が全員死亡するという痛ましい遭難が発生した。再びこのような遭難事故を起

登山口の近くに立つ十三重之塔

富山市大山地内からの薬師岳

中央カールと東南稜

金作谷カールと北薬師岳

こしてはならない、と願う遺族と愛知大学の強い意志で、登山口の折立に「十三重之塔」が建立された。

　また愛知大学と遭難学生遺族により、薬師岳山頂近くの東南尾根と登山道との分岐点（標高2895メートル）にケルンが造られ、その中央に横穴を掘って木造の仏像が安置されている。この分岐点から10メートルくらい真川（まかわ）側に、遺族の寄付で避難小屋（現在は使用不能）が建設された。この付近は尾根が広いため、霧がかかると東南尾根に迷い込みやすい。小屋跡は目印や風避けとして利用されている。

刻々色を変え
有峰の人々が薬師如来を祭る

　薬師岳は地元有峰（ありみね）村の人々が、古くから薬師如来を祭っていた信仰の山だ。「お山は日に五たび色が変わる」と有峰びとが賛嘆したほど、色彩豊かな麗しい山である。山頂には薬師瑠璃光如来（るりこうにょらい）像が安置されている。最初に祭られていた如来像は江戸末期に盗難に遭い、大阪方面に売られてしまう。しかし所持人が「有峰に帰りたい」という託宣に悩まされて有峰へ

山頂の祠

薬師瑠璃光如来像

返すことになった。1927（昭和2）年、如来像は再び盗難に遭う。現在の薬師瑠璃光如来像は70（昭和45）年に初代太郎平小屋経営者・五十嶋文一氏が寄進したものだ。毎年6月、夏山開きに山頂の祠に祭られ、10月の閉山時に大川寺に遷座される。

折立からの登山道で太郎平小屋へ近づくあたりに、五光岩ベンチ（2196メートル）がある。ここから岩井谷を隔てた真正面に、大きな岩が見られる。薬師岳は日に五たび色が変わるということから、この岩を五光岩と称するようになったと推察される。

東面のカール群は国の特別天然記念物

この山の地形的な最大の特色は、東面のカール群「薬師岳の圏谷群」である。このカール群は国の特別天然記念物に指定されている。南稜カール、中央カール、金作谷カールなどがある。頂上の祠の北側に立つと、足元から「金作谷カール」がスプーンですくったように奇麗な氷河跡を見せる。スケールの大きい薬師岳にふさわしい造形である。

（浅井淳一・永山義春）

雪の太郎兵衛平と薬師岳

太郎平小屋

薬師岳と薬師岳山荘

コバイケイソウ

コース紹介　1泊2日　適 6月中〜10月中

折立登山口から、太郎兵衛平で1泊し、翌朝、登頂する標準ルート

1日目　折立登山口 ➤ 1870m三角点 ➤ 2196m地点 ➤ 太郎平小屋【泊】

歩行時間 **5:00**　標高差 **+1053 −85** (m)

2日目　太郎平小屋 ➤ 2294m地点 ➤ 薬師岳山荘 ➤ 薬師岳山頂 ➤ 薬師岳山荘 ➤ 2294m地点 ➤ 太郎平小屋 ➤ 2196m地点 ➤ 1870m三角点 ➤ 折立登山口

歩行時間 **8:40**　標高差 **+845 −1816** (m)

グレード [ルート定数：51]

体力度 

技術的難易度 

●服装・装備／小屋泊用装備（240㌻）

●注意事項／東南尾根との分岐（避難小屋跡周辺）は霧のときなど間違えて迷い込みやすいので要注意

みどころ

国指定特別天然記念物「薬師岳の圏谷群」／薬師岳主稜線東面に四つの圏谷（カール）が並ぶ。現在、形が明瞭に見えるのは、南から南稜カール、中央カール、金作谷カール。金作谷カールは、山の案内人宮本金作の名に由来し、薬師岳より北薬師岳への道から、特に美しく見える

薬師瑠璃光如来像／山開きの日に、登山者の手で麓の大川寺（富山市）から山頂の祠に運ばれる

太郎兵衛平／花の美しい草原で、田中澄江の『花の百名山』にも選定され、ミズバショウやムシトリスミレが紹介された

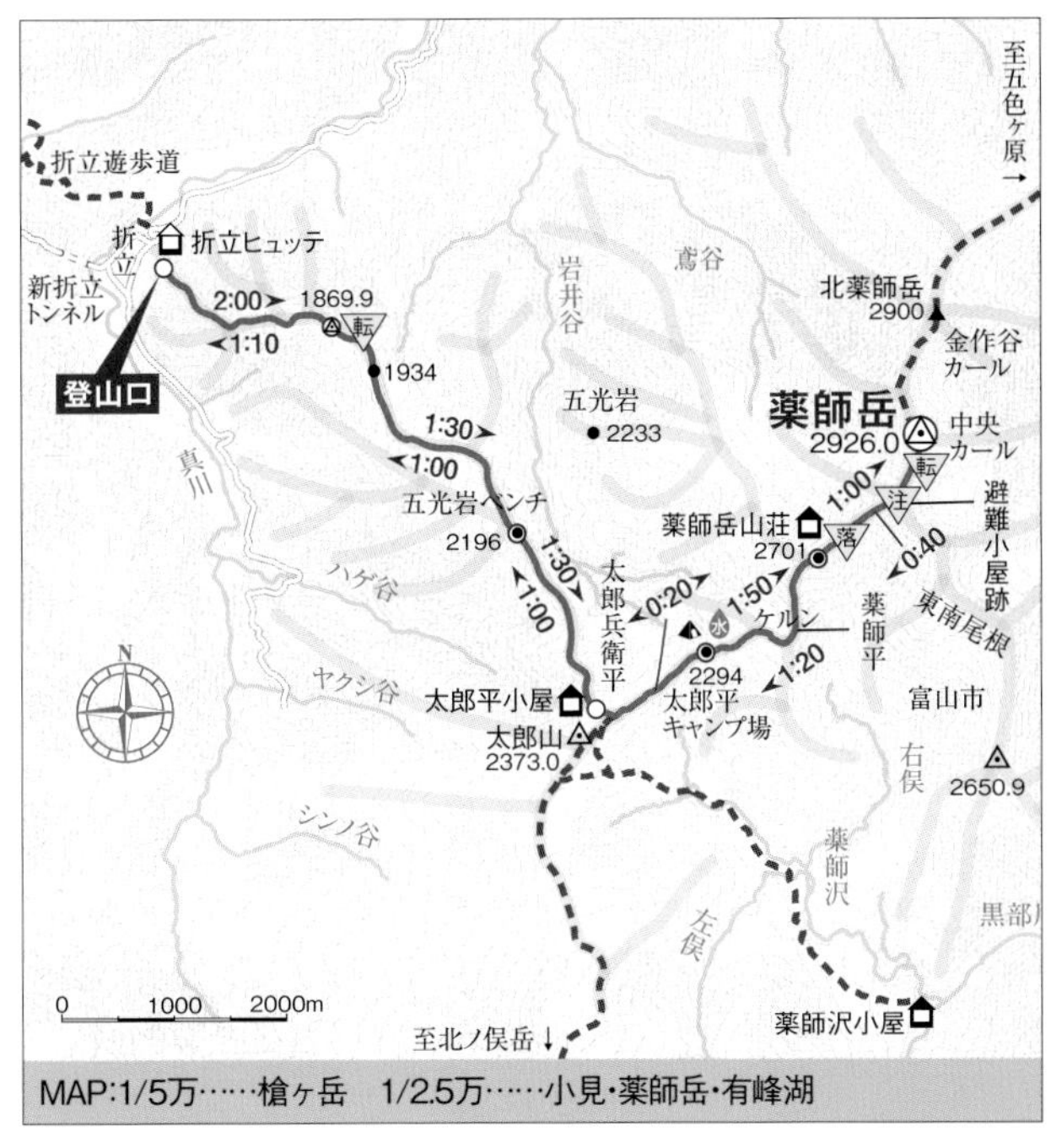

MAP:1/5万……槍ヶ岳　1/2.5万……小見・薬師岳・有峰湖

登山口　折立登山口

薬師岳への登山口

N36° 28'58" E137° 28'30"
キャンプ場、公衆トイレあり。宿泊施設なし。有峰記念館近くの有峰ハウスに宿泊可（要予約）
アクセス／自家用車可（林道通行料要）／駐車場：あり（無料）／公共交通：富山駅前から季節運行バスで約2時間。地鉄有峰口駅からバス乗換で約1時間。（バスは要予約）／タクシー利用：有峰口駅から約1時間10分（林道通行料要）／交通機関：富山地方鉄道☎076(432)3456／有峰ハウス☎076(481)1758／富山県森林政策課有峰森林文化村係☎076(482)1420（5〜11月）

山小屋・休憩所　要予約

太郎平小屋 ☎076(482)1917
☎080(1951)3030(現地)

薬師岳山荘 ☎076(451)9222
☎090(8263)2523(現地)

北ノ俣岳避難小屋付近より寺地山を望む

22 寺地山 てらぢやま

北ノ俣岳から西に延びる県境稜線の山 3等

［富山市／岐阜県飛騨市］ 飛騨山脈 中部山岳国立公園 有峰県立自然公園

2000m N36°25′30″ E137°28′32″

飛越新道を利用し日帰り圏に

寺地山は飛騨山脈北部の北ノ俣岳から西に延びる県境稜線にある。山頂付近のなだらかな湿地台地には、ミズバショウなどの群落がある。登山道は寺地山を経由した北ノ俣岳へのルートにもなっている。

寺地山へ登るには、飛越トンネルの飛騨側入口からが一般的である。登山口は大規模林道高山大山線の飛越トンネル手前にあり、広い駐車場がある。大規模林道の完成に伴って飛越新道が新設され、時間短縮が可能となり、日帰り登山の山として人気が高まった。

トンネルの左手から急な樹林帯をたどる。そして、緩やかな道を進むと、高圧電線の鉄塔のある小広場に出る。直登がしばらく続き、起伏のある尾根道のアップダウンを繰り返す。道は所々ぬかるんでいる。

やがて1842メートルの仙人峠を分岐点として、打保からの神岡新道と合流する。分岐点には標識があり、小広場となっている。

湿原にはコバイケイソウなど山頂近くはミズバショウの群落

ここから針葉樹林と明るい草原状の湿原が続く。花の時期、コバイケイソウ、ニッコウキスゲなど湿原の花が咲いている。傾斜の緩い尾根を登っていくと、樹林帯の右手に北ノ俣岳などの山々が顔を出してくる。そして標高1920メートルの小さな池塘のある鏡池平に着く。道は馬の背のように狭く、登り切ると「中部山岳国立公園寺地山1996メートル」の看板がある。ここが2000メートルの寺地山山頂である。三等三角点はそこから100メートルほど戻り、北側に少し入ると樹木に縛り付けてある黄色の表示板の左下近くにある。復路は来た道を戻る。

また山頂から東に県境稜線を進み、樹林を抜けると草地が現れる。そこから右に少し下った所に北ノ俣岳避難小屋がある。ただし、崩壊の可能性があり、立入禁止となっている。

（浅井淳一）

コース紹介　日帰り　適 6月上～10月下

飛越(ひえつ)トンネル登山口から、仙人峠を経て寺地(てらち)山山頂往復

日帰り 飛越トンネル飛騨側駐車場登山口 ➤ 1842mの神岡新道との分岐(仙人峠) ➤ 鏡池平 ➤ 寺地山山頂 ➤ 神岡新道分岐(仙人峠) ➤ 登山口

歩行時間 5:40　**標高差** ±673 (m)

グレード [ルート定数：20]

体力度

3

技術的難易度　A　B

●服装・装備／日帰り用装備 (238-239ページ)。途中湿原があるため、スパッツを着用

●注意事項／復路の1842メートル(仙人峠)での飛越新道と神岡新道の分岐は、直進すると神岡新道に行ってしまうので、道迷いに注意

みどころ

森林浴とお花畑／草原状の湿地帯に咲く、コバイケイソウ、ニッコウキスゲなどが花の時期に訪れる登山客を和ませる。[保護区等]県指定自然環境保全地域　北ノ俣・水の平自然環境保全地域(岐阜県)

0　500　1000m
↑至有峰湖
東谷
有峰林道東谷線
富山市
飛越トンネル
料金所ゲート
1545
1643
登山口
←至神岡
2:10
1:40
飛越新道
コバイケイソウ
ニッコウキスゲ
仙人峠 1842
復路は道違いに注意
神岡新道
0:30
1918
鏡池平
0:30
0:20
寺地山 2000
1996.0
神岡新道
→至北ノ俣岳
北ノ俣川
岐阜県飛騨市

MAP：1/5万……有峰湖　1/2.5万……有峰湖・下之本

登山口 飛越トンネル飛騨側

飛越トンネル飛騨側の登山口

N36° 25'01" E137° 26'06"
神岡から有峰湖に通じる大規模林道高山大山線の飛越トンネルの飛騨側で駐車場と簡易トイレがある
アクセス／公共交通：なし。自家用車かタクシーの利用を勧める。有峰林道(有料)または大規模林道高山大山線で、飛越トンネルへ／駐車場：飛越トンネル登山口に無料駐車場あり／交通機関：富山県森林政策課有峰森林文化村係☎076(482)1420(5～11月)

山小屋・休憩所 なし

小さな池塘(ちとう)のある鏡池平

登山道脇に咲くコバイケイソウ

標高1842メートルの飛越新道と神岡新道の分岐点(仙人峠)

北ノ俣岳山頂より黒部五郎岳を望む

黒部五郎岳と黒部五郎の肩

太郎山近くで咲くコバイケイソウ

寺地山から見た北ノ俣岳

23 北ノ俣岳 きたのまただけ

上ノ岳／かみのだけ

川の源頭で原始の自然に身を置く 新・花百 3等

［富山市／岐阜県飛騨市］　飛騨山脈　立山連峰　中部山岳国立公園

2662m　N36°25′16″　E137°30′44″

24 黒部五郎岳 くろべごろうだけ

中ノ俣岳／なかのまただけ

美しく壮大なカールを頂く花の山 百 花百 3等

［富山市／岐阜県飛騨市・高山市］　飛騨山脈　立山連峰　中部山岳国立公園

2840m　N36°23′33″　E137°32′24″

25 三俣蓮華岳 みつまたれんげだけ

山頂は富山、岐阜、長野の県境 三百 3等

［富山市／岐阜県高山市／長野県大町市］　飛騨山脈　立山連峰　中部山岳国立公園

2841m　N36°23′24″　E137°35′16″

ありのままの自然がそこに 立山連峰の深奥へ

太郎兵衛平から北ノ俣岳、黒部五郎岳、三俣蓮華岳へ向かうコースは、山の奥深さゆえ、自然の原始性を感じることができる。特に、美しいカール（氷河期に氷河によって削り取られてできたくぼみ）を抱えることで名高い黒部五郎岳は、高山植物と広大な草原が見事である。

北ノ俣岳は上ノ岳とも呼ばれる。北ノ俣岳は岐阜県側、上ノ岳は富山県側の名称である。北ノ俣岳は北ノ俣川の源頭にあることから、また上ノ岳は、黒部川、常願寺川の本流真川、太郎兵衛平の上にあることから名付けられたものであろう。山頂部は広くハイマツ帯になっている。太郎兵衛平と黒部五郎岳の通過点とすることが多いが、高山植物の開花時期には魅力ある山である。

黒部五郎岳とカール

黒部五郎岳のカールは、北アルプスにあった2度の氷河期のうち、年代が新しい2万年前の氷河期に形成されたため、痕跡が鮮やかに残ったと推測される。山体は1億8千万年前にできた花崗閃緑岩(かこうせんりょくがん)が占めており、侵食に弱い粗粒のため鋭利なピークは作られなかった。東側が欠けた鍋の形に似ており鍋岳とも呼ばれた。中ノ俣岳は岐阜県側の名称である。

三俣蓮華岳は越中・飛騨・信州、三国の境として古来重要視された。以前の山名は鷲羽(わしば)岳だったが「レンゲ食(は)みの岳」＝「三俣蓮華岳」と誤称されたのが定着し、鷲羽岳の名は東隣の山へ移された。三俣蓮華岳を起点として北西に立山連峰、北東に後立山連峰、南に槍・穂高連峰の尾根が延び、それらの間から黒部川・高瀬川・神通川(じんづう)の源流が発する。

三俣山荘より三俣蓮華岳を望む

1日目

折立から太郎兵衛平へ

折立(おりたて)からの登り始めは、ブナ林のジグザグのやや急な傾斜となる。見通しの利かない針葉樹の森をたどり、ベンチのある三角点の広場に出る。途中からは階段や石畳などでよく整備された道が、新・花の百名山に選定された太郎兵衛平まで続く。

北ノ俣岳山頂を経て黒部五郎小舎へ

太郎平(たろうだいら)小屋を出て南にある穏やかな上りの太郎山を目指す。その後、池塘(ちとう)が点在する草原に出る。木道をたどり、尾根を大きく登っていく。神岡新

三保山荘

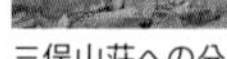
三保山荘への分岐

黒部五郎岳カールに咲くコバイケイソウ

道の分岐を過ぎてしばらく行くと、北ノ俣岳山頂となる。

山頂からは広い稜線が続く。縦走路は上り下りの少ない道で、岩くずのピークの赤木岳東側を巻いて通過する。ここから何回か上下を繰り返し、黒部五郎岳へと向かう。中俣乗越を過ぎ、ハイマツの中を進むと登りとなる。礫岩（れきがん）のジグザグの道を、登りついた所が黒部五郎岳の肩で、山頂へは右へ登る。

山頂からは槍・穂高連峰や笠ヶ岳、薬師岳などが一望できる。先ほどの肩に戻り、カールを下りる。足元が悪いので慎重を期したい。カールの中は清流とお花畑で別天地のようである。かん木の中を進んで小さな沢を渡ると、発電機の音が聞こえ、草原に建つ黒部五郎小舎が見えてくる。

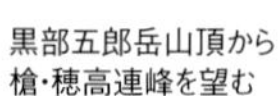
黒部五郎岳山頂から槍・穂高連峰を望む

黒部五郎岳山頂から黒部源流を望む（左　水晶岳、右　鷲羽岳）

3日目

富山、岐阜、長野三県の県境、三俣蓮華岳山頂へ

三俣蓮華岳方面へは、樹林の中の急登で始まる。やがて傾斜が緩くなると樹高が低くなり、道は稜線の北側に移る。途中、三俣山荘方面への分岐となる。分岐を右に進み、登り切ると三俣蓮華岳の山頂。富山・岐阜・長野三県の県境である。山頂を後にして広々としたテント場を過ぎると、三俣山荘に着く。三俣山荘で主人から周辺開拓の苦労話を聞いた。（詳しくは伊藤正一著『黒部の山賊』山と渓谷社）。お薦めの図書として『イワナⅡ・黒部最後の職漁者』（曽根原文平述・志村俊司編／白日社）を紹介してもらった。

（浅井淳一・永山義春）

登山口　折立登山口

登山口の折立

N36° 28'58" E137° 28'30"
キャンプ場、公衆トイレあり。宿泊施設なし。有峰記念館近くの有峰ハウスに宿泊可
アクセス／自家用車可（林道通行料要）／駐車場：あり（無料）／公共交通：富山駅前から季節運行バスで約2時間。地鉄有峰口駅からバス乗換で約1時間。（バスは要予約）／タクシー利用：有峰口駅から約1時間10分（林道通行料要）／交通機関：富山地方鉄道☎076（432）3456／有峰ハウス☎076（481）1758／富山県森林政策課有峰森林文化村係☎076（482）1420（5〜11月）

山小屋・休憩所　要予約

太郎平小屋
☎076(482)1917(五十嶋)
☎080(1951)3030(現地)
黒部五郎小舎
☎0577(34)6268(双六小屋事務所)
三保山荘
☎0263(83)5735(三保山荘事務所)
☎090(4672)8108(現地)

コース紹介　ルート間は2泊3日（全5泊6日）　適 7月上〜10月中

折立(おりたて)登山口から、北ノ俣岳、黒部(くろべ)五郎岳、三俣(みつまた)蓮華岳を縦走

（1日目）折立登山口 ➤ 1870m三角点 ➤ 2196m地点 ➤ 太郎平小屋【泊】

歩行時間 **5:00**　標高差 **+1053 −85** (m)

（2日目）太郎平小屋 ➤ 北ノ俣岳山頂 ➤ 赤木岳 ➤ 中俣乗越 ➤ 分岐 ➤ 黒部五郎岳山頂 ➤ 分岐 ➤ 黒部五郎小舎【泊】

歩行時間 **6:50**　標高差 **+897 −882** (m)

（3日目）黒部五郎小舎 ➤ 分岐 ➤ 三俣蓮華岳山頂 ➤ 三俣山荘【泊】

歩行時間 **2:50**　標高差 **+504 −305** (m)

4日目以降は㉖鷲羽岳　㉗祖父岳の項を参照

グレード [ルート定数:102]（ルート共通）

体力度  10

技術的難易度 A B

●服装・装備／小屋泊用装備（240ページ）

●注意事項／黒部五郎岳のカールの中は踏み跡が多く、視界不良時はルートを見失いやすい。五郎沢右俣の源頭部に当たるため、沢に迷い込みやすい。初心者は経験者の指導や同伴を

みどころ

高山植物の宝庫／北ノ俣岳、太郎兵衛平は「新・花の百名山」に選定され、高山植物の宝庫として、開花時期には魅力ある地域である

MAP:1/5万……槍ヶ岳　1/2.5万……有峰湖・薬師岳・三俣蓮華岳

祖父岳頂上からの鷲羽岳

26 鷲羽岳 わしばだけ

鷲が羽を広げたような雄大な山容 百 3等

［富山市／長野県大町市］ 飛騨山脈　後立山連峰　中部山岳国立公園

2924m N36°24'11" E137°36'19"

鷲羽岳頂上からの祖父岳

27 祖父岳 じいだけ

雲ノ平は立ち去りがたい雲上の楽園

［富山市］ 飛騨山脈　中部山岳国立公園

2825m N36°24'40" E137°35'28"

鷲羽岳は約30万年前から約10万年前まで、間欠的に噴火を起こした。南側の中腹にある鷲羽池は噴火の跡で、1万年以内に火山活動があったという説もある。古くは龍池ヶ岳、あるいは東鷲羽岳といわれた。

一方、三俣蓮華岳も古図には鷲ノ羽ヶ岳、あるいは鷲羽岳と記されている。山名は鷲羽岳と三俣蓮華岳を合わせて、鷲が羽を広げたような山容から由来するという説もある。

祖父岳は飛騨山脈北部の雲ノ平東端にある溶岩台地からなるピークである。山頂は広く、平たんで、大きなケルンが多数あり、360度の展望がある。山頂からは、黒部五郎岳、薬師岳、三俣蓮華岳、水晶岳、鷲羽岳などが楽しめる。

また鷲羽岳と祖父岳の間の沢は黒部川の源流に当たり、三俣山荘から祖父岳方面へ下り、沢を渡る手前に黒部源流の石碑が立つ。富山湾まで約90キロの水の旅の出発点である。

雲ノ平は標高2400メー

鷲羽岳中腹より黒部源流を望む

祖父岳頂上から水晶岳を望む

雲ノ平から水晶岳を望む

鷲羽岳から鷲羽池を望む

トルから2600メートルの溶岩台地だが、噴火口は残っていない。雲ノ平と祖父岳の周囲は南西斜面（祖父沢・祖母沢付近）を除いていずれも急な崖となっており、雲ノ平北西部では、溶岩台地と黒部川の河床との標高差は500メートル以上に達する。

雲の平への楽園コースを歩く

鷲羽岳、祖父岳、そして雲ノ平のコースは、秘境感漂う雲上の楽園である。ここでは折立から北ノ俣岳、黒部五郎岳、三俣蓮華岳を縦走し、その後、鷲羽岳、祖父岳、雲ノ平を回るコースを紹介する。1日目から3日目は㉓北ノ俣岳、㉔黒部五郎岳、㉕三俣蓮華岳（70ページ）を参照されたい。

4日目

三俣山荘を出ると、すぐに鷲羽岳に向かって標高差約400メートルの登りとなる。登り詰めた山頂からは眼下に、火口湖である鷲羽池の青い色が広がる。鷲羽岳から下って登り返すとワリモ岳である。山頂直下は鎖があり、注意して進む。下るとワリモ北分岐で、眼下の岩苔乗越へ下り、稜線沿いに祖父岳を目指す。

祖父岳の広い山頂は黒い礫や岩に覆われ、ケルンが林立している。ガスの日はコースを見失うこともあるので注意する。山頂から眼下の雲ノ平を目指す。スイス庭園を経由して草原の木道を下ると雲ノ平山荘である。時間に余裕があれば周辺を散策し、高山植物や雄大な山々の展望を満喫したい。

5日目

アラスカ庭園までは木道が続く。ベンチがあり、ハイマツ帯に囲まれている。そこからは樹林帯の中の下りが薬師沢小屋まで続く。岩や木の根が多く、滑りやすいので足元に注意したい。黒部川の手前にあるはしごを下り、つり橋を渡ると薬師沢小屋である。

薬師沢はここで黒部川と合

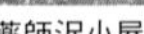
薬師沢小屋

竜晶池(上)
高天原山荘(左上)と高天原温泉(左下)
(3点とも五十嶋博文氏提供)

流している。薬師沢から平たんなカベッケヶ原に出る。薬師沢沿いを3回徒渉する。橋は架かっているが、増水時の通過には注意して渡る。このあと第3、第2、第1と鉄の橋を渡ると急登となる。やがて樹林が途切れるようになると太郎平小屋は近い。

6日目

太郎平小屋から穏やかに下って出発点の折立に戻る。なお、折立からタクシーで帰る場合は太郎平小屋から電話予約を入れておく。

北アルプスの中核をなす山域を楽しむコースは時間と体力が必要である。しかし、そこへ足を踏み込むことで、秘境の雰囲気が漂う雲上の楽園を十分に満喫できる。

高天原へのサブルートも

5日目以降のサブルートとして、高天原コースを紹介したい。高天原では、かつて温泉沢と岩苔小谷でモリブデンの鉱脈が発見され、1931～1945(昭和6～20)年に大東鉱業が採掘していた。ただ北アルプスの最奥の地のため採算が合わなかったのか、大々的な採掘は行われず、自然がそのままの状態で残っている。

高天原へは雲ノ平山荘から高天原峠を越え、岩苔小谷に架かる橋へ下る。橋を渡り、さらに進むと高天原山荘に出る。北にしばらく行くと高天ヶ原温泉の露天風呂がある。その北に竜晶池のある夢ノ平がある。ここからの薬師岳も絶景である。

その日は露天風呂に入り、高天原山荘で1泊したい。高天原山荘からの帰路は、高天原峠・大東新道経由で薬師沢小屋へ向かうコースもある。

(浅井淳一・永山義春)

登山口 折立登山口

登山口の折立

N36°28'58" E137°28'30"
キャンプ場、公衆トイレあり。宿泊施設なし。有峰記念館近くの有峰ハウスに宿泊可(要予約)
アクセス/自家用車可(林道通行料要)/駐車場:あり(無料)/公共交通:富山駅前から季節運行バスで約2時間。地鉄有峰口駅からバス乗換で約1時間。(バスは要予約)/タクシー利用:有峰口駅から約1時間10分(林道通行料要)/交通機関:富山地方鉄道☎076(432)3456/有峰ハウス☎076(481)1758/富山県森林政策課有峰森林文化村係☎076(482)1420(5～11月)

山小屋・休憩所 要予約

三俣山荘 ☎0263(83)5735
☎090(4672)8108(現地)
雲ノ平山荘 ☎046(876)6001
☎070(3937)3980(現地)
薬師沢小屋 ☎076(482)1917
太郎平小屋 ☎076(482)1917
☎080(1951)3030(現地)

(サブルート)
高天原山荘 ☎076(482)1917

コース紹介　ルート間は2泊3日（全5泊6日）　適 7月上～10月中

縦走4日目の三俣山荘から鷲羽岳、祖父岳、雲ノ平を3日間でめぐり折立登山口へ下る

1日目 折立登山口 ➤ 太郎平小屋【泊】
2日目 太郎平小屋 ➤ 黒部五郎小舎【泊】
3日目 黒部五郎小舎 ➤ 三俣山荘【泊】
（歩行時間と標高差は（73ページ）参照）

4日目 三俣山荘 ➤ 鷲羽岳山頂 ➤ 岩苔乗越 ➤ 祖父岳山頂 ➤ 雲ノ平山荘【泊】
歩行時間 **4:50**　標高差 **+611 −608** (m)

5日目 雲ノ平山荘 ➤ アラスカ庭園（2464m）➤ 薬師沢小屋 ➤ 左俣出合 ➤ 太郎平小屋【泊】
歩行時間 **5:50**　標高差 **+532 −753** (m)

6日目 太郎平小屋 ➤ 折立登山口
歩行時間 **3:10**　標高差 **+42 −1010** (m)

グレード ［ルート定数:102］（ルート共通）

体力度

技術的難易度　A　B

●服装・装備／小屋泊用装備（240ページ）
●注意事項／祖父岳は、ガスの日にはコースを見失うので注意。初心者は山岳ガイドや上級者などの指導や同伴が必要

みどころ

雲上の楽園雲ノ平／雲ノ平周辺は、高山植物や雄大な山々の展望が満喫できる

MAP:1/5万……槍ヶ岳・有峰湖　1/2.5万……三俣蓮華岳・薬師岳・有峰湖

野口五郎岳付近より見た水晶岳の東面、カールに残雪がある

28 水晶岳 黒岳／くろだけ すいしょうだけ

大展望の山頂は富山市の最高地点 百 3等

［富山市］ 飛騨山脈 立山連峰 中部山岳国立公園

2986m N36°25′35″ E137°36′10″

裏銀座三ツ岳付近より東沢の谷を隔てて見る赤牛岳

29 赤牛岳 あかうしだけ

知る人ぞ知る奥黒部のへそ 二百 3等

［富山市］ 飛騨山脈 立山連峰 中部山岳国立公園

2864m N36°27′42″ E137°36′12″

黒と赤、山肌の異なる2山を人気の読売新道で

水晶岳は、北アルプスの最奥部にあり、山頂は富山市の最高地点である。山の名は、かつてこの山で水晶が採れたことから。堂々とした山塊を持ち、岩肌の色から黒岳とも呼ばれる。

赤牛岳は、水晶岳からの稜線に連なる広々とした山頂の山である。赤い花崗岩質の山頂と、なだらかな牛のような山容から名付けられた。黒部川の奥黒部ヒュッテと赤牛岳、水晶岳を経て水晶小屋を結ぶ、読売新道は一度は通ってみたい道として、岳人の憧れの的である。

折立から小屋泊3日で水晶岳、赤牛岳を縦走

1日目

折立から5時間かけて太郎兵衛平の太郎平小屋まで登る。太郎平小屋までの行程は、㉑薬師岳（64ページ）を参照。

太郎平小屋から南に向かい、間もなく稜線と分かれて急坂を下る。滑りやすい道なのでス

読売新道から雄山(右のピーク)方面を望む。左は龍王岳

水晶小屋より槍ヶ岳を望む

水晶小屋

薬師沢小屋

イワカガミやアオノツガザクラなど雲ノ平に咲く花々

リップに注意する。やがて水流豊かな薬師沢に至り、そこから大小幾つかの沢を渡って黒部川を目指す。歩きながら薬師岳の南面を見ると、針葉樹の林が広大で、どこか日本離れした光景に感じられる。薬師沢と黒部川の合流地点に、宿泊する薬師沢小屋が立つ。

2日目

小屋を出て、黒部川に架かるつり橋を渡る。すぐに鉄ばしごのある急坂になる。道のぬれた岩や木の根に注意を要する。2時間半かけて急坂を上り切った辺りで木道が現れ、いよいよ雲ノ平に入る。

まず黒部五郎岳の雄姿が目に入る。雲ノ平は秘境の別天地ともいわれる。アラスカ庭園、スイス庭園などのしゃれた名前が付けられた場所が、色々な高山植物とともに楽しめる。運がよければライチョウとの出合いも期待できる。

雲ノ平山荘から、高天原への分岐を左に分けて祖父岳に向かう。祖父岳山頂はケルンが多く立ち並び、広々とした場所である。視界の悪い時は下りに注意。これより下ってから登り返すと岩苔乗越である。ここを過ぎるとワリモ岳からの道と合流し、水晶小屋に至る。眼下には雲ノ平が広がり、黒部源流を囲む山群と、槍ヶ岳、穂高岳、笠ヶ岳など名だたる山々で、いつまでも見飽きない。

3日目

小屋からしばらくで、富山市最高地点の水晶岳山頂に立つ。山頂からの展望は素晴らしく、長い道のりを経てきただけに感動はひとしおである。天候条件がよければ、富士山、白山、立山の三霊山を見ることもできる。これより稜線を北上する。高天原へ下る温泉沢ノ

標識3/8を過ぎたあたりから現れる巨木群

奥黒部ヒュッテ

平ノ渡場（黒部湖左岸）

頭を過ぎ、いくつか小さなアップダウンを繰り返して、赤牛岳に着く。東には裏銀座コースの山々、西は黒部川の対岸に国指定天然記念物である、薬師岳東面の圏谷群があり、行く手の立山・剱岳も見慣れた姿とは異なる山容を見せる。

黒部湖を遠望し読売新道を下る

赤牛岳山頂からは、奥黒部ヒュッテまで長い下りが続く。目印のペンキや番号の付いた標識に注意する。木の根やロープがある場所は気を抜かず、マイペースでしっかり歩きたい。樹林帯ではクロベなどの針葉樹の巨木が目を楽しませる。黒部川まで下り、奥黒部ヒュッテに泊まる。

4日目

黒部ダムまで長い道のりになる。2時間ほどかけて平ノ渡場まで歩き、船に乗るので、運航時刻を確認しておく。渡し場までは、木の階段を上下する険路。船で渡った後も、湖畔の道は長いはしごがあり、意外に時間がかかる。黒部ダムに至って充実した山旅を終える。ダムからは立山・黒部アルペンルートで富山、または大町に出る。

水晶岳へは、裏銀座コースからの道や新穂高から入る道もあるが、いずれも2泊は必要。赤牛岳へは奥黒部ヒュッテから登るコースも考えられるが、相当の健脚向きのため、下りを取る方が一般的である。水晶小屋からの往復も考えられる。

読売新道は魅力的であるが、途中エスケープルートや水場のない厳しいコースなので、しっかり準備して入ることだ。天候の変化にも対応できるよう、余裕を持った計画にしたい。熟練者にふさわしいコースである。

（金尾誠一）

登山口 折立登山口

登山口の折立

N36° 28'58" E137° 28'30"
キャンプ場、公衆トイレあり。宿泊施設なし。有峰記念館近くの有峰ハウスに宿泊可（要予約）
アクセス／自家用車可（林道通行料要）／駐車場：あり（無料）／公共交通：富山駅前から季節運行バスで約2時間。地鉄有峰口駅からバス乗換で約1時間。（バスは要予約）／タクシー利用：有峰口駅から約1時間10分（林道通行料要）／交通機関：富山地方鉄道☎076（432）3456／富山地鉄タクシー☎076（421）4200／有峰ハウス☎076（481）1758／富山県森林政策課有峰森林文化村係☎076（482）1420（5～11月）

山小屋・休憩所 要予約

太郎平小屋 ☎076(482)1917
☎080(1951)3030(現地)
薬師沢小屋 ☎076(482)1917(五十嶋)
雲ノ平山荘 ☎046(876)6001
☎070(3937)3980(現地)
水晶小屋
☎090(4672)8108(三俣山荘)
☎0263(83)5735(三俣山荘事務所)
奥黒部ヒュッテ
☎076(463)1228(佐伯千尋)
平乃小屋(88ページ) ☎090(2039)8051

コース紹介　3泊4日　適 7月上〜10月上

折立(おりたて)登山口から太郎平(たろうだいら)、薬師沢、雲ノ平を経て水晶岳、赤牛岳を縦走し、黒部湖に下る

1日目　折立登山口 ➤ 太郎平小屋 ➤ 薬師沢小屋【泊】

歩行時間 7:15　標高差 +1222 −667 (m)

2日目　薬師沢小屋(アラスカ園庭(2464m地点)) ➤ 雲ノ平山荘(祖父岳) ➤ 岩苔乗越 ➤ 水晶小屋【泊】

歩行時間 6:15　標高差 +1208 −231 (m)

3日目　水晶小屋 ➤ 水晶岳山頂 ➤ 温泉沢ノ頭 ➤ 赤牛岳山頂 ➤ 奥黒部ヒュッテ【泊】

歩行時間 8:40　標高差 +440 −1841 (m)

4日目　奥黒部ヒュッテ ➤ 平ノ渡場 ➤ 平乃小屋 ➤ 御山谷出合 ➤ ロッジくろよん ➤ 黒部ダム

歩行時間 7:20　標高差 +330 −400 (m)

グレード [ルート定数：99]（ルート共通）

体力度

技術的難易度　A　B　C

●服装・装備／小屋泊用装備　(240ページ)

●注意事項／4日間の山旅のため体調を整える。読売新道はエスケープルートがないので特に慎重な行動を。平ノ渡場の発着時刻を確認。山岳ガイドや上級者の同伴を

みどころ

雲ノ平／祖父岳の火山活動によってできた溶岩台地。ハイマツの広がる高原に岩石が点在し庭園を形作っている。彩り豊かな草花、池塘の宝庫である

読売新道の巨木群／下りの後半部には針葉樹の巨木群が現れる

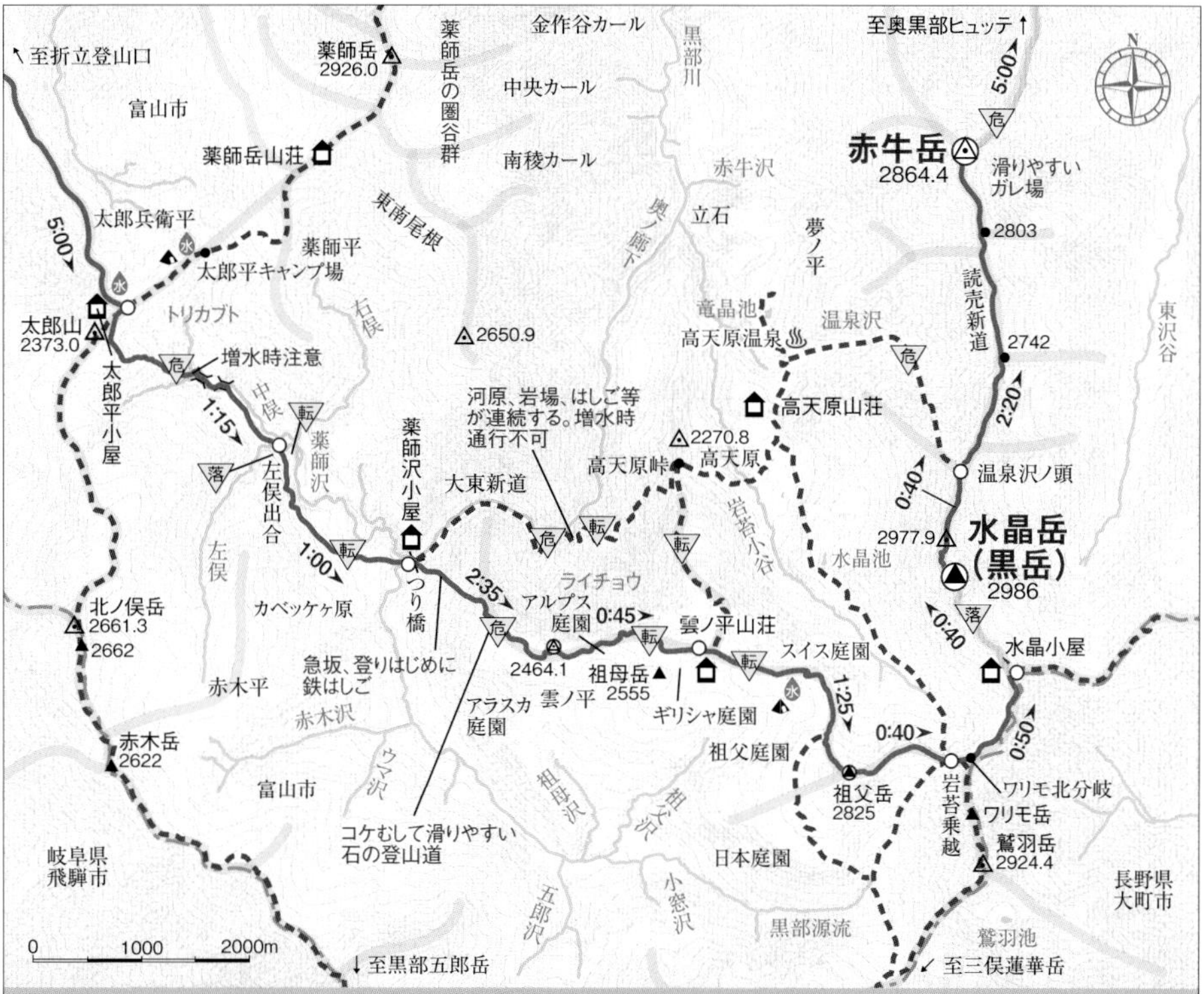

MAP:1/5万……槍ヶ岳、立山　1/2.5万……薬師岳、三俣蓮華岳、烏帽子岳、黒部湖

岩峰がりりしくとがる烏帽子岳（前烏帽子岳山頂より）

30 烏帽子岳 えぼしだけ

全国に数ある同名山の最高峰 二百

［富山市／長野県大町市］　飛騨山脈　後立山連峰　中部山岳国立公園

2628m　N36°28'46"　E137°39'03"

どっしりとした野口五郎岳。稜線近くの砂れきが雪のように見える（水晶小屋より）

31 野口五郎岳 のぐちごろうだけ

ゴロゴロした岩場から名前がついた 三百 2等

［富山市／長野県大町市］　飛騨山脈　後立山連峰　中部山岳国立公園

2924m　N36°25'58"　E137°38'16"

裏銀座縦走コースの起点 特徴のある県境の山

　烏帽子岳、野口五郎岳は富山県と長野県の境にあり、富山平野からは見ることができない。しかし、自家用車を利用して糸魚川(いといがわ)回りで行けば、思ったより早く登山口まで入ることができる。今回歩くのは、裏銀座縦走コースと呼ばれる人気のコースである。

　烏帽子岳は、山容が「えぼし」（古代の男子がかぶった帽子）に似ていることから名が付けられた。全国に数多くある同名の山の最高峰である。岩峰が天に突き上げ、一度見たら忘れられない特徴ある姿である。

　野口五郎岳は、人の名前が付いているわけではない。五郎はゴーロ（岩場のゴロゴロした様子のこと）で、野口は山麓の村名である。山は花崗岩(かこうがん)が風化したザラザラの砂礫(されき)で覆われており、遠くからは雪をかぶったように白く見える。どっしりとした大きな山塊である。

三ツ岳付近より見た立山

烏帽子岳山頂直下の岩壁

三ツ岳付近より赤牛岳（中央）、背後は薬師岳

ブナ立尾根のダケカンバ、稜線は近い

小屋から山頂に向かう途中のコマクサ

高瀬川七倉ダムから登山口へ 三大急坂は焦らずに

1日目

大町市の七倉山荘か七倉ダムまで車で入る。七倉のゲートの先は、タクシーに乗り換えて高瀬ダムに入る。ダムの上に立つと、目指す稜線が見える。トンネルを抜け、不動沢、濁沢（にごりさわ）を渡れば、ブナ立尾根の取付点である。裏銀座縦走路登山口の標識と番号札の案内板がある。ブナ立尾根は、早月尾根や安曇野の合戦尾根とともに北アルプスの三大急坂の一つに数えられている。長い急な坂が続くので、焦らずマイペースで登りたい。

順番に出てくる番号札は歩く目安になる。ブナ林から針葉樹林になりダケカンバの大木を過ぎて、しばらくで烏帽子小屋の立つ稜線に出る。

2日目

小屋の立つ稜線からハイマツの道を通って烏帽子岳に向かう。

途中、コマクサの群生が見られる。頂上付近は切り立った岩場だが、鎖が取り付けられている。小屋に戻る前に、山頂の北側にある四十八池のお花畑にも寄ってみよう。

キャンプ場を抜け、三ツ岳に向かう。振り返ると烏帽子岳の背後には、立山が大きな壁となって見えている。三ツ岳は山頂を通らずに右の鞍部（あんぶ）を行く。針ノ木岳、立山、赤牛岳、薬師岳、槍ヶ岳などの名峰が目の前に広がる。ここからは、なだらかな稜線を快調に進む。野口五郎小屋は山頂のすぐ手前にある。山頂には360度の展望が待っているので、ゆっくりと堪能したい。

真砂岳からの下りは崩壊地に注意

3日目

野口五郎岳から砂礫の道を下り、真砂岳の分岐から竹村新道に入る。南真砂岳までは、急な崩壊地を通過するので滑らないよう注意する。南真砂岳から一気に下りとなる。下り切った鞍部に小さな池があり、しばらく登ると湯俣岳のピークである。カラマツの群生を見ながら樹林帯を下り、槍ヶ岳の眺めがよい展望台までくると、湯俣温泉が近い。晴嵐荘からつり橋を渡り、高瀬ダムを目指す。道は平たんであり、高瀬川沿いにダムまで下る。

　今回歩いたのは、江戸時代に加賀藩が管理していた地域である。人々の出入りは禁じられており、「黒部奥山廻り役」が森林の伐採や盗伐に目を光らせていた。当時の絵図には、現在の名称とは異なる山名が使われている。長野側で親しまれている地域であるが、気軽に足を延ばして、ここも富山の山であることを確かめてみよう。

　日程が許せば水晶岳、鷲羽岳などを経ていろいろなコースを取ることができる。上級者には一部難路となるが、烏帽子岳から南沢岳、船窪岳を通って七倉山荘へ下りるコースもある。

（金尾誠一）

野口五郎岳山頂付近

竹村新道を湯俣岳に向かって下る

登山口 高瀬ダム

登山口へ向かう途中、高瀬ダムサイトを振り返る

N36°28'23" E137°41'30"
自家用車で糸魚川経由で七倉へ。七倉の無料駐車場からは、タクシーで高瀬ダムへ向かう。一般車は進入不可。
アクセス／自家用車が便利／駐車場：七倉登山口（90ページ）／公共交通：七倉方面への路線バスはない。JR信濃大町駅から、タクシーで高瀬ダムまで入る／交通機関：信州名鉄交通☎0261(23)2323／第一交通☎0261(22)2121

山小屋・休憩所 要予約

烏帽子小屋☎090(3149)1198

烏帽子小屋

野口五郎小屋☎090(3149)1197

野口五郎小屋

湯俣温泉晴嵐荘 ☎090(5535)3667

コース紹介　2泊3日　適 7月上〜10月上

七倉からタクシーで高瀬ダムへ。ブナ立尾根から烏帽子岳、野口五郎岳を縦走し、湯俣岳経由で高瀬川沿いに登山口に戻る

1日目　高瀬ダム登山口 ➤ ブナ立尾根取付点 ➤ 2208.7m地点 ➤ 烏帽子小屋【泊】

歩行時間 6:10　標高差 +1288 −38 (m)

2日目　烏帽子小屋 ➤ 烏帽子岳山頂 ➤ 烏帽子小屋 ➤ 三ツ岳 ➤ 野口五郎小屋【泊】

歩行時間 4:40　標高差 +814 −476 (m)

3日目　野口五郎小屋 ➤ 野口五郎岳山頂 ➤ 竹村新道分岐 ➤ 南真砂岳 ➤ 湯俣岳 ➤ 湯俣(展望台) ➤ 温俣温泉 ➤ 高瀬ダム

歩行時間 8:40　標高差 +479 −2070 (m)

グレード [ルート定数：71]（ルート共通）

体力度

技術的難易度　A B C

●服装・装備／小屋泊用装備（240ページ）

●注意事項／大雨の後は、濁沢の橋が流されていないか烏帽子小屋に確認。真砂岳と南真砂岳間は急崖のガレ場に注意。中級者以下はガイドや上級者の指導や同伴を

みどころ

四十八池／烏帽子岳山頂の北面に多くの池塘が広がる。6〜8月に、ミネズオウ、チングルマ、ヤマトリカブト、ハクサンチドリなどが咲き誇る

野口五郎カール／野口五郎岳の南西面に広がるカールは、北アルプスで見られる典型的なカールといわれる。モレーンが湾曲した波のようになっており、底の方には五郎池が際立って見える

高瀬渓谷の噴湯丘と球状石灰石／晴嵐荘から湯俣川の上流を徒歩15分。噴湯丘は石灰岩などの成分を含んだ温泉水が噴出し、沈殿物が盛り上がってできたもの。球状石灰石はその湧出口付近にできる。国指定特別天然記念物

MAP:1/5万……立山、槍ヶ岳　1/2.5万……烏帽子岳・槍ヶ岳

針ノ木岳の稜線

32 針ノ木岳 はりのきだけ

盛夏でも涼しい針ノ木雪渓を登る

二百　新・花百　3等

［立山町／長野県大町市］　飛騨山脈　後立山連峰　中部山岳国立公園

2821m　N36°32′17″　E137°41′04″

日本三大雪渓の一つ
針ノ木雪渓を抱く錐体の山

針ノ木岳を眺める富山の最適地は、雄山山頂であろう。黒部湖対岸にピラミダルな山容で立つ。

登山口は立山黒部アルペンルートの長野県側の出発地点、扇沢である。日本三大雪渓の一つである針ノ木雪渓を登り、針ノ木峠に出る。このルートは、江戸・明治時代の越中と信州を結ぶ重要道であり、ウォルター・ウェストンがザラ峠を経て立山温泉へ抜けている。また佐々成政による「さらさら越え伝説」のルートでもある。黒部湖の平ノ渡場を利用して、2007（平成19）年に復活した針ノ木谷古道を下ることもできる。沢筋の悪路なので、経験者の同行が望ましい。

7、8月の繁忙期は、週末、扇沢に駐車することが難しい。大町駅からタクシーに分乗するか、バスを利用するとよい。

1日目

扇沢から登山道に入る。数回、道路を横断して、1時間30分で大沢小屋に着く。小屋付近はブナ林が美しい。途中、沢筋のサブルートを利用すれば20分ほど時間短縮ができる。

大沢小屋には、日本で初めて登山案内人組合を創設し、歌人でもあった百瀬慎太郎（1892―1949）のレリーフがある。「山を想えば人恋し、人を想えば山恋し」というよく知られる言葉を残した慎太郎を顕彰し、山開きには慎太郎祭が毎年行われる。

雪渓を抜けて沢筋の登山道へ
ストック必携、アイゼンが便利

大沢小屋からは1ピッチで針ノ木雪渓に出る。雪渓歩きは盛夏でも涼しい。雪渓上部は傾斜がきついので、ストック必携。アイゼンがあれば安全である。季節にもよるが、マヤクボ沢出合付近で雪渓を離れ、登山道歩きとなる。沢筋の道はミヤマキンポウゲが美しい。

峠直下の急なガレ場を30分ほど登ると針ノ木峠に出る。大沢小屋から峠まで3時間30分。峠には針ノ木小屋が建つ。テント場は小屋の裏手。峠からは楽しい稜線歩きとなる。2700メートルまで登ると、コル越しに剱岳が頭を出す。峠から1時間で頂上に着く。頂上からは黒部湖の対岸に立山

針ノ木雪渓と針ノ木岳

針ノ木雪渓を行く

と剱岳が望める。

2日目

余裕があれば蓮華岳へ 黒部湖下山は上級者向き

下りは往路を戻る。雪渓の下降は転倒に注意したい。4～5時間で扇沢に着く。

針ノ木峠から蓮華（れんげ）岳までは往復2時間で行けるので、余裕があれば足を延ばしてみたい。

上級者向けのコースになるが、黒部湖側に下山する場合は、針ノ木峠から針ノ木谷に入る。最初は急斜面の刈り開け道を下る。沢筋に出たあとは沢歩きとなる。所々に踏み分け道が現れる。ペンキのマーキングがしっかり付き、道に迷うことはない。要所にはロープが張ってあるが、靴がぬれる覚悟をしなければならない。8月中旬以降の水量の少ない季節は歩きやすいが、増水時は徒渉困難となる。

1860メートルの針ノ木谷出合には道標が立つ。この場所はかつて牛だまりと呼ばれていた。これより下流は、傾斜は緩くなるが水量は多くなる。1790メートルの、船窪（ふなくぼ）乗越（のっこし）登山道との出合いまで降りれば道はよくなるが、以降も数回の徒渉が必要である。

復活した針ノ木谷古道トラバース道を使って、平ノ渡場に到着する。針ノ木谷の下りは4～5時間である。平ノ渡場で乗船して対岸へ渡り、その後は3時間半ほど黒部湖岸を歩いて黒部ダムへ。平ノ渡場の運行時間を確認して行動する必要がある。

（棚田英治）

針ノ木岳頂上からの立山眺望

登山口 扇沢登山口

登山口には案内板がある

N36° 33'28" E137° 43'15"
扇沢駅近くの南側道路（登山道は数回、道路を横断する）
アクセス／公共交通：JR信濃大町駅より路線バス終点扇沢下車徒歩5分／駐車場：扇沢駅近くの有料駐車場と離れている無料駐車場あり／交通機関：くろよん総合予約センター☎0261(22)0804／大町市役所☎0261(22)0420

山小屋・休憩所 要予約

大沢小屋 ☎0261 (22) 1584
針ノ木小屋 ☎090 (2323) 7145
平乃小屋 ☎090 (2039) 8051
ロッジくろよん ☎076 (463) 6350

㉜針ノ木岳 コース紹介　1泊2日　適 7月上〜10月上

扇沢から針ノ木岳山頂往復ルートと、針ノ木谷から黒部(くろべ)湖に下る上級者コース(本文86-87ページ)

1日目　扇沢 ➤ 大沢小屋 ➤ 針ノ木峠 ➤ 針ノ木岳山頂 ➤ 針ノ木小屋【泊】(針ノ木峠)

歩行時間 6:40　標高差 +1546 −393 (m)

<扇沢へ下山の場合>

2日目　針ノ木小屋 ➤ 扇沢

歩行時間 3:00　標高差 +102 −1257 (m)

グレード [ルート定数:39]

体力度 4

技術的難易度 A B

<黒部湖へ下山の場合>

2日目　針ノ木小屋 ➤ 船窪谷出合 ➤ 南沢出合 ➤ 黒部湖・平ノ渡場〈渡船〉 ➤ 中ノ谷 ➤ 黒部ダム

歩行時間 11:40　標高差 +878 −2013 (m)

グレード [ルート定数:66]

体力度 7

技術的難易度 A B C

●服装・装備/小屋泊用装備 (240ページ)

●注意事項/雪渓歩きにはストックが必要、アイゼンが便利。針ノ木谷は増水時は徒渉困難。沢登り用の靴を準備。初心者は経験者かガイドの同伴が必要

みどころ

立山連峰、後立山連峰の展望/針ノ木岳は北アルプスの中心部に当たり、頂上からの展望が素晴らしい

針ノ木雪渓/高瀬川の支流、篭川(かごがわ)の上流にある日本三大雪渓の一つ。8月でも残雪が広がる

MAP:1/5万……立山　1/2.5万……黒部湖

蓮華岳（針ノ木岳より）

33 蓮華岳 れんげだけ

高山植物の女王コマクサの群落 三百 新・花百 2等

［立山町／長野県大町市］ 飛騨山脈 後立山連峰 中部山岳国立公園

2799m N36°32'09" E137°42'38"

一般的には扇沢ルート、夏の混雑を避けるなら七倉ルートで

蓮華岳はコマクサの山である。北アルプス随一であろう。砂礫の頂上台地では、コマクサ群落が至る所に見られる。また、タカネツメクサ、ミヤマシオガマも多い。7月中旬から8月上旬が花の見頃。

一般的には針ノ木岳と同様、扇沢から針ノ木峠を経て登る。針ノ木峠までのルートは㉜針ノ木岳（86ページ）を参照。峠からはハイマツの稜線を登る。所々にキバナシャクナゲが見られる。2650メートル付近まで登るとハイマツ帯が混在する砂礫地となり、コマクサが見られるようになる。緩傾斜の砂礫地は頂上まで続き、頂上に近づくほどコマクサは多くなる。頂上付近のタカネツメクサ群落もかわいい。峠から1時間で頂上に着く。

下りは往路を戻る。頂上から扇沢まで5～6時間。7、8月の繁忙期の週末は、扇沢で自家用車を駐車するのは難しくなるので、大町からタクシーを分乗するかバスを利用するとよい。

七倉山荘から約5時間で稜線上の船窪小屋へ

足並みがそろうパーティーであれば、1日目は、高瀬渓谷奥の七倉山荘を起点にして、七倉尾根を登る。船窪小屋に泊まり、2日目に北葛岳経由で頂上に立つルートがお薦めである。船窪小屋は温かいもてなし、お母さんが手間を掛けた食事、ランプと懐かしい雰囲気が味わえるすてきな小屋である。

七倉尾根は標高差1400メートルの急登で水場のない登山道だが、船窪小屋の関係者によって整備されている。小屋まで5～6時間であろう。

高瀬渓谷、七倉山荘前に駐車して、山の神隧道入口の右手にある登山道へ入る。急斜面にジグザグに付けられた道を2時間ほど登ると、美しいコメツガ林の稜線歩きとなり、さらに1時間進むと「鼻突八丁」と呼ばれる急登となる。岩が出ている悪場にははしごが掛かっている。息を切らしながら1時間半で登り切ると2300メートルの「天狗の庭」に出る。ここから槍ヶ岳を眺めながら、ハイマツ帯の尾根を45分歩けば船窪小屋に着く。

テント場と水場は、小屋から

船窪小屋付近より高瀬渓谷の雲海

コマクサ

さらに船窪岳方面へ30分進んだ崖の道にある。小屋は展望のよい稜線上に建っている。ベンチに腰掛けて剱岳から薬師岳へと連なる稜線を眺めると気持ちがよい。

七倉岳、北葛岳経由で山頂へ ガレ場はワイヤーを使って慎重に

翌日は、七倉岳経由でアップダウンが続く稜線を2時間ほど歩いて、北葛岳を越える。2275メートルのコルからの蓮華岳への登りは「蓮華の大下り」と呼ばれる岩場、ガレ場である。随所にワイヤーが張ってあるので慎重に登れば問題はない。コマクサの斜面を登って頂上へ到着する。船窪小屋から5時間ほどであろう。

蓮華岳頂上、西側の一角に、若一王子神社の奥宮がある。本殿は長野県側の麓の大町市にあり、重要文化財に指定されている。

頂上から針ノ木峠へ下り、扇沢へ下山する。七倉側に車を止めている場合は、タクシーを利用して七倉山荘へ向かう。

長いコースとなるが扇沢から入山して、蓮華岳を越えて船窪小屋に泊まり、翌日の下山時は、船窪乗越を経由して、針ノ木谷から黒部湖へ下る船窪尾根ルートもある。登山道の左手の斜面には4メートル以上に達するシャクナゲがあり、7月下旬が花の見頃である。フカフカのコケと木の根の空洞がクッションとなり、膝に優しい下降路である。

（棚田英治）

船窪小屋

登山口1 扇沢登山口（87ページ参照）

登山口2 七倉登山口

七倉山荘と駐車場

N36°29'38" E137°43'24"
高瀬渓谷七倉山荘奥、山の神隧道入口の右手
アクセス／公共交通：JR信濃大町駅から路線バスで扇沢。扇沢からはタクシーが必要。また信濃大町から七倉山荘まで集合タクシーがある（要予約、七倉山荘）七倉山荘から徒歩5分／駐車場：七倉山荘前に無料駐車場／駐車場から徒歩10分程度／交通機関：信州名鉄交通大町支社☎0261（23）2323／くろよん総合予約センター☎0261（22）0804／大町市役所☎0261（22）0420

山小屋・休憩所 要予約

大沢小屋 ☎0261（22）1584
針ノ木小屋 ☎090（2323）7145
船窪小屋 ☎080（7893）7518
七倉山荘 ☎090（6007）0208

コース紹介　1泊2日　適 7月上〜10月上

扇沢往復ルートと、七倉尾根から船窪(ふなくぼ)小屋を経て頂上、扇沢下山のルート

扇沢ルート

1日目　扇沢駅 ➤ 大沢小屋 ➤ 針ノ木峠 ➤ 蓮華岳山頂 ➤ 針ノ木小屋【泊】(針ノ木峠)

歩行時間 6:40　標高差 +1510 −357 (m)

2日目　針ノ木小屋 ➤ 扇沢駅

歩行時間 3:00　標高差 +102 −1257 (m)

グレード [ルート定数：39]

体力度　4

技術的難易度　A B

七倉ルート

1日目　七倉登山口 ➤ ツガ林稜線 ➤ 船窪小屋【泊】

歩行時間 6:00　標高差 +1418 −25 (m)

2日目　船窪小屋 ➤ 蓮華岳山頂 ➤ 扇沢駅

歩行時間 9:00　標高差 +864 −1942 (m)

グレード [ルート定数：55]

体力度　  6

技術的難易度　A B C

●服装・装備／小屋泊用装備（240ページ）。雪渓歩きにはストックが必要

●注意事項／七倉尾根は船窪小屋まで水場がない。水は七倉山荘で入手できる。初心者は経験者かガイドの同伴が必要

みどころ

山頂からの展望／立山(たてやま)連峰の展望、槍ヶ岳裏銀座コースの展望、針ノ木岳、蓮華岳の南面は立派に見える

MAP：1/5万……立山、槍ヶ岳　1/2.5万……黒部湖、烏帽子岳

岩小屋沢岳から新越山荘を見下ろす（右から鳴沢岳、赤沢岳、針ノ木岳）

34 赤沢岳 あかざわだけ

エメラルドグリーンの黒部湖を眼下に 3等

［立山町／長野県大町市］ 飛騨山脈 後立山連峰 中部山岳国立公園

2678m N36°33′43″ E137°41′15″

初日は岩小屋沢岳から後立山連峰を一望に

赤沢岳のみを目指す登山者は極めて少なく、赤沢岳経由で針ノ木岳まで縦走することが多いので、縦走コースについて紹介する。

1日目

登山口から種池山荘までは㉟爺ヶ岳（94ジー）を参照。種池山荘から左手に折れ、テント場の横を通り抜けると、灌木帯の中にキヌガサソウの大群落がある。少し下って開けた稜線に出ると、広いお花畑に高山植物が咲き乱れている。棒小屋乗越から右手に剱・立山を見ながらハイマツ帯を登り返し、岩小屋沢岳に到着する。頂上から北側を振り返ると、鹿島槍ヶ岳、五龍岳、白馬三山などが一望できる。明日登る鳴沢岳、赤沢岳を見ながら赤い屋根の新越山荘へ下る。

新越山荘は静かな雰囲気の小屋で、山荘前の広場から見る蓮華岳、針ノ木岳も素晴らしいが、2階の談話室から望む剱岳の迫力ある岩峰群には圧倒される。

翌日は赤沢岳山頂から黒部川源流部の山々を間近に

2日目

昨日までの歩きやすい広い尾根道とは違って、痩せ尾根を歩く。ハイマツ帯の急登や足場の悪い岩稜帯の登山道となる。鳴沢岳を越え緩急のアップダウンを繰り返すが、この真下には扇沢と黒部ダムをつなぐ関電トンネルを電気バスが行き来している。石原裕次郎主演の映画『黒部の太陽』で描かれた破砕帯突破の難工事シーンは名場面だ。赤沢岳の頂上からエメラルドグリーンの水をたたえた黒部湖が、南西には薬師岳をはじめ赤牛岳、水晶岳、鷲羽岳など黒部川源流の山々が望まれる。

ここからのガレ場の急斜面がこのコース唯一の難所で、注意深く下りたい。長い岩場のジグザグ道が続くが、スバリ岳手前の砂礫斜面に咲くピンクのコマクサの大群落は、元気を与えてくれる。スバリ岳の山頂からは再びガレ場を下り、マヤクボのコルからの急登を登り詰めると針ノ木岳の広い頂に出る。頂上から扇沢駅へは㉜針ノ木岳（86ジー）を参照。

（小西孝司）

コース紹介　1泊2日　適 7月上～9月下

柏原新道、種池経由で、岩小屋沢岳、鳴沢岳、赤沢岳、コマクサのスバリ岳、針ノ木岳を縦走

1日目　柏原新道登山口 ➤ 種池山荘 ➤ 岩小屋沢岳 ➤ 新越山荘【泊】

歩行時間 **6:30**　標高差 **+1516 −441** (m)

2日目　新越山荘 ➤ 赤沢岳山頂 ➤ スバリ岳 ➤ 針ノ木岳 ➤ 針ノ木小屋 ➤ 大沢小屋 ➤ 扇沢駅

歩行時間 **8:10**　標高差 **+923 −1997** (m)

グレード [ルート定数：59]

体力度

技術的難易度

MAP：1/5万……大町、立山　1/2.5万……十字峡、黒部湖

●服装・装備／小屋泊用装備（240ﾍﾟｰｼﾞ）

●注意事項／新越山荘―針ノ木小屋間には避難小屋も水場もない。飲料水は山荘で補充すること。赤沢岳からの下りのガレ場は足下に注意。雪渓はストックが必要。初心者は中級者かガイドの同伴が必要

みどころ

整備された登山道から広がる景色／右手に剱・立山連峰の大展望、眼下にエメラルドグリーンの黒部湖が広がる

足元のお花畑／花の種類も多くとりわけスバリ岳周辺の砂礫（されき）斜面にひっそり咲くコマクサの群落に感動する

登山口　柏原新道登山口

柏原新道登山口の標識

N36° 33'39" E137° 43'48"

扇沢駅から徒歩15分バス道を戻る。トイレは扇沢駅のトイレを利用

アクセス／公共交通：JR信濃大町駅から扇沢駅までバスを利用／JR信濃大町駅からタクシー利用可／駐車場：5カ所の無料駐車場(90台)あり／交通機関：大町市観光協会☎0261(22)0190(代)／アルピコ交通☎0261(72)3155／北アルプス交通☎0261(22)0799／信州名鉄交通☎0261(23)2323

山小屋・休憩所　要予約

新越山荘 ☎080 (1379) 4043 (現地)
☎0261 (22) 1263 (予約用)

針ノ木小屋 ☎090 (2323) 7145

大沢小屋 ☎0261 (22) 1584

赤沢岳頂上から見下ろす黒部湖

スバリ岳手前のコマクサ群生地

新越山荘談話室からの剱岳

鹿島槍ヶ岳から望む爺ヶ岳

35 爺ヶ岳 じいがたけ

初心者も挑戦できるなだらかな花の山 三百 花百 3等

［立山町/長野県大町市］ 飛騨山脈 後立山連峰 中部山岳国立公園

中央峰 2670m N36°35'18" E137°45'03"

整備された登山道 夏山入門者にうってつけの山

爺ヶ岳は北峰・中央峰・南峰の三つのピークからなるなだらかな山で、登山道はよく整備されている。夏山入門の初心者にはうってつけの山である。春になると南峰の山肌に出現する種まき爺さんの雪形が、田植えなど農作業の目安とされたのが、山名の由来である。

1日目

柏原新道の登山口から広葉樹林帯の中のつづら折りのきつい坂を登るが、ここはモミジ坂と呼ばれるように、秋には光り輝く紅葉のトンネルとなる。「ケルン」の標識まで登ると視界も開け、勾配も緩やかとなり、木々の合間から蓮華（れんげ）岳、針ノ木岳、赤沢岳、鳴沢岳が見え隠れし、景色を眺めながら歩を進める。2カ所のガレ場を通過し、最後の急登「鉄砲坂」を登り切ると枕木の段々が現れる。チングルマ、コバイケイソウの大群落が出迎え、今日の宿、種池山荘に到着する。

種池山荘から花の百名山 爺ヶ岳を往復

2日目

翌朝は必需品だけをサブザックに詰め、身軽になって爺ヶ岳を往復する。『花の百名山』（田中澄江著）に名を連ねるように、山荘周辺にはお花畑が広がる。色とりどりに咲き乱れる高山植物を楽しみながら、のんびりゆったり登れば爺ヶ岳南峰（2660メートル）の頂上に出る。ガレ道を下って少し登り返し、鹿島槍ヶ岳への巻道を左に分けてまっすぐ進むと爺ヶ岳中央峰（2670メートル）に至る。山頂から北側に鹿島槍ヶ岳の双耳峰が見える。均整のとれた美しい姿は見飽きることがない。

360度の大パノラマ展望を楽しんだら、登ってきた道を戻る。緑の草木の中から頭を出した山荘の赤い屋根を見下ろしながらハイマツ帯を下っていると、眼前に槍・穂高連峰の大パノラマが広がり、スイスアルプスの山歩きの気分を楽しめる。種池山荘で荷物をまとめたら、柏原新道を下る。下山後は大町温泉郷の露天風呂につかって、のんびり汗を流すのもよい。健脚者は日帰りも可。大谷原登山口からの赤岩尾根ルート（㊱鹿島槍ヶ岳（96ページ）を参照）は中級者向き。

（小西孝司）

コース紹介　1泊2日　適 6月中〜10月中

扇沢から柏原新道を上り種池山荘で前泊。翌日山頂に登り、同じ道を帰る

1日目　柏原新道登山口 ➤ 種池山荘【泊】

歩行時間 4:10　標高差 +1230 −166 (m)

2日目　種池山荘 ➤ 爺ヶ岳山頂（中央峰）➤ 種池山荘 ➤ 柏原新道登山口

歩行時間 5:00　標高差 +407 −1484 (m)

グレード [ルート定数：38]

体力度 

技術的難易度　A B

●服装・装備／小屋泊用装備（240ページ）

●注意事項／柏原新道のガレ場には夏でも雪渓が残るため滑落に注意。5、6月まではアイゼンを持参のこと

みどころ

花の百名山／登山道のそこかしこにかれんな花が咲いており、花をめでながら登りたい

氷河の見える南峰／爺ヶ岳南峰の頂上からは、南に日本三大雪渓の針ノ木雪渓を、西には氷河と認定された立山の内蔵助雪渓、御前沢雪渓、剱岳の三ノ窓雪渓、小窓雪渓が見られる

MAP：1/5万……大町、立山　1/2.5万……神城、大町、十字峡、黒部湖

登山口　柏原新道登山口

柏原新道登山口の標識

N36° 33'39" E137° 43'48"
扇沢駅から徒歩15分バス道を戻る（トイレは扇沢駅を利用）
アクセス／公共交通：公共交通：JR大糸線信濃大町駅から扇沢駅までバスを利用／タクシー利用可／駐車場：登山口周辺に5カ所の無料駐車場（90台）あり／交通機関：大町市観光協会☎0261(22)0190㈹／アルピコ交通☎0261(72)3155／北アルプス交通☎0261(22)0799／信州名鉄交通☎0261(23)2323

山小屋・休憩所　要予約

種池山荘 ☎080（1379）4042（現地）0261（22）1263（予約用）

双耳峰の鹿島槍ヶ岳を望む

種池山荘とコバイケイソウのお花畑（写真・柏原一正）

爺ヶ岳南峰山頂から望む立山連峰

かつては登攀訓練の山　いまは夏山登山の対象

均整の取れた双耳峰、その秀麗な山容には、多くの登山者が一度は登りたいと思う。信州側の急峻な岩場は、かつてヒマラヤを目指す岳人たちの登攀訓練の場であった。深田久弥の『日本百名山』に名を連ねてからは、夏山登山の対象として人気が高い。２０１８年１月に長野県側カクネ里雪渓が氷河と認定された。

爺ヶ岳北峰の巻き道から望む鹿島槍ヶ岳

36 鹿島槍ヶ岳　かしまやりがたけ

秀麗な双耳峰は北ア北部の代表的存在　百　花百　新・花百　2等

［黒部市・立山町/長野県大町市］　飛騨山脈　後立山連峰　中部山岳国立公園

南峰 2889m　N36°37′28″ E137°44′49″

鹿島槍ヶ岳は後立山連峰縦走の要であり、北からは遠見尾根、五龍岳コース、南からは柏原新道、種池山荘、爺ヶ岳コースがあるが、ここでは最短ルートである東側からの赤岩尾根コースを紹介する。

1日目

南峰・北峰を仰ぐ高千穂平へ

大谷原の登山口から大冷沢の左岸の林道を約1時間歩くと、西俣出合で砂防ダムに突き当たる。トンネルで対岸に渡ると登山口の標識があり、これがルートの取り付きだ。平均斜度約20度のやや急登だが、要所にははしご、鎖、ロープが備え付けられ、整備された登山道で高度を稼ぐ。傾斜も緩やかになると展望の開けた台地、高千穂平（２０４９メートル）から、右手に北峰、南峰が見える。

ここからの尾根道は、緩急のあるアップダウンの繰り返し。道幅の狭いガレ場を右にトラバースして登り詰め、冷乗越（２３８７メートル）に出ると、対面に剱岳が威風堂々と姿を見せる。乗越から右に折れ、樹林帯を少し下って登り返すと、冷池山荘に到着だ。

2日目

非対称の稜線

山荘から針葉樹林帯を抜けテント場を過ぎると、視界が一気に開ける。足元では後立山縦走路でも指折りのお花畑が目を楽しませ、前方の布引山越しに鹿島槍ヶ岳の頂上が手招きする。最後のジグザグの小石道の急登を登り詰めると、鹿島槍ヶ岳南峰の頂上。登山道を見下ろすと、信州側はざっくり切れ落ち、黒部側はなだらかな斜面の非対称山稜地形の稜線が印象的である。

時間が許せば北峰を往復するのもいいが、南北の峰をつなぐつり尾根は岩稜帯なので健脚者、経験者向き。

（小西孝司）

コース紹介　1泊2日　適 7月上〜10月中

長野県大町市の大谷原から赤岩尾根、冷乗越（つべたのっこし）を経て鹿島槍ヶ岳山頂往復

1日目　大谷原登山口 ➤ 西俣出合 ➤ 高千穂平 ➤ 赤岩尾根分岐 ➤ 冷乗越 ➤ 冷池山荘【泊】

歩行時間 6:50　標高差 +1466 −140 (m)

2日目　冷池山荘 ➤ 布引山 ➤ 鹿島槍ヶ岳南峰 ➤ 布引山 ➤ 冷池山荘 ➤ 冷乗越 ➤ 赤岩尾根分岐 ➤ 高千穂平 ➤ 西俣出合 ➤ 大谷原登山口

歩行時間 8:15　標高差 +672 −2004 (m)

グレード [ルート定数：56]

体力度 6

技術的難易度　A　B　C

●服装・装備／小屋泊用装備 (240ページ)

●注意事項／赤岩尾根最上部のガレ場は雨天時、下山時はスリップに注意

みどころ

高千穂平・頂上からの景色／急登が終わって一息つける高千穂平から、鹿島槍ヶ岳が間近に迫る景色は圧巻である。広々とした頂上からは後立山連峰の盟主の名に恥じない素晴らしい眺望が得られる

至五龍岳
黒部市
八峰キレット 2518
キレット小屋
鹿島槍ヶ岳（南峰）2889.2
北峰 2842
カクネ里
天狗尾根
ニゴリ沢
天狗ノ鼻
大川沢
立山町
0:40
0:50
アラ沢
大ゴ沢
東尾根
鎌尾根
一ノ沢ノ頭 2004.0
布引山 2683
布引東尾根
北俣本谷
3:00
1:20
0:50
(有料)
ダケカンバ
高千穂平 2049
1:30
1:00
冷池山荘
2:10
2:00
西俣出合取り付き
大冷沢
登山口
棒小屋沢
冷乗越
0:10
1:20
赤岩尾根
西沢
大谷原
0:15
赤岩尾根分岐
ハイマツ
大冷橋
丸山 1376.7
冷尾根
北峰 2631
小冷沢
(有料)
種池山荘
ライチョウ
爺ヶ岳（中央峰）2669.9
鹿島川
南峰
東尾根
コバイケイソウ
チングルマ
柏原新道
至扇沢
白沢天狗尾根
長野県大町市

MAP：1/5万……大町、立山　1/2.5万…神城、大町、十字峡、黒部湖

登山口　大谷原登山口

登山口の標識

N36° 36'15"　E137° 47'60"
大谷原の駐車場から沢沿いの林道を1時間歩き、砂防ダムのトンネルを抜けた対岸（西俣出合）が赤岩尾根への取り付き

アクセス／公共交通：JR信濃大町駅から大谷原駐車場まではタクシー利用可（バス等の公共交通はない）。帰りの予約は冷池山荘から。西俣出合からは携帯電話の接続可／駐車場：大谷原に無料駐車場（20台）／交通機関：大町市観光協会☎0261(22)0190(代)／第一交通☎0261(22)2121／信州名鉄交通☎0261(23)2323

山小屋・休憩所　要予約

冷池山荘 ☎026 (1379) 4041 (現地)
0261 (22) 1263 (予約用)

キレット小屋 ☎0261 (72) 2002 (予約用)

南峰から剱岳、立山方面を望む

鹿島槍ヶ岳南峰へのなだらかな稜線登山道

冷乗越からの剱岳

頂上山荘から唐松岳山頂を望む

37 唐松岳 からまつだけ

ゴンドラリフトで一気に八方尾根へ 三百 2等

［黒部市／長野県白馬村］　飛騨山脈　後立山連峰　中部山岳国立公園

2696m　N36°41'14"　E137°45'17"

長野側からなら登りやすく見どころの多い唐松岳

黒部市と長野県白馬村に境を接する唐松岳は、南北に岩稜を延ばす一方で、東西には長大でなだらかな尾根を張り出している。東側の八方尾根にはゴンドラとチェアリフトが通じ、八方池までは遊歩道が整備され、観光客も多く訪れる。

長野県側の八方尾根から登るコースは、標高差が８００メートルあるが、唐松岳までは比較的楽に登れ、八方池や白馬三山など見どころが多い。富山県側からは、黒部峡谷の欅平から祖母谷温泉、餓鬼山を経て標高差２千メートル以上の登山道があるが、一般的には下りのコースである。

猫又山山頂から見た五龍岳

38 五龍岳 ごりゅうだけ

武骨で豪快な岩稜の名山に挑む 百

［黒部市／長野県大町市］　飛騨山脈　後立山連峰　中部山岳国立公園

2814m　N36°39'30"　E137°45'10"

男性的な五龍岳への遠見ルートは中級者向け

唐松岳と南に隣り合う五龍岳は、武骨で男性的な山容の名山で、深田久弥は『日本百名山』で「大地から生えたようにガッチリしていてビクとも動か

唐松岳頂上山荘と白馬岳方面を望む

ナナカマドの紅葉と白馬三山（右から白馬岳、杓子岳、鑓ヶ岳）

唐松岳山頂からの立山連峰

八方池と周りの紅葉

五竜山荘と白岳

鎖場が続く牛首の稜線

ない」山と表現している。名の由来は、越中の古絵図に立山(たてやま)の真後ろ辺りにあるこの山を「後立山(ごりゅうざん)」と記していることから「五龍(ごりゅう)」に通ずるというものや、春の山頂直下に現れる雪形が「武田菱(びし)の御陵(ごりょう)」に似ていることからというものがあるが、定かではない。

東側に延びる遠見(とおみ)尾根にはテレキャビン（ゴンドラリフト）が通じ、地蔵ノ頭までは八方尾根同様、多くの観光客が訪れる。遠見尾根からのルートは中級レベルで、アップダウンの変化に富み、五龍岳の景観は迫力がある。また秋の遠見尾根は隠れた紅葉の名所である。

高速リフトで高度を稼ぐ 第3ケルンからが本格登山

ここでは登りやすい白馬村八方尾根から、唐松岳、五龍岳を縦走して遠見尾根を下りるコースを紹介する。

1日目

まずは八方尾根から唐松岳山頂へ。ゴンドラリフト八方駅から4人乗り高速リフトを乗り継ぎ、八方池山荘に着く。八方池のある第3ケルンまでは整備された遊歩道を歩く。この先が本格的な登山道だ。

下ノ樺(しものかんば)から上ノ樺(かみのかんば)にかけてはダケカンバの巨木帯で、背後に白馬三山が眺められる。灌(かん)木帯を過ぎると、夏遅くまで雪田が残る扇雪渓に出る。屈指の紅葉のポイントでもあり、多くの登山者の休憩場所である。

さらにハイマツ帯の急斜面を一登りすると、ケルンが建つ丸山に着く。ここからはチングルマなどの高山植物が多く、白馬三山の眺望が素晴しい。稜線は次第に痩せ、鎖場を通過して山腹を回り込むと、唐松岳頂上山荘に着く。この先には三角形の唐松岳が見られ、眺望が素晴らしい。いったんコマクサが咲く砂礫の斜面を下り、稜線を登り返すと山頂に着く。五龍岳はもちろん、黒部峡谷越しに剱岳・立山連峰の大パノラマが一望できる。

五龍への道はガレ場と岩稜 鎖を使って慎重に進む

唐松岳から五龍岳に向かうコースの前半は、手ごわい岩稜が続く。ひときわとがった三角形の岩峰が牛首で、岩稜には鎖が張られているが、滑りやすいので慎重に進む。

大黒岳を過ぎると最低鞍部に出る。深いハイマツ帯の急斜面を登り返し、白岳を目指す。広い斜面をジグザグに登り高度を上げると遠見尾根の分岐に出て、少し下ると五竜山荘に着く。屏風のように立ちはだかる五龍岳は圧倒的な存在感だ。

2日目

いよいよ五龍岳登頂へ。山荘前からの登山道は次第に岩稜だけの殺風景で急なガレた斜面に変化し、山頂までG0、G2とペンキで明示された岩尾根を通過する。G2まで登ると山頂直下の岩稜が迫る。鎖を使って慎重に岩場を越える。

山頂は富山県側に位置し、北方向に唐松岳、その背後に白馬岳、西方向に剱岳・立山連峰、南方向に鹿島槍ケ岳と大パノラマが広がる。下りは登ったコースを山荘まで戻ろう。

帰りは山荘から白岳に少し登り、分岐点を遠見尾根へ下る。痩せた馬の背尾根の急斜面を鎖伝いに下ると、ダケカンバの巨木が多く見られる西遠見山に出て、稜線を下った平たん地に西遠見ノ池がある。秋には池の周辺は鮮やかな紅葉に彩られる。

やがて南側が開けた大遠見山の平たん地に出ると、カクネ里から切り立ち迫る鹿島槍ヶ岳のダイナミックな北壁が見える。痩せた崩壊地まで下り、登り返すと中遠見山に出る。さらに小さなアップダウンが続き、やがて平たんな展望地のある小遠見山に出る。小さな祠が幾つも安置されており、後立山連峰が大パノラマで眺望できる。長い下りが続き、一ノ背髪、見返り坂を下ると地蔵ノ頭に出る。展望のいいピークで、大糸線の走る山麓がひときわくっきりと眺められる。

リフトを使ってもいいが、標高1515メートルのアルプス平まで歩く。白馬五竜高山植物園に立ち寄りたい。アルプス平駅から五竜テレキャビンで、山麓のとおみ駅に下る。

（藤井久一・大楠立紀）

登山口1 八方池山荘

八方池山荘

長野県北安曇郡白馬村大字北城14487
N36°41′49″ E137°47′55″
八方アルペンライン・八方駅から、ゴンドラとチェアリフトを乗り継ぐ
アクセス／公共交通：JR大糸線白馬駅からバス利用／駐車場：八方駅近くに第3無料駐車場／タクシー：利用可

登山口2 アルプス平駅

長野県北安曇郡白馬村大字神城
N36°39′49″ E137°48′51″
白馬五竜スキー場テレキャビン利用
アクセス／公共交通：JR大糸線神代駅からテレキャビンとおみ駅まで徒歩20分／駐車場：白馬五竜スキー場駐車場／タクシー：利用可／交通機関：白馬村役場☎0261(72)5000／アルピコ交通☎0261(72)3155／第一交通☎0261(72)2221／白馬観光タクシー☎0261(72)2144

山小屋・休憩所 要予約

唐松岳頂上山荘 ☎090(5204)7876
五竜山荘 ☎0261(72)2002
村営八方池山荘
☎0261(72)2855(現地)

コース紹介　1泊2日　適 7月上〜10月上

長野県側の八方池山荘から八方尾根を登り、唐松岳、五龍岳を縦走し、遠見尾根を下って地蔵ノ頭へ出る

1日目　八方池山荘 ➤ 第3ケルン ➤ 丸山（ケルン）➤ 唐松岳頂上山荘 ➤ 唐松岳山頂 ➤ 唐松岳頂上山荘 ➤ 最低鞍部 ➤ 五竜山荘【泊】

歩行時間 7:15　標高差 +1504 −857 (m)

2日目　五竜山荘 ➤ 五龍岳山頂 ➤ 白岳 ➤ 大遠見山 ➤ 小遠見山 ➤ 地蔵ノ頭 ➤ アルプス平駅

歩行時間 5:30　標高差 +602 −1577 (m)

グレード [ルート定数：49]（ルート共通）

体力度　5

技術的難易度　A B C

●服装・装備／小屋泊用装備（240ページ）

●注意事項／秋山は防寒対策を。牛首の岩場は雨天時に滑りやすい。五龍岳山頂直下の岩場はルートを間違えないように。中級者以下は山岳ガイドや上級者などの指導や同伴を

みどころ

不帰ノ嶮（かえらずのけん）と八方池／八方尾根では第3ケルンから見る不帰ノ嶮の眺望や、八方池と周辺の紅葉が背景の白馬三山に映えて素晴らしい

白馬五竜高山植物園／白馬五竜高山植物園は四季を通じて約300種類の高山植物が楽しめるのでお薦め

［保護区等］国指定特別天然記念物「白馬連山高山植物帯」

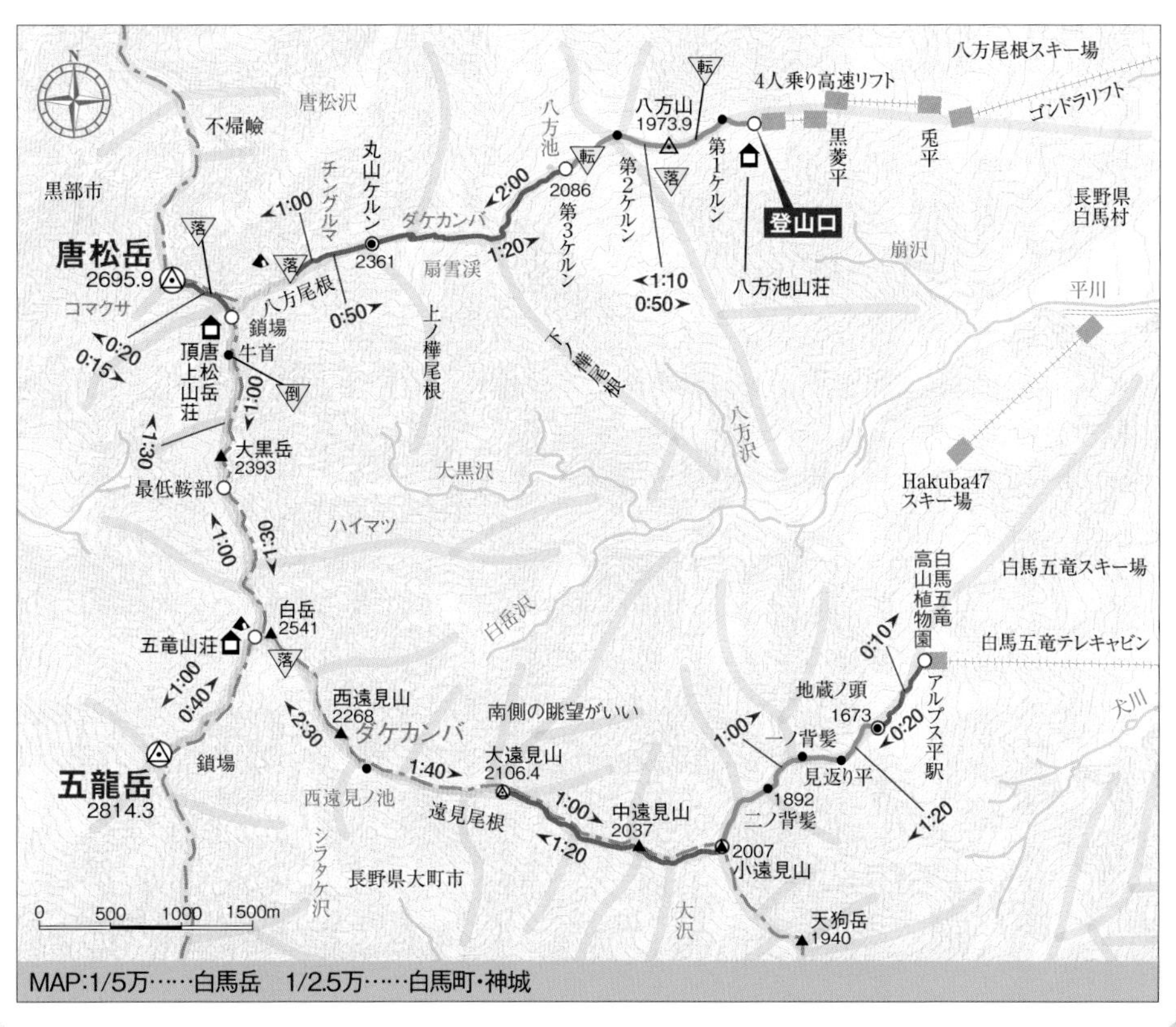

尖った小旭岳の裏になだらかな清水岳の頂が広がる

39 清水岳 しょうずだけ

ひそかに人気がある花の山旅 3等

［黒部市］ 飛騨山脈 中部山岳国立公園

2603m N36°45'53" E137°43'08"

小蓮華山付近から見た白馬岳(右)、杓子岳

40 白馬岳 しろうまだけ

脚力があれば富山側から天空の花園へ 白馬三山 百 花百 新・花百 1等

［朝日町／長野県白馬村］ 飛騨山脈 後立山連峰 中部山岳国立公園

2932m N36°45'31" E137°45'31"

脚力に自信があれば選びたい広大なお花畑の富山側ルート

富山県側から清水岳、白馬岳に至る唯一のコースは、ひそかに人気のある花の山旅である。特に不帰岳避難小屋と清水岳の間のお花畑は、コースのハイライトだ。ただし行程が長いので、脚力に自信のある人のみが踏破できる。

1日目

黒部峡谷鉄道トロッコ電車の終点、欅平で下車。祖母谷温泉まで遊歩道を、そこから先は草に覆われた作業道を歩く。

スノーシェッド手前の小さな標識を目印に名剣沢を詰めていくと、左岸斜面に「白馬登山口」の標識がある。木の根と岩の段差の急登から始まり、ブナ林のトラバース移動へと変わる。沢を数カ所横断し、標高差約200メートルの「百貫の大下り」と呼ばれる急登を登る。百貫山から続く尾根のコルに出て、小さなピークをいくつも越えて高度を上げてゆく。名

白馬岳（左から）、旭岳、清水岳を雪倉岳から望む

清水岳のお花畑

白馬山荘

不帰岳避難小屋

祖母谷温泉

剣沢から5時間もすれば、不帰岳避難小屋に到着する。

小屋の近くに水場があり、寝具や食糧を持ち込めば、快適な素泊まりが可能だ。この日はここに泊まる。

不帰岳避難小屋から早めに出発 清水尾根が高山植物の見所

2日目

翌朝は早めに出発しよう。深く切れ落ちた西ノ谷の向こうに白馬三山が見えてきたら、お花畑が始まる。チョウジギク、ゴゼンタチバナ、モミジカラマツ、ハクサンフウロなどが混在して咲いている。

森林限界を越えて草原に入ると、チングルマ、イワイチョウ、ヨツバシオガマ、ハクサンコザクラなど多種の高山植物がパッチワーク状に広がっており、清水尾根最大の見所となっている。花の斜面が終わると、雪渓と池塘が現れる。ハイマツとハクサンシャクナゲの尾根をたどると、清水岳山頂である。むき出しの地面にミヤマアズマギクが咲いている。白馬三山から鹿島槍ヶ岳、爺ヶ岳、立山、剱岳、大日岳などが並ぶ雄大な景色が広がる。

ここからは白馬岳を目指す。稜線にはコマクサが咲いている。小旭岳の岩稜は南面を巻き、ハイマツ帯のトラバースへと続く。裏旭岳を踏み、旭岳を左に見ながら登山道を歩くと、雪渓が出てくる。ロープに従って歩いていくと白馬岳の縦走路に合流する。

（坂口　忍）

長野からは代掻きの白馬岳 富山からはハスの花の大蓮華山

白馬岳の名前は、信州（長野県）側から見た雪形に由来し、春先に代掻き馬の姿が現れることから。越中（富山県）側からはハスの花（蓮華）が大きく広がる様子に見え、江戸時代には一帯を大蓮華山と称した。

後立山連峰の主峰であり、尾根がフォッサマグナの断層線に沿っているため、非対称山稜地形が顕著である。

長野県側の絶壁とは対照的に、富山県側は長大な斜面の雪田草原を呈す。所々に池塘を配し、百花繚乱のお花畑が広がる。名だたる名峰が連なる北アルプスの中にあって、ひときわ人気が高い。白馬岳一帯は1952（昭和27）年に「白馬連山高山植物帯」として特別天然記念物の指定を受けた。

白馬岳山頂からは一般的なルートを長野側へ

ここからは白馬岳山頂から長野県側へ下るルートを紹介する（一般の登山者は、このルートを登りに使用。41杓子岳42鑓ヶ岳（106ページ）の地図を参照）。

前日は白馬山荘か白馬岳頂上宿舎に宿を取る。どちらも快適に過ごせ、頂上も近い。

3日目

まずは白馬岳山頂から白馬大雪渓を下り、猿倉に向かうルートから。

朝は白馬山頂でご来光を迎えたい。白馬山荘から約15分、白馬岳頂上宿舎から35分ほどで山頂に着く。切り立った東側には、剱沢雪渓、針ノ木雪渓とともに日本三大雪渓に数えられる白馬大雪渓が見える。南に目を転じれば、杓子岳、鑓ヶ岳が見事な非対称山形を見せる。遠く南アルプス、また関東、東北の山々も視界に収まる。

頂上は長野県との県境に位置し、1等三角点が設置されている。山頂には、新田次郎の直木賞受賞作『強力伝』の主人公のモデル、小見山正作が、富山県出身の実業家、正力松太郎の依頼を受け、担ぎ上げた50貫（188キロ）もの巨大な花崗岩の方位盤がある。日本山岳史上の偉業を知ってか知らずか、山頂は常に多くの人でにぎわう。

下りは白馬岳分岐まで戻り、白馬大雪渓に向けて下る。見事なお花畑が広がり、南には杓子岳天狗菱の岩峰が、覆いかぶさるようにそそり立つ。小雪渓では滑落に注意。アイゼンの着用を忘れてはならない。大雪渓を下ると白馬尻。林道を1時間強歩けば猿倉だ。

もう一つのルートは頂上より縦走路を北上する。

三国境より小蓮華山を経て白馬大池へ下りる。白馬乗鞍岳を通過し栂池自然園からパノラマウェイに乗り、一気に栂池高原駅に下り立つ。このルートは危険箇所が少ない。

白馬大池から北上し、新潟県側の蓮華温泉に下り、バスを利用して平岩駅または糸魚川までの交通手段もある。

（堀　正幸）

登山口 名剣沢左岸

名剣沢左岸の登山口

N36° 41'49" E137° 39'27"

祖母谷温泉で、登山道に関する情報を確認しよう。名剣沢左岸の登山口からガレ場を数十メートル登る

アクセス／公共交通：黒部峡谷鉄道／欅平駅／タクシーなし／交通機関：黒部峡谷鉄道☎0765(62)1011

山小屋・休憩所 要予約

猿飛山荘 ☎0765(62)1004
名剣温泉 ☎0765(52)1355
祖母谷温泉 ☎0765(62)1038
不帰岳避難小屋（無人）
☎0765(54)2111（黒部市商工観光課）
白馬山荘 ☎0261(72)2002
村営白馬岳頂上宿舎 ☎0261(75)3788

コース紹介　2泊3日　適 7月中〜10月中

黒部峡谷欅平から不帰岳避難小屋を経て、清水岳、白馬岳を縦走し長野県側の猿倉へ下りる

1日目　欅平 ➤ 祖母谷温泉 ➤ 登山口（名剣沢左岸）➤ 不帰岳避難小屋【泊】

歩行時間 6:00　標高差 +1975 −586 (m)

2日目　不帰岳避難小屋 ➤ 清水岳山頂 ➤ 白馬山荘【泊】

歩行時間 4:50　標高差 +1129 −230 (m)

3日目　白馬山荘 ➤ 白馬岳山頂 ➤ 白馬岳頂上宿舎 ➤ 葱平〈白馬大雪渓〉（以後㊶杓子岳ルート109ページ参照）➤ 白馬尻小屋 ➤ 猿倉荘

歩行時間 4:10　標高差 +135 −1738 (m)

グレード [ルート定数：69]（ルート共通）

体力度　7

技術的難易度　A　B　C

●服装・装備／テント泊用装備。テントは不要（240ページ）

●注意事項／富山県側ルートは、欅平を何時にたつかで日程が大きく変わる。初心者は無理せず祖母谷温泉で前泊を。清水岳から白馬岳までは雪渓が残る。ベンガラをたどって歩くこと。中級者以下は山岳ガイドや上級者の同伴を

みどころ

お花畑／不帰岳避難小屋から清水岳までの間は、高山植物が咲き乱れる日本有数のお花畑が広がる

[保護区等]国指定特別天然記念物「白馬連山高山植物帯」

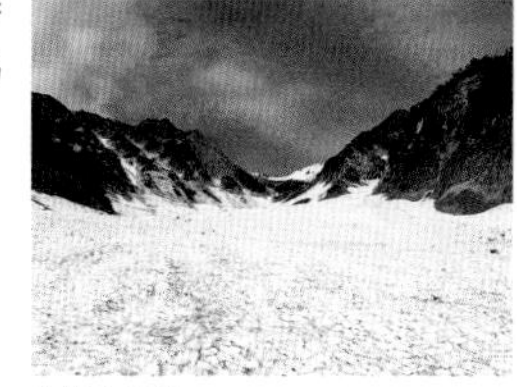

白馬大雪渓

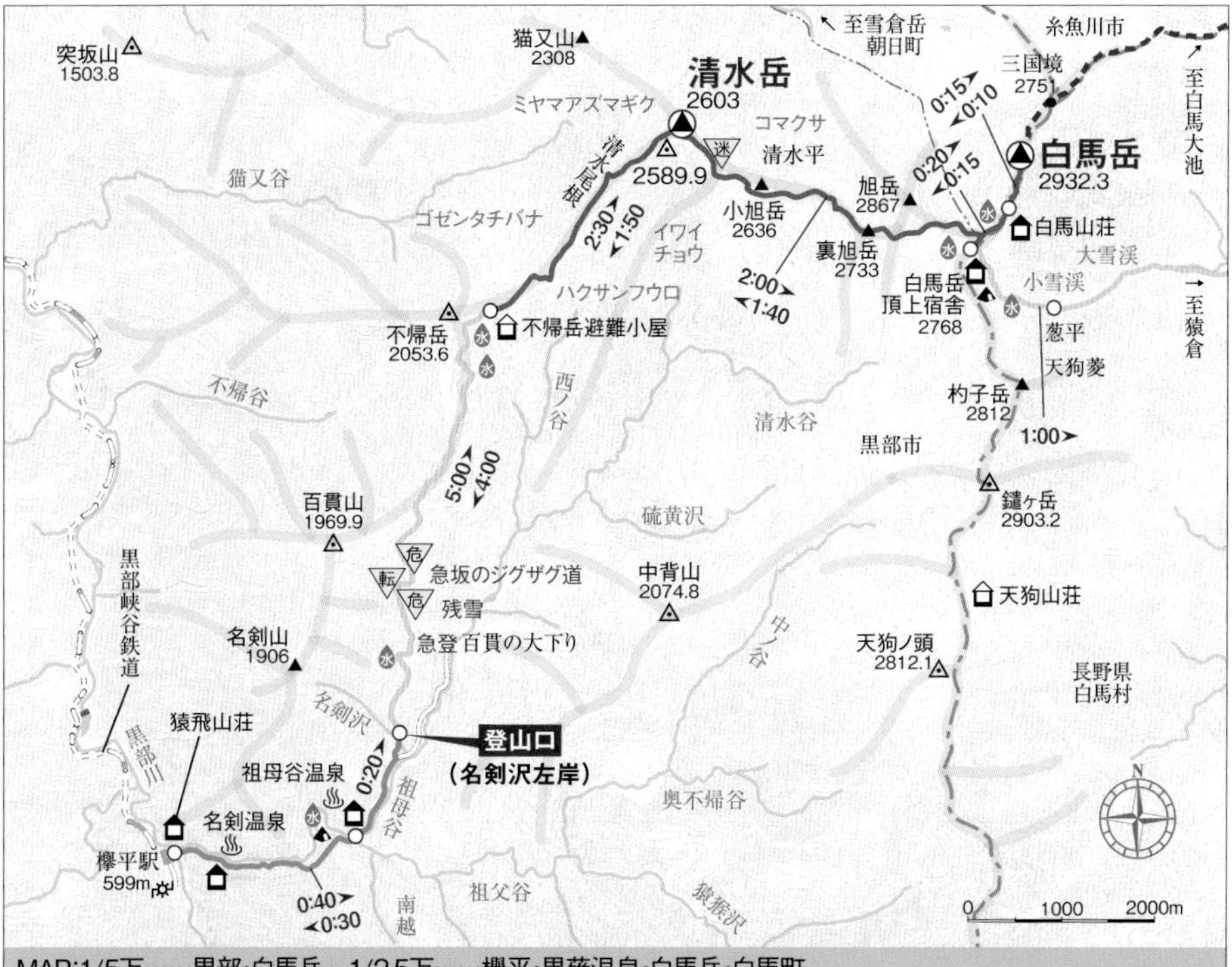

突坂山
1503.8
猫又山
2308
至雪倉岳
朝日町
糸魚川市
清水岳
2603
ミヤマアズマギク
コマクサ
清水平
清水尾根
2589.9
迷
三国境
2751
0:15
0:10
0:20
0:15
白馬岳
2932.3
至白馬大池
猫又谷
旭岳
2867
小旭岳
2636
白馬山荘
ゴゼンタチバナ
2:30
1:50
イワイチョウ
裏旭岳
2733
大雪渓
白馬岳
頂上宿舎
2768
小雪渓
ハクサンフウロ
2:00
1:40
葱平
至猿倉
不帰岳
2053.6
不帰岳避難小屋
天狗菱
不帰谷
西ノ谷
杓子岳
2812
清水谷
黒部市
1:00
5:00
4:00
百貫山
1969.9
硫黄沢
鑓ヶ岳
2903.2
危
転
危
急坂のジグザグ道
残雪
中背山
2074.8
天狗山荘
黒部峡谷鉄道
名剣山
1906
急登百貫の大下り
中ノ谷
天狗ノ頭
2812.1
長野県
白馬村
名剣沢
猿飛山荘
黒部川
登山口
(名剣沢左岸)
祖母谷温泉
0:20
祖母谷
名剣温泉
奥不帰谷
欅平駅
599m
0:40
0:30
南越
祖父谷
猿猴沢
0
1000
2000m
N

MAP:1/5万……黒部・白馬岳　1/2.5万……欅平・黒薙温泉・白馬岳・白馬町

鑓ヶ岳からの杓子岳（写真・福山亜希子）

41 杓子岳 しゃくしだけ

屋根型の頂上付近にコマクサが群生 白馬三山

［黒部市／長野県白馬村］　飛騨山脈　後立山連峰　中部山岳国立公園

2812m　N36°44'26" E137°45'33"

鑓温泉分岐からの鑓ヶ岳（写真・福山亜希子）

42 鑓ヶ岳 白馬鑓ヶ岳／しろうまやりがたけ やりがたけ

鑓温泉の大露天風呂で疲れを癒やす 白馬三山 3等

［黒部市／長野県白馬村］　飛騨山脈　後立山連峰　中部山岳国立公園

2903m　N36°43'53" E137°45'19"

白馬岳を主峰に白馬三山を形成する南の山稜

白馬岳から南へ延びる山稜は、最初の屋根型の頂が杓子岳、続く三角錐の山が鑓ヶ岳である。白馬岳、杓子岳、鑓ヶ岳の三山を「白馬三山」と称する。

下界に秋の気配が訪れるころ、他の山々よりもいち早く雪で白く染まるため、高山であることが容易にうかがえる。

長野県白馬村辺りから見たアルペンチックな姿はことに有名で、絵はがきや雑誌に使われるのは、この長野県側からの景観である。富山平野からもよく見えているが、ほかの山と折り重なるため三山には見えない。

一般的には長野県側からの白馬三山縦走を

杓子岳、鑓ヶ岳は県境の山であるが、富山県側から登る場合、黒部峡谷欅平を起点として、不帰岳避難小屋、清水岳経由となり、登山ルートは途方もなく長い（㊴清水岳㊵白馬岳（102ジー）を参照）。ここでは、白馬山荘もしくは白馬岳

鑓ヶ岳頂上から右手前大きいピークが杓子岳、左奥が白馬岳

杓子岳へ向かう登山道。ウルップ草の群落

白馬山荘から杓子岳、鑓ヶ岳を望む

鑓温泉

写真右／杓子岳山頂より右手に鑓ヶ岳
写真左／小日向山近くの湿原に咲くミズバショウ

頂上宿舎に前泊し、翌日に杓子岳、鑓ヶ岳を縦走するコースを紹介する。ダイナミックな岩稜を行く白馬三山縦走は、「これぞ北アルプス」といった稜線漫歩となり、360度の大パノラマに存分に身をゆだねることができる。

　また鑓ヶ岳から猿倉へ下山するルートには、大出原（おいでっぱら）の見事な高山植物の群落があり、中腹には標高2010メートルに位置する立山地獄谷に次ぐ北アルプス第2位の高所温泉、鑓温泉がある。

　この何ともぜいたくな三山縦走は、日本を代表する縦走コースでありながら、初心者でも楽しめる入門ルートとして非常に人気が高い。

山小屋で前泊し
杓子岳、鑓ヶ岳を目指す

　まずは杓子岳への登りから。山小屋を出て県境の鞍部（あんぶ）から南下する。しばらく行くと山頂には至らないトラバース道があるが、これは見過ごして山頂を目指した方が気持ちがよい。

　振り返ると白馬岳の東面がスッパリと切れ落ちている。小さなジグザグを繰り返して杓子岳の頂上に立つ。長野県側は目もくらむような断崖絶壁になっているので、注意して歩を進めよう。黒部川の流れを隔てて立山、剱岳（つるぎ）、毛勝山（けかつ）、僧ヶ岳がうねり、富山平野の向こうには日本海を隔てて能登半島が弧を描いている。杓子には岩石が砕けてザラザラとしたという意味もあるといわれるが、その特徴ゆえ杓子岳頂上周辺には、コマクサの群落が多く見られる。頂上からの平らな道を進み、少し下れば鑓ヶ岳への登りとなる。抜けるような夏空とかれんな高山植物に囲まれれば、多少の登りも苦にならない。

　杓子岳から1時間余りで

鑓ヶ岳の頂上に立つ。眺望のよさは相変わらず。唐松岳を経て五龍岳、鹿島槍ヶ岳と続く峰もよく見える。何といっても秀逸なのは、後を振り返った時の杓子岳と白馬岳の眺めだろう。長野県側と富山県側では非対称の山容が圧巻である。

鑓ヶ岳はその名の通り鋭角である。360度遮る物のない眺望を楽しんだら、下りに向かおう。この先も変化に富んだ山の醍醐味（だいごみ）は続く。

鑓温泉へ続く分岐までは頂上から20分ほどで下り立つ。ここからはガレ道を急降下する。ハクサンコザクラ、ハクサンイチゲ、クルマユリなど次々と咲き乱れる辺りが大出原。白馬岳周辺を代表するお花畑だ。十分な観賞タイムを取りたいところだ。

下山は体力切れと、岩場のスリップに注意

名残を惜しむようにお花畑を後にすれば、このコース唯一の難所の露岩帯に入る。急ではあるがしっかりとした鎖が取り付けてある。足元のスリップに十分注意して下りよう。しばらくすると野趣あふれる鑓温泉に着く。大きな露天風呂があり、余裕があればここに1泊したいところである。長い山旅の汗を流すには格好の湯である。

温泉で軽く汗を流したら、猿倉まではあと4時間ほどだ。白馬鑓温泉小屋前のテント場を通れば、傾斜の緩い雪渓に入る。雪の多い季節や霧の濃い時は道に迷いやすい。雪渓の上にはベンガラの赤い印が付けられているので見失わないように慎重に行動しよう。

雪渓を抜けて尾根の山腹を回り込むように行く道は、小日向（おびなた）のコルへと向かう水平道だ。進行方向の左を見上げれば、朝通って来た杓子岳の頂上からなぎ落とされたような断崖絶壁が、すさまじい迫力で立ちはだかっている。

水平道が終わり小日向山との平たんな鞍部が小日向のコルである。広々とした湿地にミズバショウやニッコウキスゲの大群落が見られる。

長かった山旅も終わりへと近づいている。だらだらとした樹林帯から、広々としたブナ林へと徐々に変わってくる。いつの間にか林道に入り、5分も歩けば猿倉荘である。白馬岳への長野県側からの起点でもあり、多くの人でにぎわう。富山県側からの長いルートでは特に、ここに降り立った時の喜びは、ひとしおである。

（堀　正幸）

登山口 猿倉荘

猿倉荘

長野県北安曇（あずみの）郡白馬村北城猿倉
N36°44'45" E137°48'04"
白馬村県道322号線の終点、村営猿倉荘が登山口
アクセス／公共交通：白馬駅からバス（アルピコ交通）／猿倉線：4月下～10月上のみ）で猿倉バス停下車。自家用車の場合は国道148号白馬駅前から322号線を約10キロ／駐車場：猿倉駐車場（無料）あり／交通機関：白馬村観光局☎0261(72)7100／アルピコ交通白馬営業所☎0261(72)3155

山小屋・休憩所 要予約

猿倉荘 ☎0261(72)2002(2021年度)
白馬尻小屋／白馬山荘／白馬鑓温泉小屋
☎0261(72)2002
村営白馬岳頂上宿舎／天狗山荘
☎0261(75)3788

コース紹介　1泊2日　適 7月中〜10月上

白馬（はくば）山荘・村営頂上宿舎に前泊し、杓子岳（しゃくしだけ）・鑓（やり）ヶ岳を縦走。鑓温泉から小日向（おびなた）のコルを経て長野県白馬村猿倉へ下山

欅平（けやきだいら）など富山県側からは、祖母谷（ばばだに）温泉・不帰岳（かえらずだけ）避難小屋を利用して入山する。㊴清水岳㊵白馬岳（102ページ）参照。

1日目 猿倉登山口 ➤ 白馬尻小屋 ➤ 葱平（ねぶかっぴら） ➤ 白馬（しろうま）岳頂上宿舎 ➤ 白馬岳山頂 ➤ 白馬山荘

【泊】 白馬岳頂上宿舎で泊まってもよい（白馬岳山頂から30分）

歩行時間 6:25　**標高差** +1733 −247 (m)

2日目 白馬山荘 ➤ 杓子岳山頂 ➤ 鑓ヶ岳山頂 ➤ 分岐 ➤ 鑓温泉 ➤ 小日向のコル ➤ 猿倉登山口

歩行時間 9:20　**標高差** +660 −2146 (m)

グレード [ルート定数：61]（ルート共通）

体力度　7

技術的難易度　A B C

●服装・装備／小屋泊用装備（240ページ）

●注意事項／下山時の危険箇所は多くないが、歩き通せるだけの体力が必要。疲労が蓄積すると思わぬ事故につながる

みどころ

縦走路からの展望／黒部の谷越しに眺める北アルプス全山、遠く南アルプス、富士山、東北方面の山々の大パノラマが終始広がる

［保護区等］白馬連山高山植物帯／高山植物約400種の宝庫。白馬岳を中心として、124平方キロの山系の東側に広がる

白馬鑓温泉／標高2100メートルに位置する天然の温泉。この標高での湧出量毎分760リットルは日本最高を誇る。露天風呂から雄大な山岳景色を望める

雄大な朝日岳

43 朝日岳 あさひだけ

ブナの原生林に癒やされて歩く 三百 新・日百 2等

［朝日町／新潟県糸魚川市］ 飛騨山脈 中部山岳国立公園

2418m N36°49' 36" E137°43' 48"

雪倉ノ池近くの稜線から雪倉岳を見る

44 雪倉岳 ゆきくらだけ

小屋を基点にお花畑を往復 二百 3等

［朝日町／新潟県糸魚川市］ 飛騨山脈 中部山岳国立公園

2611m N36°47' 41" E137°45' 15"

北又小屋から5時間 地上の「楽園」夕日ヶ原へ

朝日岳は、北アルプス最北端の山である。古くは「恵振岳」「恵夫理ヶ岳」とも称されていた。「えぶり」とは、水田の土をならす農具のこと。雪倉岳は、朝日岳と白馬岳の中間に位置する。古称は鉢ヶ岳だが、雪倉ヶ岳と呼び名が変わる。

朝日岳、雪倉岳は、国指定の特別天然記念物「白馬連山高山植物帯」の一角にある。

1日目

小川温泉からタクシーで北又小屋に着いたら、登山口からつり橋を渡り、いきなりの急登で始まる。イブリ山までのイブリ尾根は、美しいブナの森を堪能しながらの登りである。合目を重ね、標高1300メートルの5合目に着く。イブリ山の山頂は10合目で、目指す朝日岳が姿を見せる。山頂からはいったん下り、馬の背と呼ばれる鎖場を過ぎると、ハクサンコザク

雪倉岳への登りから赤男山、朝日岳を振り返る

朝日平から雪倉岳、白馬岳を望む

雪倉岳のイブキジャコウソウ

雪倉岳山頂

朝日岳頂上

ラ、キンコウカなどが咲き乱れる夕日ヶ原に至る。「神々の座」ともいうべき楽園である。夕日ヶ原は、朝日町に生まれた登山家の塚本繁松が命名し、「天上の楽園」と絶賛した。前朝日の中腹の木道を行けば、朝日平にある朝日小屋に着く。一日の行程を終えて、小屋からいさり火を見ながら、心尽くしのオリジナルメニューの食事を頂くときは至福の時間だ。

朝日小屋に泊り 朝日岳、雪倉岳の山頂へ

2日目

小屋で1泊して翌朝、朝日岳山頂へと登る。頂上からは、栂海新道の山々や、妙高山、白馬岳、剱（つるぎ）岳など名だたる山々の眺望が素晴らしい。よく晴れた日には、日本海に佐渡島まで見ることができる。

朝日岳山頂から雪倉岳へと向かう。剱岳を望み、山腹に咲き競う高山植物の花園を堪能しながら下っていくと、前方には、赤男山、雪倉岳、白馬岳が連なり、その巨大な山容には圧倒される。コバイケイソウやタカネマツムシソウなどの花々が群落をつくり、その規模と種類の多さには感動する。下り切ると水谷のコルからの水平道と合流する（水平道分岐）。オオシラビソの林を抜ければ小桜ヶ原に出る。ここから小沢を渡り、赤男山のゴロゴロした岩場のツバメ平を過ぎれば、雪倉岳への登りとなる。登山道沿いには、ミヤマムラサキ、イブキジャコウソウなどが咲き競う。雪倉ノ池が見える稜線に出ると、雪を頂いた穏やかな姿の雪倉岳が目の前である。小ピークを登り一踏ん張りすれば山頂に達する。高山植物の女王といわれるコマクサも見つけられる。頂上には、立派な黒御影石の標石がある。

雪倉岳に登るには、朝日小屋を起点に往復して、見事な花々をゆっくり楽しみたい。帰路、朝日小屋へは、水平道分岐から朝日岳に登らずに水平道をたどる。

3日目

帰路は来た道を戻る 吹上のコルから蓮華温泉へ

翌日、朝日小屋から帰りのタクシーを予約し北又小屋に戻る。小川温泉で露天風呂で疲れを癒やすのもいい。

朝日岳頂上に立つと蓮華温泉に向かう五輪尾根や栂海新道の青嶺の山々がはるかかなたに連なる。いずれの道も長い行程であるが、展開するその自然に触れたときは、限りない感動を覚えるだろう。朝日小屋から朝日岳に登り、吹上のコルから右手に向かうと蓮華温泉への道である。八兵衛平は遅くまで残雪があり、幾筋もの清流となる。この場所は、ハクサンコザクラやミヤマアケボノソウなど高山植物の群生地で、ぬかるみの中を歩くもどかしさを忘れさせてくれる。五輪尾根の樹林帯に入り、樹木の間から見る朝日岳は、迫力ある男性的な山容だ。青ザクを過ぎて花園三角点付近は、ワタスゲが風に花穂を揺らす牧歌的な草原である。カモシカ坂から白高地沢を渡り、再び急な登りになる。疲れた足にはつらいが、兵馬ノ平の湿原に出るとヒオウギアヤメが咲き、振り返れば朝日岳がそびえる。

一方、吹上のコルから左手に向かえば、栂海新道への道である。オオシラビソの中をくぐり抜け、照葉ノ池の湿原に出る。長栂山から日本海を展望して、ヒオウギアヤメの群生地アヤメ平へと下る。さらに樹林帯をくぐり抜けて、清流が縦横に流れ、リュウキンカやミズバショウなど花々が競い合うように咲き乱れる神々の奥座、黒岩平に着く。朝日小屋に2泊して往復し、草原を満喫するのもいい。日本海を目指して痩せ尾根を越え犬ヶ岳に登り、栂海山荘に泊まる。黄蓮山から菊石山にかけてはブナの林が峰を包む。その白い木肌は官能的な美しさである。山旅の苦労は、日本海のほえる波音が取り除いてくれるであろう。

「大蓮華山」とは、白馬岳の古名であった。現在は、白馬岳や雪倉岳、朝日岳一帯を総称する名である。蓮華とは、仏が座する蓮華座を思わせる。大蓮華の山々を存分に味わおう。北アルプス北部の山々の魅力は尽きない。

（渋谷 茂）

登山口 北又小屋

登山口の北又小屋

N36° 50'31" E137° 40'00"
小川温泉元湯から登山口の北又小屋に行く湯ノ瀬・北又林道はタクシーのみ通行可能。徒歩約3時間30分
アクセス／公共交通：泊駅から北又小屋まではタクシー利用（補助金あり）／駐車場：小川温泉元湯の駐車場（利用は小川温泉元湯に確認）／駐車場からのアクセス：タクシー／交通機関：朝日町役場☎0765（83）1100㈹／黒東タクシー☎0765（83）1166／舟見タクシー☎0765（78）1221／入善タクシー☎0765（72）1141／丸善交通☎0765（72）0203

山小屋・休憩所 要予約

北又小屋 ☎0765(84)8809*
朝日小屋 ☎080(2962)4639*
〔*開設期間外 ☎0765(83)2318〕
小川温泉元湯「ホテルおがわ」
☎0765(84)8111

朝日平に立つ朝日小屋と朝日岳

コース紹介 2泊3日 適 7月中〜10月上

北又小屋から登り、朝日小屋を基地に雪倉岳に足を延ばす

1日目 北又小屋 ➤ 5合目 ➤ イブリ山 ➤ 夕日ヶ原 ➤ 朝日小屋【泊】

歩行時間 **5:40** 標高差 **+1527 −55** (m)

2日目 朝日小屋 ➤ 朝日岳山頂 ➤ 水平道分岐 ➤ 雪倉岳山頂 ➤ 水平道分岐 ➤ 朝日小屋【泊】

歩行時間 **8:15** 標高差 **±1216** (m)

3日目 朝日小屋 ➤ 夕日ヶ原 ➤ イブリ山 ➤ 5合目 ➤ 北又小屋

歩行時間 **4:30** 標高差 **+55 −1527** (m)

グレード [ルート定数:75] (ルート共通)

体力度 

技術的難易度 

●服装・装備/小屋泊用装備 (240ページ)

●注意事項/水平道は残雪期には滑落の危険あり。通行できるか必ず朝日小屋に確認を

みどころ

朝日岳のライチョウ/通常、ライチョウは標高2300メートル以上の高山にすむとされるが、朝日岳では2000メートル付近でもナワバリが確認されている

高山植物の宝庫/朝日岳、雪倉岳は、国指定の特別天然記念物「白馬連山高山植物帯」の一画に位置する「花の山」。その一帯では380種の植物が生育するとされる

コマクサ/和名で駒草。名称はつぼみが馬の横顔に見えることから他の植物の生育しにくい砂礫(されき)地に生え「孤高の花」「高山植物の女王」ともいわれる

[保護区等]国指定特別天然記念物「白馬連山高山植物帯」/「ライチョウ」

北又小屋 北又ダム つり橋 登山口 至小川温泉 イブリ坂 2:00 1:30 五合目 1305 2:00 1:40 ブナ林が美しい オオシラビソ イブリ山(十合目) 1791 ヤセ尾根鎖場 馬の背 1875 1:00 0:50 お花畑 ハクサンコザクラ キンコウカ 夕日ヶ原 前朝日 2210 0:40 0:30 朝日小屋 2152 朝日岳 2417.9 1:00 1:00 水谷のコル 残雪 1:45 水平道 水平道分岐 コバイケイソウ オオシラビソ 至栂海新道 長栂山 2267 照葉ノ池 五輪山 2253 八兵衛平 五輪尾根 吹上のコル 至蓮華温泉 ダケカンバ オオシラビソ 新潟県糸魚川市 モウセンゴケ 小桜ヶ原 赤男山 2190 ハクサンコザクラ 岩場 2:30 2:00 ツバメ平 イブキジャコウソウ ミヤマムラサキ タカネマツムシソウ お花畑 雪倉ノ池 コマクサ 雪倉岳 2610.9 至白馬岳 北又谷 朝日町 2098.0 柳又谷 黒部市 0 500 1000 1500m

MAP:1/5万……泊、黒部、白馬岳 1/2.5万……小川温泉、黒薙温泉、白馬岳

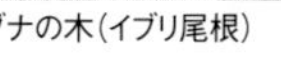
ブナの木(イブリ尾根)

朝日岳のミヤマアズマギク

雪倉岳直下のコマクサ

朝日岳のライチョウ

黒岩山を振り返る。後方は黒負山

45 黒岩山 くろいわやま

高山植物の種類が豊富な隠れた名山 3等

［朝日町／新潟県糸魚川市］　飛騨山脈　中部山岳国立公園

1624m　N36°52'25" E137°43'54"

中俣新道の途中から犬ヶ岳全景

46 犬ヶ岳 いぬがだけ

頂上の栂海山荘で快適な一夜を過ごす 2等

［朝日町／新潟県糸魚川市］　飛騨山脈　中部山岳国立公園外

1592m　N36°54'25" E137°42'56"

黒岩山は朝日岳の北方に位置し、新潟県糸魚川市の小滝へ至る中俣新道と、犬ヶ岳・白鳥山を経て日本海に至る栂海新道との分岐点にある。黒岩山の呼び名は西面の黒岩谷に由来するといわれ黒岩ヶ嶽などの名で古絵図に描かれる。

また犬ヶ岳は、かつては下駒ヶ岳、寺山（現在の白鳥山）とともに下駒三山と呼ばれた。山名の由来は、立山・後立山の連峰の鬼門の方角を守るため、犬にちなむ名前を付けたのではないかと言われる。（『富山教育』1967年 №.555「犬と古文献」広瀬誠）

林道は崩壊で通行不能
今回は朝日岳から栂海新道を

新潟県側からの入山ルートに中俣新道がある。姫川の支流小滝川沿いの中俣新道登山口から中俣山を経て約4時間半で黒岩山に達せられる。だが平成30年以降、中俣新道登山口へは崩落のため通行不可となり復旧時期は未定。今回は朝日小屋に前泊し、朝日岳北面の

黒岩平に咲くニッコウキスゲ

黒岩山山頂への階段

黒岩山頂上の三角点

長栂山山頂2267メートル（写真奥）を目指す

栂海山荘（無人）。快適な一夜を過ごせる

吹上のコルから始まる「栂海新道」を利用して黒岩山～犬ケ岳～白鳥山と縦走するコースを取る。（朝日岳までの行程は㊸朝日岳（110ページ）を参照）

2日目

まだ明けやらぬ早朝、朝日小屋を出発し朝日岳に登る。頂上からは剱（つるぎ）岳、白馬岳、目指す栂海新道の山々が一望できる。栂海新道への期待が膨らむ。コバイケイソウの群生地を過ぎ、砂礫（されき）の登山道を吹上のコルまで下る。ミヤマアズマギク、タカネシオガマなどの高山植物が咲き乱れる。「花の山」朝日岳、存分に花を愛でよう。吹上のコルは蓮華（れんげ）温泉と栂海新道の分岐点。

栂海新道を日本海に向かって下る

いよいよ栂海新道へと向かう。オオシラビソの低木林を抜けると照葉ノ池である。紺碧（こんぺき）色の水をたたえた池の周囲には、ワタスゲが綿帽子をなびかせる。林と平原を交互に繰り返せば長栂（ながつか）山に着く。黒部（くろべ）川や日本海が見渡せる。

長栂山から黒岩平までは標高差600メートル以上を下る。オオシラビソや奇妙な姿のダケカンバの林を潜り抜け、ぬかるむ湿原の中や滑りやすい道を進めば、ヒオウギアヤメの群生地アヤメ平である。晩秋にはヌマガヤが茶褐色一色に埋め尽くす。アヤメ平から黒岩平までは、岩の多い途（みち）や湿原の中を下る。黒岩平は湿原の中を流れる小沢が軽快な瀬音を奏でる。花の時期にはニッコウキスゲ、ハクサンコザクラなどの花々が咲き乱れ、去りがたいほどの素晴らしい楽園が出現する。黒岩平の景観を堪能しよう。

前方に小高い黒岩山が見えてきた。中俣新道の分岐から木

犬ヶ岳山頂

犬ヶ岳（奥の台形のピーク）への稜線

の階段を登れば黒岩山山頂である。流れる霧の間から目指す犬ケ岳へと続く山塊が手招きする。

黒岩山の頂上からは、富山湾の先に能登半島が一望できる。新潟県側に頸城山塊、焼山、明星山、反対方向に初雪山、白金ノ頭、裏定倉山、定倉山などがうち並ぶ。

日本海が間近に見える犬ヶ岳・栂海山荘へ

栂海新道の稜線を下り、犬ヶ岳を目指す。オオシラビソとチシマザサの中を歩く。場所によっては初夏でも雪渓が残っている。ゴゼンタチバナ、アカモノ、ツマトリソウなどの花々が目を楽しませる。サワガニ山は360度の展望台である。遠くは佐渡島まで見渡せる。

北又の水場は栂海山荘の給水場である。山荘泊の際は必ず汲んでいこう。登山道からは往復8分である。

犬ヶ岳の頂上からは日本海が近く見え、翌日歩く白鳥山までのコースが一望できる。栂海山荘は1968（昭和43）年に建設され、何度も改築を重ねている。寝袋と食料を持参すれば快適な一夜を過ごすことができる山小屋（無人）である。

3日目

坂田峠への長い縦走となる。黄蓮山の先の水場は、栂海山荘のもう一つの給水場である。菊石山を経て下駒ヶ岳への登りになると、岩場が出てくる。白鳥山から先は穏やかな下りとなり、金時坂の急坂を経て坂田峠に至る（㊼白鳥山（120ページ）を参照）。

（坂口忍・渋谷茂・山田信明）

登山口1　北又小屋

N36°50′31″ E137°40′00″
小川温泉元湯から登山口の北又小屋に行く湯ノ瀬・北又林道はタクシーのみ通行可能。徒歩約3時間30分

アクセス／公共交通：泊駅から北又小屋まではタクシー利用（助成金あり）／駐車場：小川温泉元湯の駐車場（利用は小川温泉元湯に確認）／駐車場からのアクセス：タクシー／交通機関：朝日町役場☎0765（83）1100㈹／黒東タクシー☎0765（83）1166／舟見タクシー☎0765（78）1221／入善タクシー☎0765（72）1141／丸善交通☎0765（72）0203

登山口2　中俣新道登山口

N36°53′56″ E137°45′43″
林道入山線が東俣沢左岸に渡ってすぐに、中俣新道の登山口がある。やぶが濃いので見落としに注意

アクセス／自家用車の利用を勧める。滝上発電所前まで車は入るが駐車場はない。／公共交通：最寄駅からのタクシー利用は難しい

山小屋・休憩所　要予約

小川温泉元湯「ホテルおがわ」☎0765（84）8111

北又小屋 ☎0765（84）8809※
朝日小屋 ☎080（2962）4639※
〔※開設期間外☎0765（83）2318〕

栂海山荘・白鳥小屋（靏本修一方）☎070（3965）2801

中俣小屋（糸魚川市役所）☎025（552）1511

コース紹介　2泊3日　適 7月上〜9月下

朝日岳から人気の栂海（つがみ）新道逆コースで黒岩山、犬ヶ岳を縦走し、白鳥山を経て坂田峠より下山

1日目　㊸朝日岳 1日目参照（113㌻）

歩行時間 **5:40**

標高差 **+1527 −55 (m)**

2日目　朝日小屋 ➤ 朝日岳 ➤ 吹上のコル ➤ 黒岩山山頂 ➤ サワガニ山 ➤ 犬ヶ岳山頂 ➤ 栂海山荘[泊]

歩行時間 **7:20**

標高差 **+265.9 −825.9 (m)**

3日目　栂海山荘 ➤ 黄蓮（おうれん）山 ➤ 菊石山 ➤ 下駒ヶ岳 ➤ 白鳥山山頂 ➤ 坂田峠駐車場

歩行時間 **6:00**

標高差 **+430 −1385 (m)**

グレード [ルート定数：75]
（ルート共通）

体力度

技術的難易度

A B C

●服装・装備／テント泊用装備（240㌻）

●注意事項／2020年7月 栂海山荘―サワガニ山間の崩落により通行止。最新情報はhttps://tsugami.infoまで。初心者は山岳ガイドや上級者などの指導や同伴が必要

みどころ

黒岩平／7月下旬ごろから8月上旬にかけては、高山植物が見頃を迎える。特にニッコウキスゲとヒオウギアヤメの群生が見事

黒岩山山頂／360度の展望が広がり、富山湾の先の能登半島までが一望できる

栂海山荘／新潟県糸魚川市の栂海岳友会によって整備されている

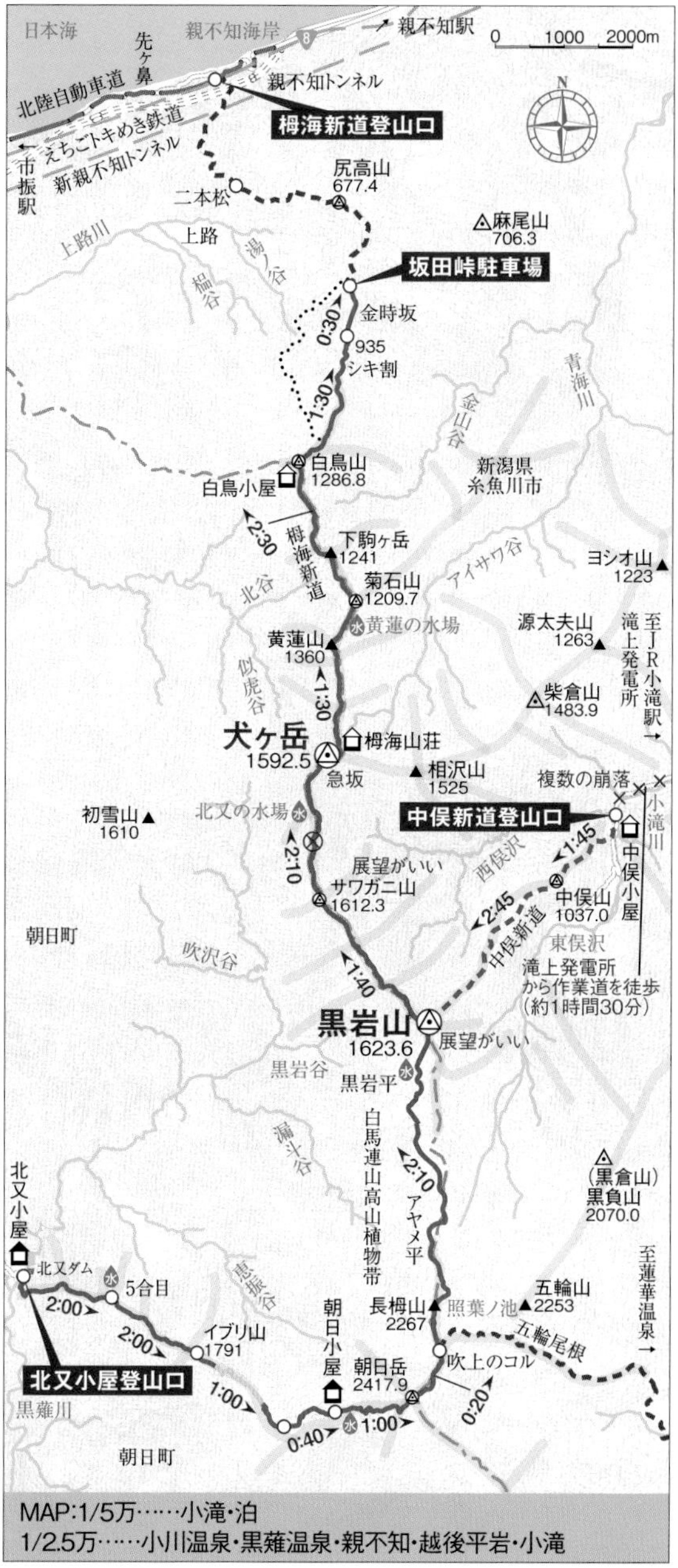

MAP:1/5万……小滝・泊
1/2.5万……小川温泉・黒薙温泉・親不知・越後平岩・小滝

登山でクマに遭ったなら①

野外活動では、大自然という野生動物の棲み家に「自分たちの方が足を踏み入れている」意識が必要です。とくに俊敏で力の強いツキノワグマに出遭ったら、対処を間違えると重傷や死亡事故にも繋がりかねません。クマによる人身事故を防ぎ、被害を軽減するにはどうすればよいか。野生の大型哺乳類に詳しい富山県立山カルデラ砂防博物館の白石俊明さんに聞きました。

あらゆる山にクマはいる。防御姿勢など日頃の準備を

――この20年、全国で野生動物の生息域が広がり、人間の生活圏に近づいています。サルやイノシシもそうですが、なかでもツキノワグマは力も強く足も速く、襲われたら人間は太刀打ちできません。富山では、すべての山にクマがいると考え、クマ情報地図「クマっぷ」をチェックするなど、万全の準備で出掛けましょう。鈴やラジオ、ホイッスルを携帯し、クマの足跡や糞、獣の臭いがあれば、クマがいると考えて警戒しましょう。クマとの遭遇時に冷静な行動ができるよう、日頃から正しい防御姿勢の取り方を訓練してください。山に入る前、体をほぐす体操と合わせて、クマ役・人間役の2人組になってみんなで練習するといいでしょう。

クマが襲ってきた。そのときの防御姿勢や道具は

――遭遇したクマが登山者に突進してきたら、とにかく防御姿勢を取ってください。「突進＝クマが襲ってくる」と思って差し支えありません。ヘルメットとクマよけスプレーを身につけておくことをお奨めします。ヘルメットはクマの攻撃から頭部を守るほか、登山時の落石や転倒からも守ってくれます。クマよけスプレーは唐辛子成分の強い刺激でクマを撃退します。誰が襲われてしまうかわかりませんので、パーティで複数個持つといいでしょう。（162ジへ続く）

ツキノワグマの目撃痕跡情報を伝える富山県の「クマっぷ」QRコード

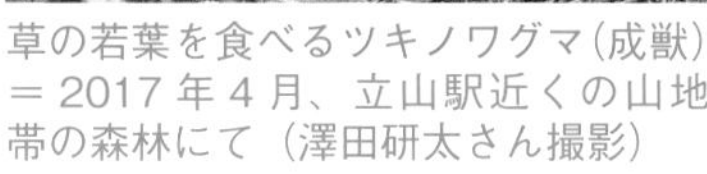

草の若葉を食べるツキノワグマ（成獣）＝2017年4月、立山駅近くの山地帯の森林にて（澤田研太さん撮影）

鋭い牙を持つツキノワグマの頭骨標本を見る白石俊明さん

クマ対策グッズ

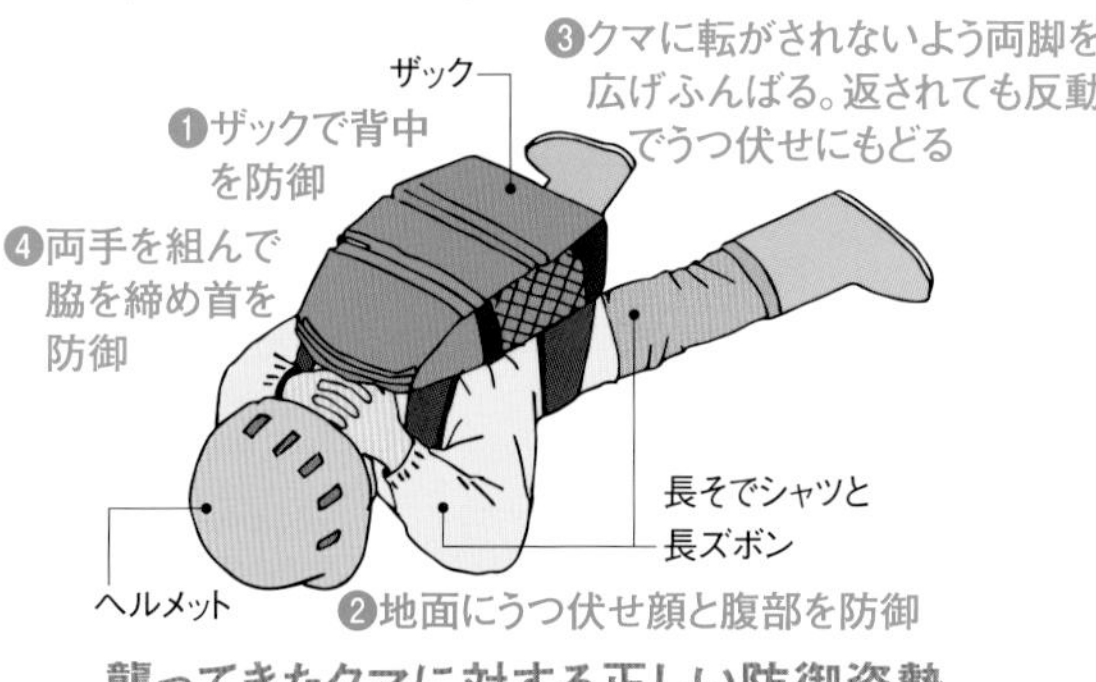

襲ってきたクマに対する正しい防御姿勢

県東部の山

飛騨山脈の支稜線、日本海を目指す栂海新道の山々、
海抜ゼロメートルから登山道が始まる里山など、
変化に富んだ地域。低山から
標高2千メートル級の山まで、自然の魅力を満喫する。

負釣山から見た白鳥山

47 白鳥山 しらとりやま

栂海新道最北。山姥伝説を秘めた登山道 3等

［朝日町／新潟県糸魚川市］ 飛騨山脈

1287m N36°56′40″ E137°42′40″

山姥平のカタクリロード 残雪期には山スキーも

白鳥山は朝日岳から日本海・親不知に至る栂海新道のルート上にあり、登山道も整備され登りやすい山である。坂田峠から金時ノ頭までは急登だが、はしごやロープが設置されている。中腹の緩斜面が続く山姥平は、残雪期に山スキーのゲレンデとなる。山頂付近は落葉広葉樹の樹林帯が続き、林床には5月下旬、カタクリの大群落が見られる。

山頂は、富山、新潟の県境で、三角点の標石と白鳥小屋（避難小屋）がある。小屋は2階建てで、栂海新道整備の基地として糸魚川市（旧青海町）が建てた。屋上からは南方向に栂海新道の山々、北方向には日本海が一望できる。毎年6月第1日曜日には山開きの神事や振る舞いがある。

国道8号の境川から境川第二発電所の前を通って、新潟県上路集落に向かい、林道橋立上路線へ進む。上路から3・5キロの分岐からすぐに坂田峠の駐車場に着く。

林道金山線を5分ほど歩くと坂田峠に出る。ここは山廻りの旧北陸街道で、橋立金山の精錬所跡が近くにある。往時には朝日町の泊芸者が人力車で通い芸者街道とも呼ばれた。

石段の取り付きからすぐに急登が続く。途中に「金時坂」の標識があり、300メートルほど直登すると平たんな金時ノ頭に出る。さらに少し先の二つの沢を横切ると、唯一の水場のシキ割がある。ここからしばらく広葉樹林帯が続き、広い尾根をいくと山頂に着く。山頂には長年登山道整備に尽力された村山治夫氏の石碑がある。

秋なら紅葉のきれいな山姥コースから下山

帰りは往路を戻ってもいいが、秋なら紅葉がきれいな山姥コースからの下山がお薦め。鳥居杉、山姥ノ洞を経由してよく整備された登山道を林道終点まで歩く。さらにアスファルトの林道を2キロほど歩いて下ると、坂田峠駐車場に着く。

林道山姥線は、災害によりたびたび通行止めになるので、事前に糸魚川市ホームページで道路状況を確認するとよい。

（藤井久一）

コース紹介　日帰り　適 5月中～10月下

坂田峠から栂海（つがみ）新道を、金時ノ頭（きんときのかしら）を経て山頂へ。帰りは山姥コースの周回ルート

日帰り　坂田峠駐車場 ➤ 坂田峠取り付き（登山口）➤ 金時ノ頭 ➤ シキ割の水場 ➤ 山姥平 ➤ 白鳥山山頂 ➤ 山姥林道終点 ➤ 坂田峠駐車場

歩行時間 **6:15**　標高差 **±758** (m)

グレード [ルート定数：22]

体力度　3

技術的難易度　A B

●服装・装備／日帰り用装備 （238-239ページ）

●注意事項／金時坂ではスズメバチに注意。シキ割の水場は夏場だと枯れるので飲料水必携

みどころ

金時坂コース／金時ノ頭から見た日本三百名山・青海黒姫山の眺望がよい

山姥コース／鼓滝付近の紅葉が美しい。登山道脇には山姥伝説の山姥ノ洞と、いわれについて解説板がある

MAP：1/5万……泊　1/2.5万……親不知

登山口　坂田峠登山口

舗装整備された坂田峠駐車場

N36°58'02" E137°43'08"
上路集落から林道橋立・上路線で坂田峠駐車場へ。駐車場から5分ほど歩いた、坂田峠の取り付きが登山口。林道山姥線の終点にも駐車場あり

アクセス／自家用車推奨／駐車場：坂田峠駐車場／公共交通：市振駅から黒東タクシー　約25分（要予約）／交通機関：糸魚川市役所青海事務所☎025（562）2260／黒東タクシー☎0765（83）1166

山小屋・休憩所　要予約

白鳥小屋（避難小屋）
☎070（3965）2801
（栂海岳友会　霍本修一方）

山姥伝説の山姥ノ洞

山姥平のカタクリロード

日本海へ続く栂海新道　右は青海黒姫山

白金ノ頭を越えた1469メートルのピークから初雪山を望む

48 初雪山 はつゆきやま

北又谷と小川の分水嶺を成す山 3等

［朝日町］ 飛騨山脈 朝日県立自然公園

1610m N36°53′48″ E137°41′16″

初雪山は富山県東端近くに位置し、北又谷（黒部川支流、黒薙川の上流）と小川の分水嶺を成す山である。遠く富山方面からも台形の山容を見ることができ、黒部川を越えると安定感のある台形のピークが近くなる。この山は1678（延宝6）年、加賀藩奥山廻りの絵図に犬ケ岳、下駒ケ岳とともに「ウバウチ山」の古名で描かれている。県境にある大平集落の「山姥」伝説にちなんだのであろう。昭和40年代には大平集落の人々に光山と呼ばれたこともあった。

越道峠からの登山道が整備 もともとは積雪・残雪期の山

山頂へ達するのは積雪期、残雪期の登山に限られていたが、2007（平成19）年、地元で利用されていた越道峠からの道が整備され、雪のない季節にも登れるようになった。

登山の起点は越道峠である。北又林道を石碑のある広場まで行き、石碑前から東のスギ林の道に入る。尾根を北又谷側、小川谷側と絡むように進む。北又谷側の木々の間から南に延びる恵振谷の流れが見え、その上に朝日岳が横たわる。

標高1208メートルを越え、定倉山の西にある裏定倉山（1388メートル）の裾野、奥平を通過して、尾安谷源流の小谷を横断するとブナ平と呼ばれる平たん部に出る。水場が近くにある。ここからは最低鞍部に下り、密生した低木帯の中を白金ノ頭に達する。背後に剱岳が見える。その先の1469メートルのピークで、どっしりとした初雪山が見えてくる。

池塘から北又乗越を経て 頂上東面は夏にはお花畑

尾根にはかつて北又谷へ抜ける道があったが、現在は廃道。尾根の東側に池塘が現れると、しばらくして北又谷へ下る北又乗越（1382メートル）に着く。ここから、2カ所の平らな台地を越えると広い頂上。三角点は頂上を北へ下った場所にある。東面には草付きが広がり、夏にはニッコウキスゲ、オオサクラソウ、チングルマなどの花に出合う。西方には富山湾、目を転じれば白馬岳、剱岳、黒部奥山の重畳たる山並みが見える。かつて冠松次郎や塚本繁松が名渓と著した、北又谷の源頭に立つ喜びはひとしお。（木本桂春）

コース紹介　日帰り　適 7月下〜9月下

北又林道の越道(こえど)峠から白金ノ頭(しらがねのずこ)、北又乗越を経て初雪山往復

日帰り　越道峠登山口 ➤ 奥平 ➤ ブナ平 ➤ 白金ノ頭 ➤ 北又乗越 ➤ 初雪山山頂 ➤ 北又乗越 ➤ 白金ノ頭 ➤ ブナ平 ➤ 越道峠登山口

歩行時間 11:00　標高差 ±1301 (m)

グレード [ルート定数：38]

体力度　4

技術的難易度　A　B

●服装・装備／日帰り用装備 (238-239ページ)

●注意事項／飲料水必携。1カ所ある水場は水量が少ない。尾根から沢筋への迷い込みに注意

みどころ

山頂からの展望／犬ヶ岳、北又谷をはさんで、朝日岳が大きく見える。夏は頂上東面に花畑が見られる

小川温泉元湯／北又林道の出発点となる朝日町湯ノ瀬には、江戸時代中期からの越中の名湯「小川温泉元湯」がある。入浴・宿泊は小川温泉元湯ホテルおがわ。☎0765(84)8111

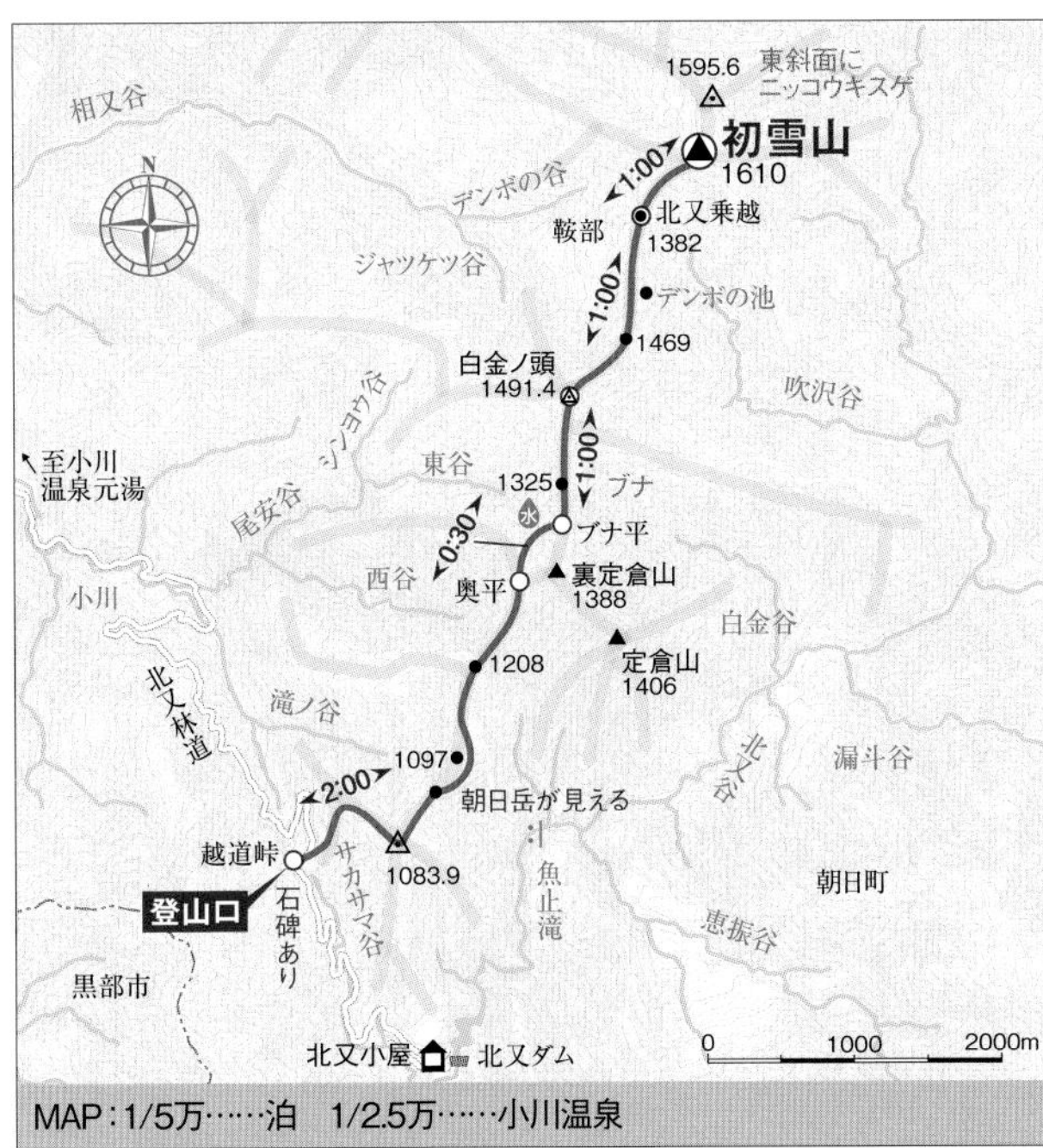

登山口　越道峠登山口

越道峠の石碑

N36° 51'15" E137° 39'21"

小川温泉元湯から登山口の越道峠に行く湯ノ瀬・北又林道は、マイカーの通行ができない

アクセス／公共交通：あいの風とやま鉄道泊(とまり)駅から越道峠まではタクシーを利用(料金1万円程度、助成金あり)。または小川温泉元湯の駐車場からタクシーで越道峠へ(駐車場の利用は小川温泉元湯に願い出る)／交通機関：朝日町役場☎0765(83)1100㈹／黒東タクシー☎0765(83)1166

山小屋・休憩所　なし

デンボの池(池塘)

ブナ平を過ぎ1325メートルのピークから白金ノ頭を望む

初雪山山頂から犬ケ岳を望む

黒部川扇状地より大地山を望む（右奥は初雪山）

49 大地山 おおちやま

黒部川扇状地に堂々たる山容を示す

［朝日町］　飛騨山脈　朝日県立自然公園

1167m　N36°54′40″ E137°38′34″

朝日町を流れる小川の分水嶺は越道峠を境にして左岸に朴ノ木山から負釣山へと続き、右岸は定倉山、白金ノ頭、初雪山を経て大地山、黒菱山、南保富士へと連なる。大地山は国土地理院の地図上に山名がなく、主に残雪期に登られる。初雪山へのルートにもなっている。無雪期の登山道は廃道に近い状態だったが、近年整備された。黒部川扇状地から望む大地山は、丸く穏やかで堂々とした山容を見せる。

樹木の移り変わりを見ながら静かな樹林を登る

登山口は蛭谷集落から小川右岸の朝日小川第二発電所を通過し、「自然体験村・夢創塾」の手前にある。広場山側のスギの木に登山口の標識が付けられ、すぐにロープを伝って約20メートルの急登がある。さらに急登のスギ林を抜けると、アカマツとミズナラの明るい尾根となり、標高約５００メートルで大きなアカマツの生える平たん地に出るので休憩を取る。登るに連れ樹相はブナ林となり、６３８メートルのピークまで急登が続く。

その後は平たん地を越え尾根から山腹を右に回り込むように急斜面を登る。相又谷側の尾根と合流する細尾根を通過し、鍋倉山（７９６・１メートル）山頂に達する。登山道の右手には三角点標石があり展望がよい。

１１００メートルのコブで北アルプス北部と富山湾を展望

鍋倉山からは小さなアップダウンを繰り返す。山腹を縫うように湿地帯の溝を通って高度を稼ぎ、１０００メートル付近の痩せたコル（鞍部）に出る。雑木の間を登り１１００メートル付近で急に開けたコブに出る。ここがこのコースで一番展望のよい所だ。初雪山への稜線から右に朝日岳、白馬岳、剱岳北方稜線などの山々を望む。黒部川扇状地を経て富山湾、その向こうに能登半島が見渡せる。さらに約15分で低木が生い茂った山頂に着く。

山頂には標識と標石がある。10メートルほど先に切り開きがあり初雪山、犬ヶ岳から栂海新道の一部が見渡せる。登山道は不明瞭な所があるので道迷いしやすい。ペナントやマーキングなどに注意が必要。

（本多尚文・本多直人）

コース紹介 日帰り 適 5月中〜11月下

夢創塾手前の登山口から鍋倉山を経て大地山山頂往復

日帰り 登山口（夢創塾）➤ 鍋倉山 ➤ 大地山山頂 ➤ 鍋倉山 ➤ 登山口(夢創塾)

歩行時間 6:00 標高差 ±1019 (m)

グレード [ルート定数：24]

体力度 3

技術的難易度 A B

●服装・装備／日帰り用装備 (238-239㌻)

●注意事項／登り始めの急斜面はスリップ注意。赤リボンやペイントをよく見て脇道に入らないよう注意

みどころ

植生／早春はイワウチワ、カタクリ、タムシバなどが咲き、新緑の若葉が美しい。秋は全山紅葉が見られる

夢創塾／山村文化の体験学習が行える施設、広場がある

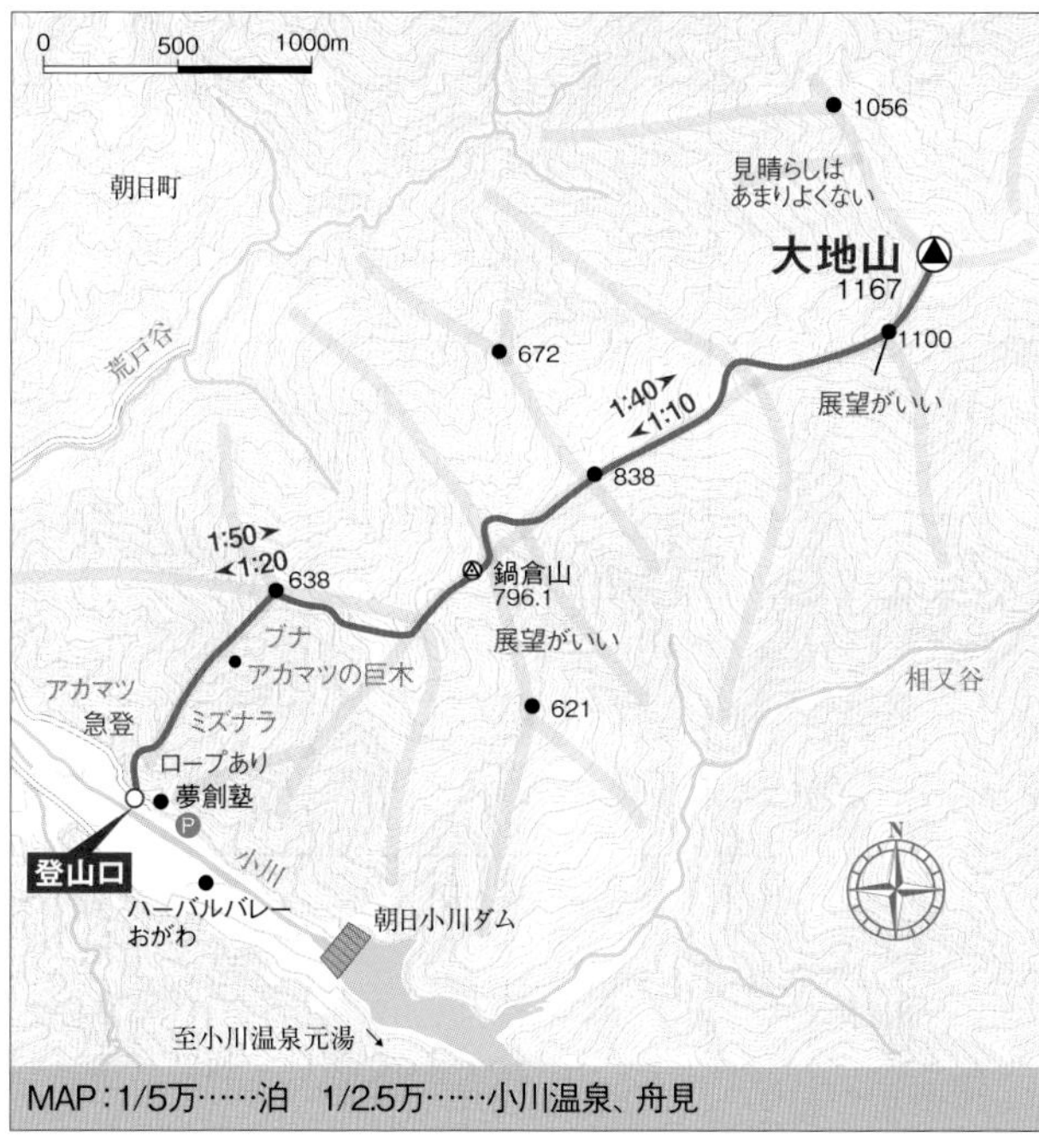

MAP：1/5万……泊　1/2.5万……小川温泉、舟見

登山口 夢創塾登山口

夢創塾の手前に登山口がある。「大地山登山口」の標識あり

N36° 53'36" E137° 36'33"
国道8号から県道45号へ入り小川温泉方面へ向かう。羽入集落を過ぎ対岸にある小川第二発電所への青い橋を渡り、右折1キロで夢創塾登山口

アクセス／公共交通：あいの風とやま鉄道泊（とまり）駅から登山口まではタクシー利用可／駐車場：夢創塾の駐車場スペースを許可を得て利用／交通機関：朝日町役場☎0765(83)1100㈹／黒東タクシー☎0765(83)1166

山小屋・休憩所

なし。近隣に小川温泉元湯「ホテルおがわ」☎0765 (84) 8111

鍋倉山から望む黒部川扇状地

鍋倉山付近より剱岳と毛勝山を望む

大地山山頂

大鷲山山頂への道

50 大鷲山 おおわしやま

海抜ゼロメートルから手軽に登る 3等

［朝日町］ 飛騨山脈 朝日県立自然公園

817m N36°57′02″ E137°37′45″

鷲が羽を広げたような姿からこの名に定着

大鷲（おおわし）山は、朝日町の境（さかい）川河口から初雪山に連なる尾根の最初のピークで、黒部（くろべ）川扇状地から望む山容は、羽を広げた大鷲のようだ。

近年、地元の登山愛好家の献身的な山道整備により、見事な登山道がよみがえり、海抜ゼロメートルから登頂できる山として登山者の人気を集めている。朝日町大平地区では、この山を昭和の中ごろまで「大鷲頭」、また1872（明治5）年の『笹川地区地図』には「尻太山」、石黒信由の『新川海岸測量図』には「馬場山」と記されていたが、故・佐伯邦夫氏が1992（平成4）年刊行の『新版とやま山歩き』（シー・エー・ピー）で大鷲山の呼び名を提唱し、今日の定着に至った。

大鷲山は低山ながら自然の神秘に出合える山である。一つは、見下ろす日本海にごくまれに佐渡島が出現すること。年に数回のみの現象で、秋から冬の澄んだ空気と、海上に吹く強い風がなければ見られない。もう一つは、野鳥の渡りが間近に見られること。ハクチョウや猛きん類のノスリ、クマタカ、ハチクマなどに出合うと、観察のとりこになる。

ヒスイ海岸から頂上まで海を感じながらの山行

国道8号の境橋左岸の標柱脇が登山口となる。ヒスイ海岸はすぐ目の前だ。石段を登り、用水路沿いに20メートルほど進んで橋を渡る。取り付きからいきなりの急登を送電鉄塔まで登り、一息入れる。少し下って作業道を越え、さらに急登のスギの植林地を越えて、傾斜が緩まると470メートルのピークは近く、ようやく頂上付近が見渡せる。

ブナと雑木林の急傾斜を下り、気持ちの良い林間を40メートル登ると、烏帽子（えぼし）林道と交差する展望広場となる。「緑風」と刻まれた石碑のかなたに日本海が広がる。林道からブナ林の尾根に上がると、左に白鳥山と山に囲まれた上路（あげろ）集落が現れる。やがて水上谷左尾根と合流し、右に折れ進む。日本海の見晴らしが良い749メートル地点に至る。平たん地を進み少し登ると、刈り払われて眺望の良い頂上に出る。帰路は来た道を戻る。

（上不信義）

コース紹介　日帰り　適 5月上〜11月下

国道8号脇の境橋（さかい）登山口から山頂往復

日帰り　登山口(境橋) ➤ 展望広場 ➤ 大鷲山山頂 ➤ 展望広場 ➤ 登山口(境橋)

歩行時間 5:00　標高差 ±921 (m)

グレード [ルート定数：21]

体力度 

技術的難易度　A　B

●服装・装備／日帰り用装備　(238-239ﾍﾟｰｼﾞ)

●注意事項／下山時の急坂は滑りやすい。転倒注意

みどころ

日本海の眺望／日本海の眺望が良く、富山湾から能登半島、親不知の海岸線が分かる

宮崎鹿島樹叢／近隣の朝日町宮崎の城山一帯から海岸に広がる暖地性の樹木が多い原生林。1936(昭和11)年国指定天然記念物

MAP：1/5万……泊　1/2.5万……泊、親不知

登山口　境橋登山口

国道8号脇に「大鷲山山道入口、山頂へ5キロ3時間」の標柱がある

N36°58'41"　E137°38'02"

登山口向かいの一里塚から入善方面へ旧道800メートルのところにある境関所跡の境区駐車場に駐車する

アクセス／公共交通：あいの風とやま鉄道泊駅からタクシー利用可／駐車場：境区駐車場（利用料300円）／交通機関：朝日町役場☎0765(83)1100(代)／黒東タクシー☎0765(83)1166

山小屋・休憩所

国道8号にドライブイン、温泉など

鉄塔から親不知の海岸線を見下ろす

展望広場の石碑

大鷲山山頂から栂海新道の山々を望む

黒部川扇状地から仰ぐ（左から）南保富士、二王山、黒菱山

51 黒菱山 くろびしやま

富山湾を望む展望のいい里山 2等

［朝日町］　飛騨山脈　朝日県立自然公園

1043m　N36°55'39" E137°38'09"

里山ながら笹川源流部に連なる山々の主峰

黒菱山は朝日町の笹川源流部に連なる山々の主峰として、北に焼山、大鷲山、西には二王山、南保富士を従え、朝日町笹川地区を見下ろす。2等三角点のある展望のよい里山として親しまれている。

以前は登山道もなく、多くは積雪期に、大平の集落から境川の支流水上谷右岸の尾根や、焼山を経て登られてきた。近年地元有志が登山道を整備し、無雪期にも登ることができるようになった。

国道8号で朝日町へ。横尾西の信号を山側に折れて県道田中横尾線（103号）に入り、笹川集落へ向かう。集落を笹川沿いに抜け上笹川橋の前まで来ると、車道左側に「黒菱山登山口」と書かれた石標がある。ここに駐車し、笹川右岸沿いの林道を歩く。

笹川に流れ込む逆谷、大鷲谷を左側に見て、荒れた林道を約1時間半くらい歩くと、標高約480メートルで林道は行き止まりとなる。谷は左右の沢に分かれ、間にある尾根の取り付きにも、ステンレス製の「黒菱山登山口」の標識が見える。

河原に下りて左手からの沢を渡り、すぐに、細いブナとミズナラの生える標高差約100メートルの急斜面を一気に登り一息つく。急登であるが登山道は整備されて歩きやすい。

標高約920メートルで平たん地に出て一休み。樹木の中にユキツバキの木が目立ち始め、そのまま登ると木々の間から日本海が見える。主稜線はナナカマドなどの低木が生える緩い登りとなり、15分ほどで山頂に出る。

白馬連山、栂海新道、剱北方稜線までを展望

山頂には標柱と2等三角点の石標（点名は「水無」）があり、周りの草木もよく刈り込まれている。目前に大地山、その向こうには初雪山、白馬連山から栂海新道の山々、剱岳から毛勝山、僧ヶ岳に至る北方稜線の山々、そして黒部川扇状地から富山湾を海岸沿いに見渡せ、晴れた日には、湾の向こうに能登半島先端までが見える。下山は往路を戻る。

（本多尚文・本多直人）

コース紹介　日帰り　適 5月上〜11月下

朝日町笹川上流、上笹川橋脇の登山口から黒菱山山頂往復

日帰り　上笹川橋登山口 ➤ 林道終点（登山口標識）➤ 黒菱山山頂 ➤ 林道終点（登山口標識）➤ 上笹川橋登山口

歩行時間 6:10　標高差 ±1136（m）

グレード［ルート定数：27］

体力度 3

技術的難易度 A B

●服装・装備／日帰り用装備（238-239ページ）

●注意事項／林道は雪解け時の雪崩や落石、夏に大量発生するオロロ（アブ）。登山口の沢は増水時は注意

みどころ

植生／イワウチワ、タムシバ、マルバマンサク、ユキツバキなどが咲き、新緑の若葉が美しい。秋は稜線のナナカマドなどの紅葉が見られる。残雪期の頂上は灌木（かんぼく）が雪で埋まり見晴らしはさらに良い

MAP：1/5万……泊　1/2.5万……泊、親不知

登山口　上笹川橋

「黒菱山登山口」と刻まれた石標

N36° 56′41″ E137° 35′55″
国道8号横尾西交差点を山側に折れ、笹川集落を目指す。集落を抜けると、笹川に架かる上笹川橋手前に「黒菱山登山口」石標あり
アクセス／公共交通：あいの風とやま鉄道泊駅から林道登山口までタクシー利用可／駐車場：登山口に駐車スペースあり／交通機関：朝日町役場☎0765（83）1100㈹／黒東タクシー☎0765（83）1166

山小屋・休憩所

なし。近くの宮崎海岸に休憩宿泊施設。

稜線の登山道

黒菱山山頂より初雪山と白馬岳を望む

黒菱山山頂より望む黒部川扇状地

朝日町長野集落から仰ぐ南保富士

52 南保富士 なんぼふじ

朝日ふるさと歩道から登る里山 3等

［朝日町］ 飛騨山脈 朝日県立自然公園

727m N36°55'44" E137°36'25"

「聳えて高き」山容 その名にふさわしく

南保富士は、朝日町の小川と笹川を挟んだ黒菱山から西に延びる尾根で二王山と隣り合う山である。

1872（明治5）年の『笹川地区地図』には仁王山、1951（昭和26）年の『南保村地図』には二王山（南保富士）と記載されており、名前の変遷は不詳である。

しかし、1995（平成7）年に閉校となった南保小学校の校歌（1919年制定）の歌詞に「聳えて高き南保富士」が見え、地元に親しまれてきた。

全国に富士の名が付く山は多い。日本一の富士山に形が似たものや、木花咲耶姫、火の神・水の神にあやかり、地元に勧請して名を付けたもの、「富士講」という富士山信仰の巡礼登山を記念して、地元の山に富士の名を付けたものに分類できる。

朝日町南保地区から仰ぐ南保富士は、富士にふさわしい山容である。

1時間余りで頂上 物足りなければ七重滝へ

登山口へは国道8号から、あさひ国民休養地方面へ横尾西交差点を折れる。笹川集落を経て三峯グリーンランドを過ぎ、池ノ原集落との銚子口の分岐で、左の林道を選ぶ。舗装路が終わり、そのまま林道を進み小さな広場で、駐車する。

すぐ、七重滝（朝日ふるさと歩道）と南保富士の分岐があり、案内板に従って右へ進むと、すぐ登山口の標識が立つ。スギ林の登山道にカラマツが混じり始め、やがて明瞭な尾根に上がる。

眺望のよいアカマツの広場で一服し、しばし登ると平たん地となる。眼下には笹川集落と、城山越しの日本海が広がる。広葉樹林を抜けると頂上だ。

このルートは1時間余りで頂上に達するので、物足りなければ七重滝などもコースに加えてみよう。

七重谷川の橋を越えてすぐふるさと歩道に入る七重滝経由や、長願寺起点の馬鬣山をたどるルートは充実感が増すに違いない。

（上不信義）

コース紹介　日帰り　適 5月上～11月下

朝日ふるさと歩道分岐の登山口から南保富士山頂往復

日帰り　朝日ふるさと歩道分岐 ➤ 南保富士山頂 ➤ 登山口

歩行時間 2:10　標高差 ±460 (m)

グレード [ルート定数：9]

体力度　1

技術的難易度　A

●服装・装備／日帰り用装備 (238-239ページ)
●注意事項／頂上付近の登山道は滑りやすく、転倒に注意

みどころ

山頂からの眺望／富山湾から能登半島、親不知(おやしらず)の複雑な海岸線が一望できる。山頂から望む黒部(くろべ)川扇状地は、四季折々の見事な景観を見せる
七重滝／落差60メートル。7段になって落下する

登山口　南保富士登山口

登山口の標識

N36° 55′42″ E137° 35′38″
三峯(みつぼ)グリーンランドを過ぎ、中部北陸自然歩道案内標識を右折した10メートルほど先の看板に南保富士登山口標識がある
アクセス／公共交通：あいの風とやま鉄道泊駅からタクシー利用可／駐車場：登山口に20台くらいの駐車スペースあり／交通機関：朝日町役場☎0765(83)1100(代)／黒東タクシー☎0765(83)1166

山小屋・休憩所　なし

朝日ふるさと歩道への分岐点の看板

展望広場

笹川集落と城山越しの日本海

バーデン明日から見た負釣山

53 負釣山 おいつりやま

低い割に変化に富む人気の山 3等

［朝日町・入善町］　飛騨山脈

959m　N36°52′16″ E137°36′33″

ピラミッド型の山谷とユニークな名称

負釣山は小川支流の舟川の源流にそびえる1000メートルに満たない山だが、堂々としたピラミッド型の姿を見せる。ユニークな名称は、山の形などとの関連はないとされている。明治から1968（昭和43）年まで山名は「おいつるし山」、以降は「おいつり山」。長らく残雪期の登山に限られていたが、入善町の山好きの有志が40年前から登山道の整備を進め、今では誰でも登れるようになった。

負釣山へは、麓の舟見（入善町）から背後に流れる舟川に出て、バーデン明日（温泉施設）の前を通り、川沿いの道を進む。1キロあまりで右側の山神社を通過、標識のある分岐点を左に折れてオコ谷を登りつめる。オコ谷道は舟川流域から小川温泉方面へ通う古い峠道。今は峠の上まで車の通る林道である。オコ谷峠に車が10台ほど駐車できる広場があり、負釣山登山の案内板が掲げられている。さらに作業林道が負釣山の山腹に絡んで上に延びている。これに従い二曲がりほどした地点から尾根道に取り付く。

低山ながらもロープやはしごなど変化に富む

ミズナラ、クヌギにアカマツが混じる急な坂道を10分ほど登ると「一合目」と記した標柱が立っている。その上も10～15分刻みに2合目、3合目と続く。3合目辺りはブナの混じる急な尾根道で、しばらくすると尾根が平たんになり、まもなく679・5メートルの三角点がある。6合目の手前までは緩やかなアップダウンを繰り返すが、やがて急坂にかかり尾根も細くなって、固定ロープがあちこちに付けてある。この急坂を登り切るとちょっとしたピークに着き、ここが7合目。いったん下って小ピークを幾つか連ねるが、頂上直下は再びはしごを登るような急坂となる。それを固定ロープにすがって登っていくと、突然頂上に出る。

入善町と朝日町の境界にあり、入善町の最高峰。頂上には三角点と八角形の方位盤が設置されている。

下りは往路を戻る。余力があれば南峰978メートルを目指すのもいい（往復約40分）。

（松見吉博）

コース紹介　日帰り　適 5月上〜11月中

舟見から車でオコ谷峠の登山口へ。山頂から足を伸ばして南峰へ

日帰り　オコ谷峠登山口 ➤ 負釣山(おいつり)山頂 ➤ 南峰 ➤ オコ谷峠登山口

歩行時間 3:30　**標高差** ±629 (m)

グレード [ルート定数：15]

体力度 2

技術的難易度 A B

●服装・装備／日帰り用装備 (238-239ページ)

●注意事項／低い山だと思って侮ってはならない6〜7合目、9〜10合目はロープの張られた細い急な尾根となり、注意が必要

みどころ

山頂からの展望／初雪山を北東面に、その右に長栂山、朝日岳、南西面に僧ヶ岳から毛勝(けかつ)山、白馬(しろうま)岳、鹿島槍ヶ岳まで望むことができる

登山口　オコ谷峠登山口

負釣山への登山口、ベンチもあり

N36° 53'02" E137° 35'38"
オコ谷峠付近まで車が入る。峠に駐車できる広場があり、負釣山の登山案内板が立っている。作業林道を少し登ったところが登山口

アクセス／自家用車推奨／公共交通：入善駅から地鉄バス舟見バス停下車。もしくはタクシー利用／駐車場：登山口に約10台駐車／交通機関：JR入善駅☎0765(72)0055／富山地方鉄道黒部自動車営業所☎0765(52)0216

山小屋・休憩所　なし

負釣山山頂の標柱

1合目の標柱

ミズナラやクヌギの中の急登を行く

新川平野より（左から）鋲ヶ岳、烏帽子山を望む

54 鋲ヶ岳 びょうがだけ

手軽なファミリー登山に最適の山 3等

［黒部市］　飛騨山脈　僧ヶ岳県立自然公園

861m　N36°49′40″ E137°32′58″

55 烏帽子山 えぼしやま

後立山連峰と黒部川扇状地の大展望台 3等

［黒部市］　飛騨山脈　僧ヶ岳県立自然公園

1274m　N36°47′56″ E137°33′19″

レベルに合わせて稜線を行く　まずは手軽に鋲ヶ岳

鋲（びょう）ヶ岳と烏帽子（えぼし）山は、僧ヶ岳から派生する烏帽子尾根上にある。県東部の新川（にいかわ）平野から眺めると、鋲ヶ岳は、頂上が鋲の頭のように見える。烏帽子山は、平たんな尾根上にわずかに烏帽子のようにとがっている。

鋲ヶ岳は登山口の嘉例沢（かれいさわ）森林公園から手軽に登れ、朝日岳、白馬（しろうま）岳、五龍岳、鹿島槍ヶ岳といった後立山（うしろたてやま）連峰の名峰を大立者のように望む。

登山道は、地元の黒部山岳会が毎年整備を行っている。鋲ヶ岳から烏帽子山へ向かう稜線では、この大パノラマが独り占めできる。初夏にはタムシバ、ミツバツツジ、カタクリなどかれんな花が咲き誇る。紅葉の時期には、ブナを中心とした広葉樹が秋の空に燃えて美しい。日本海を黄金色に染める夕日と合わされば、山行も最高のものとなるだろう。

旧国道8号線（県道135号）の田家新交差点を山側に折れ、県道中山田家新線（329号）へ。くろべ牧場まきばの風を経て嘉例沢森林公園に着く。

登山口は、トイレや炊事場が整備されたキャンプ場のそばにある。鋲ヶ岳への登山道は、キャンプ場から杉林を直上するものと、大きな池を回り込んで尾根上を行くものがあり、どちらも30分足らずで頂上に着く。眺めは絶景の一語に尽きる。後立山連峰の地形の概念をつかむには、絶好のポイントだ。真下に見える宇奈月温泉と白馬岳の標高差は2700メートル以上。これほどの高低差を間近に眺められる場所は、そう多くないだろう。眼下の富山湾の向こうに、能登半島が大きな弧を描いて美しい。

僧ヶ岳が目の前に迫る　烏帽子山山頂へ

烏帽子山へはさらに僧ヶ岳方面へ向かう。20分ほど進んだ登山道を少しそれた所に、モリアオガエルが生息する天池（あまいけ）がある。その先に、宇奈月（うなづき）温泉が見下ろせる「のぞき」がある。急な登りを経て、平らなブナ林となり、この奥が前衛峰である。いくつかのアップダウンを繰り返し、烏帽子山の頂上に至る。目の前に僧ヶ岳が大きく見える。

（堀　正幸）

コース紹介　日帰り　適 4月下〜11月上

嘉例沢森林公園から鉄ヶ岳を経て烏帽子山山頂往復

日帰り 登山口(嘉例沢森林公園) ➤ 鉄ヶ岳山頂 ➤ 烏帽子山前衛峰 ➤ 烏帽子山山頂 ➤ 烏帽子山前衛峰 ➤ 登山口(嘉例沢森林公園)

歩行時間 5:30　**標高差** ±678 (m)

グレード [ルート定数:20] (ルート共通)

体力度 3

技術的難易度 A B

●服装・装備／日帰り用装備 (238-239ページ)

●注意事項／烏帽子山は5月中は雪が残るので要アイゼン。前衛峰あたりは道迷いしやすい。下りの際には沢筋に入らぬように注意

みどころ

嘉例沢森林公園／一帯は僧ヶ岳県立自然公園に指定されている。キャンプ場や遊歩道が整備

初夏の花々／6月にはタムシバ、ミツバツツジ、カタクリなどが一斉に咲き誇る

鉄ヶ岳のあずまや／鉄ヶ岳山頂のあずまやから真下に宇奈月温泉、日本海から続く後立山連峰が一望できる

MAP:1/5万……黒部　1/2.5万……宇奈月・舟見

登山口 嘉例沢森林公園

鉄ヶ岳、烏帽子山登山口の階段脇に立つ標識

N 36°49'30" E 137°32'44"

嘉例沢森林公園の奥に登山口がある。案内看板を見落とさないように注意

アクセス／自家用車を利用。／駐車場:キャンプ場入口。黒部方面からは本文参照。魚津方面からは国道8号田家交差点を布施川沿いにさかのぼり、田籾橋からは、田籾川沿いの道を約6キロ進むと嘉例沢森林公園に着く／交通機関:黒部市商工観光課山岳公園係☎0765(54)2611

山小屋・休憩所

鉄ヶ岳山頂にあずまやあり

鉄ヶ岳山頂のあずまや

烏帽子尾根から鉄ヶ岳山頂を見下ろす

残雪期の烏帽子山(写真・藤村宏幸 3枚とも)

成谷山から新緑の僧ヶ岳を望む(写真・坂口 忍)

56 僧ヶ岳 そうがだけ

雪形と信仰で広く知られる花の山 2等

［魚津市・黒部市］ 飛騨山脈 僧ヶ岳県立自然公園

1855m N36°45′42″ E137°33′49″

名称の由来は 僧が馬を引く雪形

山名の由来は、春先に雪が解け山頂付近に僧の雪形が現れることから。絵柄は多様で、僧が尺八を吹いて馬を引く姿や、大入道や猫が現れる。雪形の出現は古くから農作業時期の目安となり、人びとの生活に深く関わってきた。

また、その名の通り信仰の山としても知られ、仏ヶ平などの地名が残る。魚津市小川寺の真言宗千光寺の奥の院としてあがめられた。

魚津市、黒部市から眺める山容は特に雄大で、両脇に立山連峰、後立山連峰の名だたる高峰を従えるかのようである。地元では山に登らない人びとにも広く知られており、登山対象としては、残雪あり、お花畑ありと、山の多い富山県の中でも人気が高く、2011(平成23)年に県立自然公園に指定された。

また富山県の先覚・吉沢庄作の愛した山としてもよく知られている。吉沢庄作は、冠松次郎と同様に、明治末期から黒部峡谷とその周辺の山々を踏査し、祖母谷から白馬岳の登山ルートなどを開拓するとともに、立山・黒部山域の中部山岳国立公園指定のために力を尽くした人物として、今も登山家や愛好家からの尊敬を集めている。その彼が20代のころ最初に登山し、生涯愛し続けたのが僧ヶ岳であった。

初心者におすすめなのは 烏帽子尾根ルート

僧ヶ岳へは3通りのアプローチがある。

黒部市の宇奈月温泉から林道に入り、宇奈月尾根を登る「宇奈月尾根ルート」。さらに林道を進み、林道の最高地点から烏帽子尾根を登る「烏帽子尾根ルート」。もう一つが片貝川上流から登る「東又ルート」。登山者の体力に応じ、コースを選ぶことができる。

初心者にお薦めなのは「烏帽子尾根ルート」である。ただし林道の状況で、コースタイムや登山口までのアクセスが変わるので注意。

宇奈月尾根ルート

まずは6月中旬ごろから登れる「宇奈月尾根ルート」を紹介する。宇奈月温泉から宇奈月スキー場を経て林道を車で

僧ヶ岳の雪形（北日本新聞社）

仏ヶ平のお花畑。7月上旬、ニッコウキスゲが咲き誇る

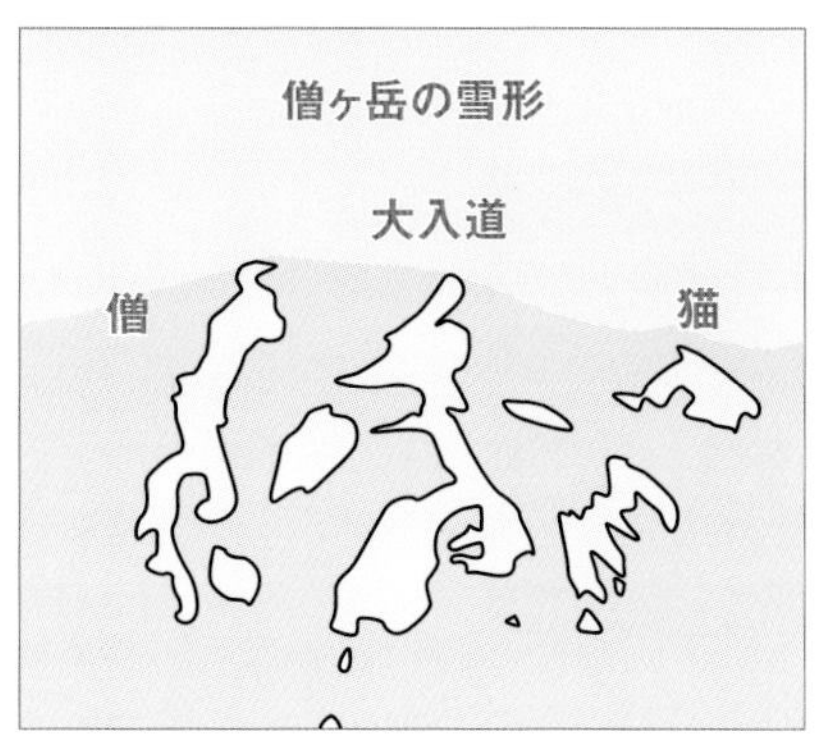

山頂より紅葉の仏ヶ平を望む

上る。林道の状況により車両通行止めになることがある。

林道が大きく右に切り返す標高１０４３メートル地点に駐車場がある。駐車場には後立山連峰の鳥瞰図があり、ここから徒歩で林道沿いに10分ほど進むと「第三登山口」の標識があり、鉄ばしごが掛かっている。ここが尾根の取り付きである。うっそうとした林間を進み、視界はあまり利かない。２時間ほど登れば烏帽子尾根ルートと合流する。

烏帽子尾根ルート

「烏帽子尾根ルート」は、後立山連峰と富山平野の眺めがよく、僧ヶ岳までの最短コースなので利用者が一番多い。起伏も少なく登りやすい。宇奈月温泉からの林道を１０４３メートル地点よりさらに車で進む。

烏帽子山（１２７４・１メートル）から派生する烏帽子尾根との合流地点が林道の最高地点で、１２８０メートルの登山口となっており、大きな駐車場がある。１時間半ほど登ると宇奈月尾根ルートとの合流点に至る。ここからは傾斜も緩く歩きやすくなる。

途中、旧モリブデン鉱山道の巻き道と出合うが、その先に雪渓のトラバースがあり苦労するので、尾根道を進んだ方がよい。８月以降は雪がなくなるので旧モリブデン鉱山道が歩きやすい。

前僧ヶ岳（１７７５メートル）を越えた鞍部は、一面お花畑の仏ヶ平。季節ごとに色とりどりの花が登山者を迎える。前述の吉沢庄作の遺骨も眠る。ここに荷物を置いて空身で頂上を目指そう。20分ほどである。

東又ルート

最後は「東又ルート」である。林道の除雪が完了する6月上旬には登山口に行ける。

魚津市の片貝川上流、阿部木谷の出合いに登山口がある。伊折山（1370メートル）までの急登1時間半は、忍の一字。ここから成谷山（1600メートル）を経て僧ヶ岳までは傾斜が緩む。樹木は低くなり視界もよくなる。

終始富山平野や、雄大な毛勝山（2415メートル）を真横に眺める。雪解けシーズンには、頂上の手前にハクサンコザクラが咲き、6月は登山道の脇に、カタクリの花の群生が迎えてくれる。

（堀　正幸）

東又ルート途中のカタクリ

大平山林道（魚津市）から僧ヶ岳を望む

宇奈月尾根ルート

登山口　宇奈月尾根第３登山口

N36°47'40" E137° 34'17"
1043メートルの先の宇奈月尾根第3登山口
アクセス／公共交通：宇奈月温泉から僧ヶ岳林道を通り、平和の像まではタクシーが入る。／駐車場：自家用車はそれより奥の1043メートル地点に駐車場あり。駐車場から林道を徒歩10分、左側が登山口／交通機関：黒部市商工観光課☎0765（54）2611

宇奈月尾根第3登山口

烏帽子尾根ルート

登山口　烏帽子尾根登山口

N36°47'18" E137° 33'14"
1280メートルの烏帽子尾根駐車場近く
アクセス／公共交通：宇奈月温泉から僧ヶ岳林道を通り、平和の像まではタクシーが入る。／駐車場：自家用車はそれより奥の1280メートル地点に駐車場あり。ただし状況によっては林道が封鎖されているので林道通行状況を確認／交通機関：黒部市商工観光課☎0765（54）2611

烏帽子尾根登山口

東又ルート

登山口　東又谷登山口

N36°43'53" E137° 33'08"
片貝川の又谷の阿部木谷出合にある
アクセス／公共交通：自家用車は国道8号吉島交差点を南下、片貝第四発電所を対岸に見て、さら上流へ。／駐車場：阿部木谷出合を進んだところに数台駐車可。魚津駅からタクシー利用も可／交通機関：魚津市商工観光課☎0765（23）1025

東又谷登山口

コース紹介　日帰り　適 7月〜10月

宇奈月尾根ルート

宇奈月尾根第3登山口 ➤ 合流点 ➤ 僧ヶ岳山頂 ➤ 合流点 ➤ 宇奈月第3登山口

歩行時間 5:50　標高差 ±928 (m)

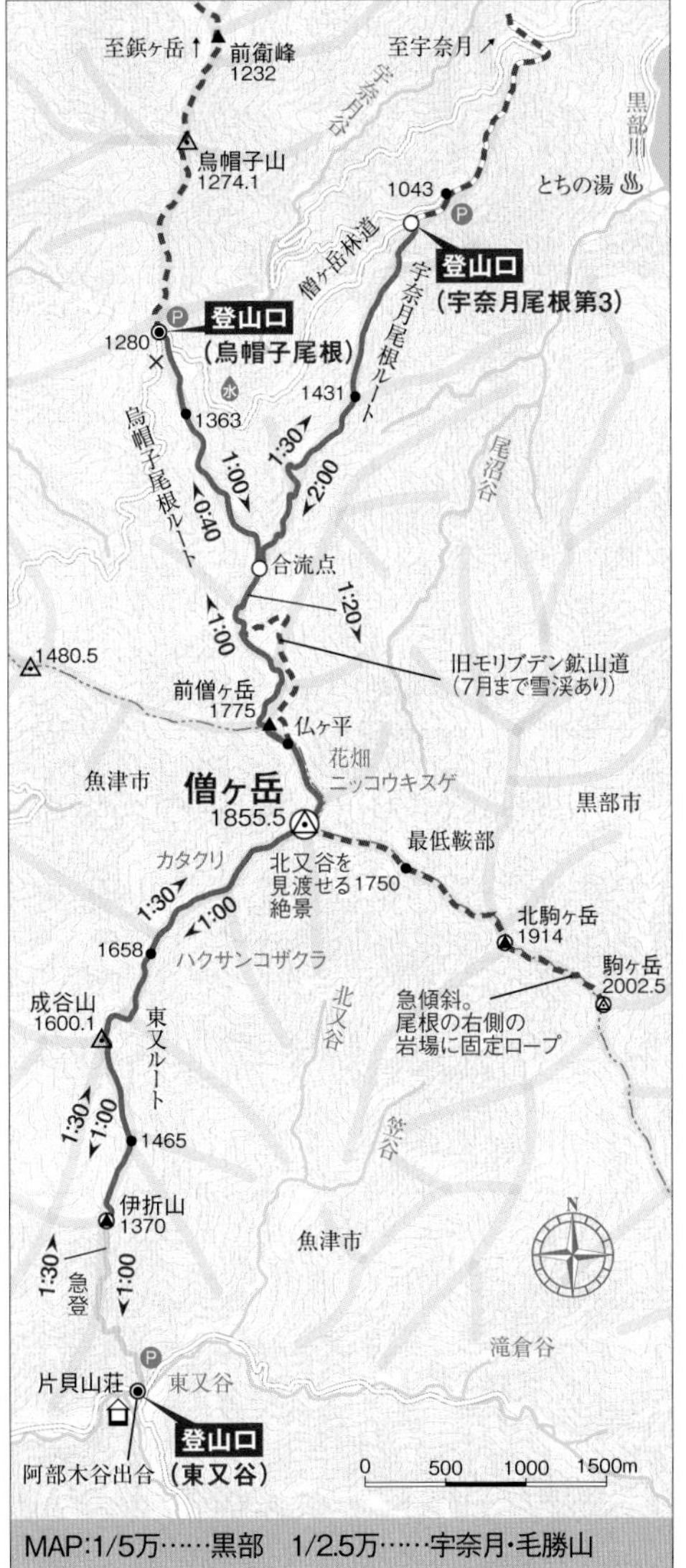

グレード [ルート定数：23]

体力度 3

技術的難易度 A B

烏帽子尾根ルート

1280m地点(登山口) ➤ 合流点 ➤ 僧ヶ岳山頂 ➤ 合流点 ➤ 1280m地点(登山口)

歩行時間 4:00　標高差 ±668 (m)

グレード [ルート定数：17]

体力度 2

技術的難易度 A B

東又ルート

片貝川東又谷登山口(阿部木谷出合) ➤ 伊折山 ➤ 成谷山 ➤ 僧ヶ岳山頂 ➤ 成谷山 ➤ 伊折山 ➤ 片貝側東又谷登山口

歩行時間 7:30　標高差 ±1300 (m)

グレード [ルート定数：30]

体力度 3

技術的難易度 A B C

●服装・装備／日帰り装備 (238-239ページ)
雨具、防寒具は必携

●注意事項／僧ヶ岳林道は、年によって通行止めのことがあるので事前に確認を

みどころ

僧ヶ岳県立自然園／僧ヶ岳一帯の、魚津市、黒部市にまたがる面積約5800ヘクタールは、県立自然公園。標高1000メートル前後は、ユキツバキが広く分布する

全国有数の風衝地帯／頂上一帯は冬の季節風をまともに受け、風衝植物が広い草原をつくる

通称「お花畑」の仏ヶ平／前僧ヶ岳と僧ヶ岳の鞍部にある仏ヶ平や谷筋には、ニッコウキスゲ、シモツケソウほかの、高山植物の群生が見られる

旧モリブデン鉱山道／仏ヶ平のお花畑から前僧ヶ岳の中腹を抜けて水平道が通っている。太平洋戦争中、兵器製造に使用するモリブデン鉱石搬出のために作られた牛車道である。今も大きな鉄の車輪や炉の跡が残る

山小屋・休憩所

とちの湯 ☎0765 (62) 1122 (4月中〜12月上)

片貝山荘(無人)☎0765(23)1046 要予約
(魚津市生涯学習スポーツ課／申請は同ホームページ)

左から駒ヶ岳、北駒ヶ岳。北駒ヶ岳の山頂下に顔を右に向けた馬の雪形が見える

57 駒ヶ岳 こまがたけ

駒ヶ岳16山の中でも難攻不落とされた山 3等

［黒部市・魚津市］ 飛騨山脈　中部山岳国立公園　僧ヶ岳県立自然公園

2003m N36°45'07" E137°35'04"

今に残る駒ヶ岳の名称
近年整備された登山道

越中と呼ばれたころの富山には、三つの駒ヶ岳が存在し、江戸時代の絵図に記述されてきた。一つは信濃・越後との国境線にある上駒ヶ岳（現在の白馬岳）、もう一つが下駒ヶ岳（白鳥山と犬ヶ岳の間の頂）、そしてここに紹介する越中駒ヶ岳。上駒ヶ岳の名称は白馬岳に変わって消え、下駒ヶ岳の名前は2万5千図によみがえった。

全国には多くの駒ヶ岳があるが「駒ヶ岳ファンクラブ」は16山の駒ヶ岳を認定している。駒ヶ岳の駒は馬を意味し、山体や残雪時の雪形が、馬に似ていることから名付けられている。中でも難攻不落とされてきたのが、越中駒ヶ岳であった。

越中駒ヶ岳は有数の豪雪地帯にあり、山名由来でもある駒の雪形は、北駒ヶ岳の黒部川側に明確に現れる。雪形は黒部川扇状地の入善方面から見られる。２００１（平成13）年に多くのボランティアにより、僧ヶ岳からの登山道が整備され、登山者も増えた。

まずは僧ヶ岳へ、さらに北駒ヶ岳を経て山頂へ

僧ヶ岳山頂までは56僧ヶ岳（136ページ）を参照。僧ヶ岳の山頂に立つと、南東方向に北駒ヶ岳から駒ヶ岳が見られる。ここからオオシラビソ、ダケカンバ、ナナカマドなどの木々の間を南東へ延びる尾根に下る。10分ほどで木々は低くなり視界が開ける。右に片貝川支流の北又谷が一直線に見えてくる。谷は尾根上を一部崩壊させている。

１７５０メートル付近が最低鞍部でここから登りとなり、片貝川側の道は北駒ヶ岳に至る。この辺りは、イワギキョウ、コメツツジ、ミヤママツムシソウなどが花を咲かせる。再び鞍部に下り、立岩を過ぎると頂上への登りが始まる。尾根の右側に出ている岩場の上へ、固定ロープに沿って出ると、低くなったササの道が山頂に達する。山頂からの黒部奥山が幾重にも重なる景観は、全国の駒ヶ岳の中でも三指に入るだろう。毛勝山から剱岳西面の岩壁がそびえ立ち、黒部川右岸の鹿島槍ヶ岳、五龍岳以北の白馬岳までを一望に収める。復路は忠実に往路を戻る。

（木本桂春）

コース紹介　日帰り　適 7月上〜10月上

僧ヶ岳宇奈月（うなづき）尾根登山口より僧ヶ岳、北駒ヶ岳を経て駒ヶ岳山頂往復

日帰り　宇奈月尾根第3登山口 ➤ 合流点 ➤ 僧ヶ岳山頂 ➤ 北駒ヶ岳山頂 ➤ 駒ヶ岳山頂 ➤ 北駒ヶ岳山頂 ➤ 僧ヶ岳山頂 ➤ 合流点 ➤ 宇奈月尾根第3登山口

歩行時間 9:10　標高差 ±1380 (m)

グレード [ルート定数：36]

体力度 

技術的難易度　A　B

●服装・装備／日帰り用装備 (238-239ページ)

●注意事項／駒ヶ岳へは、僧ヶ岳までがアプローチルートとなる。ルートの選定はメンバーの体力、技量に配慮する。アプローチの林道、登山道に残雪が多い年があるので事前に情報収集しておきたい。山頂まで水場はない

みどころ

僧ヶ岳から駒ヶ岳山頂までの展望／黒部峡谷の黒部奥山の重畳たる山並みの中にあり、剱岳北方稜線の山々、黒部川の右岸に連なる後立山の峰々は圧倒的である

MAP：1/5万……黒部　1/2.5万……宇奈月、毛勝山

登山口　宇奈月尾根第3登山口

宇奈月尾根第3登山口

N 36°47'40" E 137°34'17"
1043メートルの先の宇奈月尾根第3登山口

アクセス／公共交通：宇奈月温泉から僧ヶ岳林道を通り、平和の像まではタクシーが入る。／駐車場：自家用車はそれより奥の1043メートル地点に駐車場あり。駐車場から林道を徒歩10分、左側が登山口／交通機関：黒部市商工観光課山岳係☎0765(54)2611

山小屋・休憩所

とちの湯 ☎0765 (62) 1122
(4月中〜12月上・日帰り)

ミヤママツムシソウ

北駒ヶ岳と駒ヶ岳

五龍岳と鹿島槍ヶ岳を遠望

城山（千石城山）からの大倉山

58 大倉山 おおくらやま

山頂に「笠」と書かれた石標がある 3等

［上市町・魚津市］

1443m　N36°41'26" E137°30'25"

別名・笠山、編笠のような左右対称の美しい山容

大倉山は、上市町と魚津市の境界にあり、上市町の蓬沢から登る。今は廃村となってしまったが、蓬沢周辺では笠山と呼ばれていた。城山（千石城山）などから見る編み笠に似た山容は、まさしく笠山の名にふさわしい。

上市町からは県道上市北馬場線、滑川市蓑輪からは県道宇奈月大沢野線で、馬場島方面へ向かう。蓬沢の剱橋を渡って右折、間もなく分岐で左側の桑首谷への林道に入る（大倉山登山口の看板あり）。２キロ程で山腹を横切る林道鍋増谷虎谷線との合流地点が登山口となる。車は通行の邪魔にならないよう道路脇に止めておく。取り付き口手前にも駐車場はあるが悪路なので、そこから４００メートルほど歩く。桑首谷の支流を渡ると取り付き口広場である。

広場の看板から30メートルほど先が尾根の取り付き口となる。急登で、尾根を真っ直ぐ登る。休憩できる場所はないのでゆっくり進もう。二本杉のある標高８５０メートル地点が、唯一の休憩地点である。さらに登りは急だが、30分ほどで尻高山へと続く主稜線に出る。

ここからは傾斜もやや緩やかになり、立山杉やブナなどの交じる山道を行く。やがて尾根が細くなり、小さな鞍部に出る。ここからが山頂への最後の登りで、傾斜もややきつくなる。

山頂は毛勝三山・剱岳の展望台

まもなく頂上の広い台地に出る。今まで登ってきた稜線や富山平野が望める。山頂には「笠」と書かれた石の標識と祠があり、３等三角点が設置されている。山頂からなだらかな台地をもう少し東に進むと、眺望の利く場所が刈り開けてある。

毛勝三山が片貝川の南又谷を挟んで間近に望め、剱岳、立山、大日連山なども一望できる。これらの眺めは、積雪期の方が素晴らしい。ピッケルやアイゼンもさることながら、山スキーで登るのも楽しい。復路は来た道を戻る。

（土井唯弘）

コース紹介　日帰り　適 5月中〜10月下

桑首谷（くわくびだに）の登山口から山頂往復

日帰り 登山口 ➤ 850m地点(二本杉) ➤ 1200m地点 ➤ 大倉山山頂 ➤ 1200m地点 ➤ 850m地点(二本杉) ➤ 登山口

歩行時間 5:20　**標高差** ±843 (m)

グレード [ルート定数：22]

体力度 

技術的難易度 A B

●服装・装備／日帰り用装備 (238-239ページ)

●注意事項／急な下りもあり斜面がぬれている時はスリップ注意

みどころ

登山道、頂上からの眺望／広葉樹が多いので春の新緑、秋の紅葉が楽しめる。頂上の台地は見晴らしのよい場所が刈り開けてあり、毛勝（けかち）三山、剱岳（つるぎ）の眺望がよい

食と温泉／下山後、みのわ温泉に入る楽しみもある

MAP：1/5万……魚津、黒部　1/2.5万……毛勝山、越中大浦

登山口 桑首谷登山口

林道合流地点が登山口

N36°40'50" E137°28'36"
県道剱岳公園線の早月川の「剱橋」を渡り桑首谷に入る。一般車は奥の駐車場までは難しいので手前の林道に駐車する

アクセス／公共交通：自家用車利用を勧める／駐車場：取り付きの駐車場有り(4〜5台)、四輪駆動車以外は林道に駐車／交通機関：上市町役場☎076(472)1111(代)／上市交通☎076(472)0151／旭タクシー☎076(472)0456

山小屋・休憩所 なし

取付口広場

林道からの大倉山

上市町内からの大倉山

治山事業完工記念碑付近から望む濁谷山

59 濁谷山 にごりだんやま

早月川本流を濁した1等三角点の山 1等

［魚津市・上市町］ 片貝県定公園

1238m N36°43′03″ E137°30′06″

大雨で小早月川を濁らせた1等三角点の山

濁谷山は猫又山から西に延びる東芦見尾根の末端部で、早月川と片貝川の分水嶺でもある山。かつて「割谷の頭」と称された。山頂の1等三角点名は「濁谷山」で、由来は西面のワル谷、ニゴリ谷、ハゲ谷の谷筋。崩落が激しく、大雨時には黄濁した水が小早月川に流れ込み、下流の虎谷を経て早月川本流を濁した。

早月川の蓑輪えん堤右岸にある虎谷口隧道をくぐると虎谷集落。そのまま小早月川沿いの林道坪野虎谷線を進む。虎谷集落から3・4キロで「治山事業完工記念」の石碑が建つ三差路に出る。ここまでは舗装道。

コースは荒れているので経験者と同行を

石碑から左の坪野への林道へ。ゴツゴツした道を2・2キロ走ると、坪野峠の手前約100メートルで右上から作業林道が合流する。濁谷山へはこの作業林道に入る。車を杉林伐採広場に駐車して約2キロ歩くと、道は両脇からの枝や草に覆われる。斜面の崩落に気をつけながら更に約1キロで林道は終了し、登山道入口（虎谷登山口）に着く。

ここから山頂まで2時間弱の登り。すぐに荒れたスギの林。雑木の中をテープや踏み跡を確認しながら登ると、30分余りで幹回り7、8メートルのスギの巨木が現われ、程なく狭い草付くぼ地に出る。ここに大平山コース合流点の標柱が立っており、濁谷山へは右折する。すぐ現れる砦跡は小さな台地で雑木が生い茂る。砦跡で初めて視界が開け、片貝川を挟んで僧ヶ岳、駒ヶ岳が望まれるが、この先視界は利かない。雑木林を少し下り、あとは頂上まで杉の古木が点在する登りが続く。

頂上は10坪ほどの広場で中心に1等三角点がある。県内に10点ある1等三角点の一つ。1等三角点のある立山（雄山）、白馬岳が望め、剱岳や毛勝山が目前に迫る。帰りは往路をたどる。

別ルートとして片貝川上流の平沢集落から大平山経由で登るコースがある。登山口まで道が荒れているので注意。

（高橋正光）

コース紹介　日帰り　適 4月下～11月下

虎谷集落を経て、作業林道途中に駐車。山頂まで往復

日帰り 坪野峠（作業林道）➤ 虎谷登山口（登り口）➤ 大平山からの合流点 ➤ 濁谷山山頂 ➤ 大平山からの合流点 ➤ 虎谷登山口 ➤ 坪野峠（作業林道）

歩行時間 4:45　標高差 ±770 (m)

グレード ［ルート定数：20］

体力度 2

技術的難易度 A B

●服装・装備／日帰り用装備（238-239ページ）

●注意事項／林道は山作業のため、通行止めになることがある。車は作業林道約2キロまで進入可能。約1.5キロ先に登山道入口。登山道は荒れている。経験者の同行が望ましい

みどころ

虎谷集落／越中七金山の一つ、虎谷金山があった。室町期から江戸中期にかけて賑わい、最盛期には500戸あったという。村の中央に歴史を刻んだ石碑が建ち、寺院跡に、大きな観音様と七福神の石像がある

MAP：1/5万……魚津、黒部　1/2.5万……越中大浦・毛勝山

登山口 虎谷登山口

作業林道の行き止まりが登山口

N36°43'08" E137°29'22"
作業林道の行き止まりが登り口。この正面から取り付く

アクセス／自家用車推奨／駐車場：森林伐採広場／公共交通：JR滑川駅からコミュニティバス みのわ温泉行きで30分。みのわ温泉から虎谷集落まで徒歩20分、さらに登山口まで2時間40分／交通機関：滑川市役所☎076（475）2111
※林道についての問い合わせは、魚津市役所農林水産課☎0765（23）1036

山小屋・休憩所 なし

杉林伐採広場入口に駐車し、約3.5キロで登山口

大平山からの合流標柱

山頂からの剱岳（6月）

東種から城山を望む

60 城山

千石城山/せんごくじょうやま
じょうやま

気軽に山歩きを楽しめる剱岳の展望台 3等

［上市町］ 大岩眼目県定公園
758m N36°40'09" E137°27'11"

かつては山城、家族連れにも人気のコース

城山（千石城山）は上市川第二ダム右岸背後の山で、その昔、中新川郡一帯を支配した土肥氏の城群の中で、最奥の高所に位置する詰の城だったと伝えられる。

山頂からは雄大な剱岳西面を真正面に、南は薬師岳から北は毛勝山までの山並みを一望できる。

際立った急登もなく、短時間で気楽に登山の雰囲気が味わえることから、家族連れや中高年に人気の山である。春には花と新緑を、初夏には清風を、秋には紅葉と新雪かぶる剱岳の眺望を、冬にはかんじきハイクや山スキーをと、四季を通じて楽しむことができる。積雪期でも麓のキャンプ場まで除雪されるので、冬山登山の訓練の山としても適している。

山頂と展望台から剱、早月川流域の山々を一望

車は、前述のダムサイトにあるオートキャンプ場管理棟の所で左の林道へ入り、展望櫓のそばで止める。左前方に「展望台」の標識があり、第1登山口となっている。擬木の階段が、送電線の鉄塔を結ぶように、山頂まで続く。スギ林を抜け、沢を渡り、3本目の鉄塔手前で稜線に出る。鉄塔付近にはそれぞれベンチがあり、休憩できる。稜線から20分、第1登山口からは約1時間で3等三角点のある頂上に着く。山頂からは早月川を前景に剱岳や早月川流域の山々が眺望でき、反対側に目を転じると、木々の間から富山平野や能登半島が望まれる。尾根筋に残る堀切群の跡、山頂の広さや平たんさが、かつての山城の面影をしのばせる。

頂上でゆっくり休んだ後、同じ道を戻るもよし、また時間は少しかかるが、峠に出て見晴らしのよい林道を歩き、出発点に戻るのもよい。峠に下るには、展望台に置かれたベンチの奥にある踏み跡を探す。

時間に余裕のない時は、峠にある第2登山口（キャンプ場から4・6キロ）のすぐ下に、車を止めて往復することもできる。また、頂上まで徒歩20分ほどの、第3登山口（キャンプ場から5キロ）まで車で行くこともできる。

（林 幹雄）

コース紹介　日帰り　適 3月〜12月

ふるさと剱(つるぎ)親自然公園奥の第1登山口から山頂往復

日帰り　第1登山口 ➤ 城山(千石城山)山頂 ➤ 第1登山口

歩行時間 2:00　標高差 ±291 (m)

グレード [ルート定数:8]

体力度 1

技術的難易度 A

●服装・装備/日帰り用装備 (238-239ページ)

●注意事項/クマよけの鈴やラジオを携行。私有地につき山菜・キノコの採取は禁止

みどころ

剱岳の眺望/登頂と同時に、目前に迫る剱岳の勇姿は見飽きることがない

山城の面影/標高750メートル以上の高所にあった詰の城は県内でも数が少ない

登山口 第1登山口

登山口の標識

〔第1登山口〕
N 36° 39′44″ E 137° 27′03″
(第2、第3登山口については本文参照)
ふるさと剱親自然公園から、第1登山口まで林道、マイカー通行可、約2キロ。冬期も自然公園まで除雪される
アクセス/自家用車推奨/駐車場:第1登山口(40台)、第2登山口(20台)、第3登山口(5台)/公共交通:富山地方鉄道上市駅下車後、タクシーで登山口まで(約20分)/交通機関:上市町役場☎076(472)1111(代)/上市交通☎076(472)0151/旭タクシー☎076(472)0456

山小屋・休憩所 なし

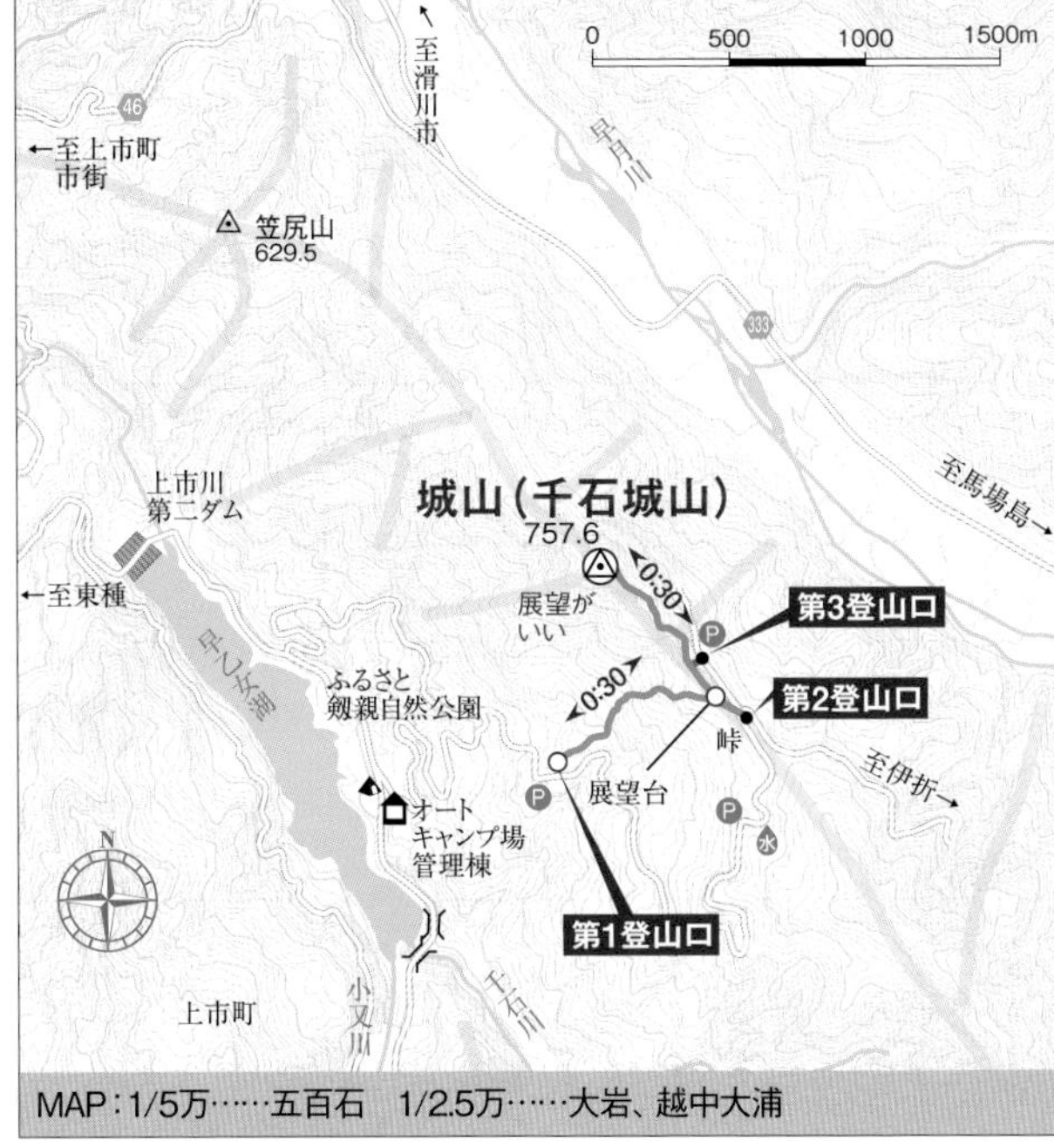

MAP:1/5万……五百石　1/2.5万……大岩、越中大浦

城山山頂より剱岳西面全景

静寂の杉木立

第1登山口

城ヶ平山山頂は広い展望台

61 城ヶ平山

じょうがひらさん
じょうがだいらやま

映画「おおかみこどもの雨と雪」で人気 3等

［上市町］ 大岩眼目県定公園

446m N36°39'59" E137°24'09"

立山信仰と戦国の史跡を残す

上市町の観光地、大岩山日石寺の麓に登山口がある。茗荷谷山ともいう。かつて栄えた立山信仰と戦国時代の史跡を多く残す。城ヶ平山は周囲の山から独立し、戦時の籠城を目的とした詰城が築かれていたといわれており、大変展望がよい。

登山口は大岩と浅生の2カ所。ここでは人気のある大岩からの周回ルートを紹介する。

大岩バス停奥に公衆トイレがあり、その先の金龍橋を渡ると登山口がある。自家用車の場合は、大岩川の不動橋を渡ると左側に親水公園駐車場がある。ここから歩いて登山口に向かう。草付きの滑りやすい道を回り込みながら高度を上げる。道なりに20分ほどで水場のある上ノ平。集落跡地で、今でも畑や小屋がある。鬱蒼としたスギ林とミョウガの群生地を抜けると尾根道となる。曲り角など、ポイントとなる地点には案内板やベンチがあるので迷うことはない。ツバキの生える自然林の中は、段差や急斜面もあるがよく整備されている。最後の急斜面を登り切ると山頂に出る。

広々とした山頂は城跡で、360度の眺望が楽しめる。特に毛勝山、剱岳、大日岳が輝いて見える。海側に目をやると、富山平野と能登半島が一望できる。視界を遮る物のない山頂でゆっくりするのもよい。

アニメの舞台モデルや観光も人気

下りは尾根をそのまま進む。道はハゲ山へと続くが、浅生へ下る分岐点からスギ林やあぜ道をたどると車道（浅生登山口）に出る。

すぐ近くには、アニメーション映画「おおかみこどもの雨と雪」の舞台モデルとなった古民家「花の家」があり、開放されている。靴を脱いで炉端で休憩していくのもよい。後は舗装道路を川に沿って下る。千巌渓の峡谷美も見どころである。

浅生登山口から逆ルートをたどったり、ハゲ山を往復する登山者も多い。下山後に大岩で温泉と、食事処でのソーメンや山菜料理が楽しめる。大岩山日石寺の境内も見どころが多くお薦めである。残雪期にもかんじきやスノーシューを使って往復する人が絶えない人気の山である。

（藤田啓一）

コース紹介　日帰り　適 4月上〜11月上

日石寺近くの大岩(おおいわ)登山口から山頂を目指し、浅生(あそ)登山口を経てスタート地点の大岩登山口に戻る

日帰り　大岩登山口 ➤ 城ヶ平山山頂 ➤ 浅生分岐 ➤ 浅生登山口 ➤ 大岩登山口

歩行時間 2:40　標高差 ±402(m)

グレード [ルート定数：11]

体力度　2

技術的難易度　A

●服装・装備／日帰り用装備　(238-239ページ)

●注意事項／アクセスがよく標高も低いので、比較的軽装で行ける。よく整備されているが、尾根道で足元が滑りやすい

みどころ

山城ならではの眺望／山頂での解放感と眺望は実に素晴らしい。春の新緑、夏の清涼感あふれる千巌渓(せんがんけい)と、秋の紅葉、冬のかんじきハイクなど、観光地でアクセスが良いので、初心者でも四季折々に楽しめる

登山口　大岩登山口

写真奥の金龍橋を渡る

N36° 39'47" E137° 23'25"
大岩バス停広場奥の橋を渡ると登山口
アクセス／公共交通：電鉄上市(かみいち)駅から町営バス「柿沢、大岩行き」約23分またはタクシー利用可。大岩山日石寺下車。自家用車の場合は、スーパー農道を大岩山日石寺の看板を目印に／駐車場：登山口300メートル手前の大岩親水公園駐車場／交通機関：上市町役場☎076(472)1111(代)／上市交通☎076(472)0151／旭タクシー☎076(472)0456

山小屋・休憩所

大岩登山口にドライブイン金龍、浅生登山口に古民家「花の家」無料休憩、トイレあり

映画「おおかみこどもの雨と雪」の舞台モデルとなった古民家「花の家」(上市町浅生)

山頂直下の登り

浅生分岐

城前峠から望む高峰山

62 高峰山 たかみねやま

美しく紅葉した稜線を歩く身近な山 2等

［上市町・立山町］　飛騨山脈　大岩眼目（おおいわさっか）県定公園

958m　N36°37′34″ E137°25′41″

南北にのびる緩やかな稜線を歩く

紅葉の秋を十分堪能できる身近な山である。黄葉したブナや赤く色づいたハウチワカエデが美しく、落葉を踏みしめながら南北に長い稜線を歩く。緩やかな勾配なので、ファミリーハイクに最適な山でもある。

西種登山口の麓は、かつて胸まで泥に漬かって稲作をしていた深い水田（湶田〈あわらだ〉）があった種（たね）集落である。１９９０（平成２）年に、種の人々の尽力により、鳥越峠に至る登山道が開かれ、高峰山頂上経由で大辻山の山頂に達するようになった。鳥越峠は、渡り鳥をかすみ網で捕獲する猟場であった。山里の人々の営みに寄り添い、愛されてきた山である。

上市町（かみいち）から上市川第二ダムの方向に進み、西種（にしたね）盆地を通り抜ける。骨原集落の入口を右折、すぐに左折し、スギ林の荒れた林道を10分ほど進む。670メートルの分岐を右へ、400メートルほどで西種登山口。車は数台駐車できる。これより悪路のため徒歩となる。

北アルプスの大展望を手軽に楽しめる

スギ林の登山道へ入ると、秋には右に錦繍（きんしゅう）の鍋冠山の姿を見る。次は左に大日岳、剱岳、毛勝三山の峰々を眺め、ブナの黄葉と林道斜面の紅葉を楽しみながら稜線を歩く。

急登を10メートルほど登り切ると広くて明るい2等三角点のある山頂に着く。眼下に富山平野が見渡せ、遠く南北に延びた呉羽（くれは）丘陵を望むことができる。ここでゆっくり過ごした後は往路を戻る。釜池やハゲ山、あるいは浅生（あそ）・大岩（おおいわ）へ立ち寄るのもいい。

もう一つの登山口である鳥越峠は、国立立山（たてやま）青少年自然の家（立山町）から林道大辻線をたどる。馬の背のような登山道を登ると、峠から40分ほどで高峰山の山頂に着く。

高峰山は北アルプスの前衛峰である。眺望もよく、子ども連れで手軽に楽しめる、穏やかで優しい山である。

（島崎由美子）

山頂の2等三角点

コース紹介　日帰り　適 5月上〜11月下

西種(にしたね)からの登山ルートと鳥越峠からのルート

西種コース　西種登山口 ➤ 高峰山山頂 ➤ 西種登山口

歩行時間 **2:10**　標高差 ±**250** (m)

グレード [ルート定数：8]

鳥越峠コース　鳥越峠登山口 ➤ 高峰山山頂 ➤ 鳥越峠登山口

歩行時間 **1:10**　標高差 ±**201** (m)

グレード [ルート定数：5]

体力度(共通) 　技術的難易度(共通) 

●服装・装備／日帰り用装備 (238-239ページ)

●注意事項／積雪期は西種バス停からかんじきによる林道歩きの山頂往復となるので時間を要する

みどころ

高峰山山頂／裾野を広げた大辻山、鍬崎(くわさき)山の山容が素晴らしい

2等三角点／1903(明治36)年に『劒岳(つるぎ)・点の記』の主人公柴崎芳太郎の先輩・古田盛作により埋標された

MAP：1/5万……五百石　1/2.5万……大岩、越中大浦

登山口1　西種登山口

西種登山口

N36°38'39" E137°25'40"

登山口2　鳥越峠登山口

もう一つのルート、鳥越峠登山口

N36°37'04" E137°26'10"

西種登山口は上市(かみいち)町市街から車で約20分。鳥越峠登山口は立山町の林道大辻線から入る

アクセス／自家用車推奨／駐車場：いずれも登山口に5〜6台分のスペースあり／公共交通：富山地方鉄道上市駅から西種バス停までは上市町営バス。ただし、午後の便のみ。タクシー利用可／交通機関：上市町営バス☎076(472)1111(代)／上市交通☎076(472)0151

山小屋・休憩所　なし

ファミリーで大展望を楽しむ

高峰山より大辻山を望む。右後方は鍬崎山

城ヶ平山から鍋冠山を望む

63 鍋冠山 なべかんむりやま

雪の早春に里山を登る

［上市町］ 大岩眼目県定公園

900m N36°38′17″ E137°25′26″

鍋を伏せたような形の独立峰

上市町や立山町から東の山並みを見ると、鍋を伏せたような形の山が見える。それが鍋冠山である。周辺の山から見つけやすい山でもある。昔からこの辺りでは「鍋冠山に2度雪が降ると、3度目は平地にも雪が降る」と言い伝わる。

鍋冠山の麓には、釜池とツブラ池があり、釜池はかつての火山活動のマール（爆裂火口）にできたものだといわれている。一説では地すべりで形成されたとも考えられる。

地形図に山名はない。積雪期以外はやぶをこいでの登山となるので、登るには、山頂部のやぶが雪で隠れる冬から早春のころがよい。

上市町役場の前の県道を馬場島方面へ進む。極楽寺の分岐を右へ、西種極楽寺線（154号）に入り西種へ向かう。冬季は西種集落まで除雪されているが、駐車スペースはないので注意。

西種から岩屋、釜池分岐を経て山頂へ

西種集落を通り抜け、骨原への分岐を右に行く。この辺りは道を間違えやすいので注意。

ため池の横から大辻山方面へ延びる林道を行く。スギの植林地が続き、あたりは鬱蒼としている。数回大きなカーブを過ぎると西種の岩屋に至る。右手斜面上部に大きな岩がいくつか見える。ここは明治時代に鶴仙和尚という僧が修行した場所と伝えられている。

標高670メートルの分岐を過ぎると、程なく左手に剱岳が姿を現す。約400メートルで釜池分岐へ（積雪期以外はここまで車が入る）。釜池分岐で左に入り、標高770メートルで高峰山方面との分岐に至る。ここから右へカーブしてまもなく、林道終点に至る。

比較的傾斜の緩やかなスギ林に取り付くと急登となり、スギ林と雑木林の境から山頂へたどり着く。

山頂部は北東から南西へ細長く延び、北西の方向には木立越しに城ヶ平山、富山平野を、東に大日岳、剱岳、毛勝三山を望む。間近には高峰山への稜線が横たわっている。帰りは来た道を戻るが、釜池へ寄ってみるのもよいだろう。

（真木義信）

コース紹介　日帰り（登山道なし）　適 1月〜3月 下（積雪期のみ）

西種（にしたね）集落から林道を歩いて高峰山登山口を経て山頂を目指す

日帰り 登山口(西種バス停) ➤ 770メートル分岐 ➤ 鍋冠山山頂 ➤ 770メートル分岐 ➤ 登山口(西種バス停)(残雪期の雪の状況により変わる)

歩行時間 5:20　**標高差** ±722 (m)

グレード　積雪期の山なので本書では設定なし

●服装・装備／雪山用装備 （240ページ）

●注意事項／頂上直下は急登、滑落に注意。雪のない時期は林道終点からやぶこぎが必要

みどころ

眼目山立山寺（さっかりゅうせんじ）／上市町（かみいち）眼目（さっか）にある名刹（めいさつ）。1370（建徳元）年大徹宗令禅師により開山される。樹齢400年のトガ並木の参道がある

釜池／釜池分岐を西に折れると釜池に至る

西種バス停

N36°40'07" E137°25'13"
冬季は西種集落まで除雪されているが、駐車スペースはないので注意
アクセス／公共交通：上市町営バス／最寄駅バス停からのアクセス：上市駅から西種下車。登山に利用できる朝の便はない／タクシー利用可／駐車場：冬季以外は高峰山登山口に5、6台駐車可能。／駐車場：冬季は西種集落からかんじきで林道を歩く／交通機関：上市町営バス☎076(472)1111／上市交通☎076(472)0151

山小屋・休憩所 なし

釜池・大蛇退治の民話が残る

鍋冠山山頂より望む劒岳（左）と大日岳（右）

西種造林作業路分岐

大辻山全容

64 大辻山 おおつじやま

初心者向けながら登山の醍醐味を満喫 3等

［上市町・立山町］　飛騨山脈

1361m　N36°36′09″ E137°27′07″

富山市役所展望台から南東方向を望むと、美しい山容の薬師岳、その前にとがった山頂を持つ鍬崎山、麓には立山山麓スキー場が見える。さらに左に目を転じると、三角定規を逆さに立てたように見えるのが大辻山である。ピラミダルな山容でよく目立つ山だ。

整備された登山道でビギナーから楽しめる

国立立山青少年自然の家の野外活動の一環として登られることもある山なので、登山道がしっかりと整備されている上、ロープにつかまってよじ登るような急斜面もあって、安全ながら山登りの醍醐味を満喫できる。これから登山を始めようという人にとっては、うってつけの山なのである。

県道富山立山公園線（6号）から、芦峅雄山神社の脇の林道に入り、右に国立立山青少年自然の家を見て左折すれば、5キロほどで長尾峠。10台ほどの駐車スペースがある。ここに駐車し、右手の登山道から長尾山経由で向かってもよいが、そのまま舗装道を500メートル、5分ほど歩くと、林道⑨の標識と「大辻山本道登山口」の案内板がある。ここから登るとわかりやすく、随所に標識があり時間の目安になる。

大辻③の標識が奥長尾山。ここからは左手に白岩川源流の水音を聞きながらの快適な稜線歩きとなる。大辻⑤すぎからは木の根につかまりながらよじ登るような急坂が出てくる。大辻⑦でいったん下るが、すぐにロープを手繰っての厳しい登りになる。ここを頑張って大辻⑨の標識で右折し、最後の急登へ。大辻⑩の標識が見えたら頂上は目前だ。

立山、弥陀ヶ原、称名滝が目の前に

頂上に立つと一気に眺望が開ける。頑張って登ってきたご褒美とも思える素晴らしい眺めだ。東面に立山・浄土山や弥陀ヶ原がくっきり。左には剱岳の勇姿と、毛勝三山が並ぶ。右を見ると薬師岳の美峰。手前には落差日本一の称名滝も見える。

大辻山には野生生物も多い。カモシカやサルはもちろん、大きなヒキガエルに驚かされたり、運がよければ人懐っこいタヌキに出合えたりもする。

（金川千尋）

コース紹介 日帰り 適 5月上〜11月中

長尾峠に駐車し、徒歩で本道登山口へ。右手の登山口から取り付き、大辻山山頂往復

日帰り 長尾峠(駐車場) ➤ 登山口 ➤ 北尾根分岐 ➤ 大辻山山頂 ➤ 北尾根分岐 ➤ 登山口 ➤ 長尾峠(駐車場)

歩行時間 3:05 標高差 ±573 (m)

グレード [ルート定数:13]

体力度 2

技術的難易度 A B

●服装・装備/日帰り用装備 (238-239ページ)

●注意事項/鈴・ラジオなどで、クマ対策は万全にすること

みどころ

ミズバショウ群生地/林道周辺にはミズバショウの群生地がある。見頃は5月10日前後

[保護区等]国指定特別天然記念物「カモシカ」

MAP:1/5万……五百石 1/2.5万……小見・大岩

登山口 本道登山口

林道9の標識がある登山口

N36° 36'05" E137° 26'08"
国立立山青少年自然の家前から5キロ。長尾峠に駐車し、林道を500メートル下ると右手に登山口
アクセス/公共交通:富山地方鉄道立山線、千垣駅下車、町営バス(日曜休)で雄山神社前下車/バス停からのアクセス:立山青少年自然の家方面に向かって、徒歩約10キロ/駐車場:長尾峠に10台ほど駐車可。/交通機関:富山地方鉄道テレホンセンター☎076(432)3456/立山町住民課☎076(462)9963

宿泊・休憩所

国立立山青少年自然の家
☎076 (481) 1321

頂上からの景色を楽しむ登山者

山頂の標識

北尾根分岐の看板

極楽坂スキー場リフト途中より来拝山を望む

65 来拝山 らいはいざん

自然を観察しながら楽しく登る 3等

［立山町］

900m N36°35′51″ E137°24′23″

「来て」「拝む」立山信仰ゆかりの山

来拝山の山名は、山頂に登り「来て」立山を「拝んだ」ことから付いたといわれている。立山参拝が女人禁制であった時代、女性信者がこの山頂から遥拝した。立山信仰に縁のある山で、山頂からは称名滝、弥陀ヶ原から立山連峰を木々の間から一望でき、拝みたくなるような荘厳な気分にさせてくれる。

登山口近くには来拝山を管理する国立立山青少年自然の家がある。ここで簡単な登山届を出して周辺地図をもらう。登山道、標識、植物名の表示など丁寧な整備がなされ、子どもたちや家族連れの自然体験、ハイキングに人気がある。

登山道は幾つものコースがあるが、迷うことなく散策できる。また、登山道の途中や山頂付近に「凝灰角礫岩」といわれる溶岩と火山灰が交ざり固まった大きなごつごつした岩が見られる。

一般的なルートは南尾根から開けた山頂で立山を展望

南尾根から登り、東尾根を下るルートが一般的である。駐車場から左手の砂利道を5分進むと突き当たりに「来拝山登山口」の標識がある。右手は来拝キャンプ場だ。スギ林に入ると入口の①から始まる番号標識が木に付けてある。②から広葉樹林帯となる。急坂が続くがロープが取り付けてあり、足場の安全を確認しながら登る。④には平たんな広場があり休憩に適している。木の間から富山平野が覗ける。すぐ先の岩場を登ると間もなく頂上⑤だ。大勢が休憩するには十分な広さがある。前方のミズナラの間から立山連峰が見える。後方には富山平野が広がる。

下山は東尾根ルートを取る。急坂に張られたロープを使い慎重に下る。⑧は城前峠と大日の森への分岐点だ。15分ぐらいで城前峠の⑩に着く。そこから富山平野が望まれる。右側の林道を歩き、見事な山容を誇る立山連峰、鍬崎山、大辻山を眺めながら駐車場に戻る。

下山途中から大日の森へは⑧を通り、木に付けてあるアルファベットの標識を確認しながら散策するといい。ブナなどの広葉樹林を行くと、標識Ⓒから Ⓓ、来拝キャンプ場そばの登山口に出る。

（北岡宏紀）

コース紹介　日帰り　適 4月上〜11月下

来拝キャンプ場左の登山口から南尾根を登り、東尾根を下る。大日の森を通るコースも

日帰り　登山口① ➤ 広場④ ➤ 来拝山山頂⑤ ➤ 分岐点⑧ ➤ 城前峠⑩ ➤ 駐車場

大日の森コース（歩行時間同上）

分岐点⑧ ➤ 来拝キャンプ場 ➤ 駐車場

歩行時間 **1:45**　標高差 ±**279** (m)

グレード [ルート定数：7]

体力度　1

技術的難易度　A B

●服装・装備／日帰り用装備 （238-239ページ）

●注意事項／急坂あり

みどころ

頂上からの展望／称名滝、弥陀ヶ原から立山連峰が見渡せる。頂上直下の北尾根にナツツバキの群落がある

周辺施設／国立立山青少年自然の家、芦峅雄山神社、立山博物館、まんだら遊苑、遥望館

登山口　来拝山登山口

「来拝山登山口」の標識がある

N 36° 35'35" E 137° 24'22"

広場から約5分砂利道の山道を進み突き当たり

アクセス／公共交通：富山地方鉄道千垣駅から立山町町営バス雄山神社前行（日曜運休）。バス停から徒歩で横の道に入り、林道大辻線を3キロ先の国立立山青少年自然の家／駐車場：国立立山青少年自然の家手前300メートル左側の来拝広場／交通機関：富山地方鉄道テレホンセンター☎076（432）3456／立山町住民課☎076（462）9963

山小屋・休憩所

国立立山青少年自然の家
☎076（481）1321

登山口近くの駐車場

来拝山山頂付近

来拝山から立山連峰が近く綺麗に見える

66 塔倉山 とうのくらやま

春の女神ギフチョウに出合える山 3等

［立山町］

726m N36°37'12" E137°23'54"

立山町石坂から見る塔倉山（中央奥）

塔倉山の名前の由来は、中腹部にあるおびただしい露岩（安山岩）が累々と積み重なり塔のように見える事によるといわれている。白岩川上流右岸に位置し、対岸に来拝山がある。

山里から近く、残雪期にのみ登られていたが、1998（平成10）年に登山愛好家グループにより南尾根が伐開され、今は通年登山が楽しめる。長倉コースと目桑コースの2つの登山道がある。

スギ林から難所のコルへ 稜線では春にはギフチョウが

長倉コースは、立山町町営バス終点の伊勢屋バス停を左折する（標識あり）。登山口までは2・5キロ。途中、村社・刀尾社を左に見て、進むと右手に駐車場、左手に登山口があり標柱が立っている。

歩き始めはスギ林。500メートルのコルからはロープの連続で、このコース最大の難所だ。頑張って600メートルの稜線に出ると、大きなアカマツが迎えてくれる。視界が開け一息入れるのによい所である。

ここから稜線歩きとなる。所々に樹名プレートが下がっている。春にはイワウチワが咲き、ギフチョウが舞う。目を移せばヤマザクラ、タムシバやムシカリの花が咲き競う。また立山連峰に初雪が降るころの、紅葉真っ盛りとなる景観も捨て難い。しばらく稜線歩きを楽しむと、目桑コースとの合流点に出る。

展望の良い三角点の山 下りは別のコースでも

一登りで山頂（西峰）に着く。柴崎芳太郎が1907（明治40）年に選点造標した3等三角点がある。山頂からの眺めは抜群だ。僧ヶ岳から剱岳、大日岳、西笠山までの展望図が取り付けてある。西峰から10分ぐらいで東峰（730メートル）にたどり着くが、展望、整備の面で西峰に劣る。帰路は来た道を戻るが、車が2台あれば、目桑コースの登山口に下りてもいい。

目桑コースは町営バス伊勢屋行きの谷村口バス停より4キロ、林道塔倉山線に登山口がある。（駐車場はなく道路脇に停める）670メートルの展望台は、のどかな平野部から富山湾まで眺望できる。

（川口一民）

コース紹介　日帰り　適 4月上〜11月下

二つの登山口から山頂へ

(長倉コース) 長倉登山口 ➤ 合流点 ➤ 塔倉山山頂 ➤ 東峰 ➤ 塔倉山山頂 ➤ 合流点 ➤ 長倉登山口

歩行時間 2:50　標高差 ±295 (m)

グレード [ルート定数：9]

(目桑（めっか）コース) 目桑登山口 ➤ 合流点 ➤ 塔倉山山頂 ➤ 東峰 ➤ 塔倉山山頂 ➤ 合流点 ➤ 目桑登山口

歩行時間 2:10　標高差 ±266 (m)

グレード [ルート定数：8]

体力度（共通） 

技術的難易度（共通） A

●服装・装備／日帰り用装備 (238-239ページ)

●注意事項／クマ対策を万全に

みどころ

白岩川ダム／ロックフィルと重力式コンクリートの複合ダム。湖畔は整備され桜の季節が美しい

岩室の滝／白岩川支流・虫谷川に懸かる。落差24メートル。県天然記念物

MAP：1/5万……五百石　1/2.5万……大岩・五百石

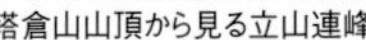
塔倉山山頂から見る立山連峰

670メートルの展望台

登山口　長倉登山口

長倉コース登山口標柱

N36° 36'38" E137° 23'32"

長倉集落の村社・刀尾社を左に見てそのまま進み左手

登山口2　目桑（めっか）登山口

目桑コース登山口標柱

N 36° 37'27" E 137° 23'22"

谷村口バス停から約4キロの林道塔倉山線にある

アクセス／自家用車利用を勧める／駐車場：長倉登山口＝あり、目桑登山口＝なし／公共交通：富山地方鉄道五百石駅下車、立山町営バス伊勢谷線[長倉]伊勢屋バス停から2.5キロ[目桑]谷村口バス停から4キロ／交通機関：立山町商工観光課☎076 (462)9971／住民課（町営バス）☎076 (462)9963

山小屋・休憩所　なし

立山町横江から見た円錐形の尖山

67 尖山 とがりやま

美しい円錐形の特異な山容を見る 2等

［立山町］
559m N36°35'01" E137°21'01"

特異な山容に伝説を秘めた低山

常願寺川沿いに県道富山・立山公園線を走ると立山山麓に入っていく。尖山はその山裾にあり、三角おにぎりを載せたような山の姿は、道筋からいつも目に飛び込んでくる。

かつて、ピラミッド跡だとか、UFO基地などと話題になったのは、低山ながらどの場所からも美しい円錐形の特異な山容を見られるからであろう。

この山には、越中の古代説話によると、布倉姫がいたとされ、昔は布倉山と呼ばれた。早くからよく登られ、親しく「とんがり山」と呼ばれている。

富山地方鉄道立山線の横江駅から村の入口へ向かう。車はここに止め、「尖山入口」の標柱を見つける。

地蔵堂の前を通り、村を抜けて橋を渡るとすぐ前の建物の左脇の緩やかな坂道を登ると林道に出る。それを右に折れ、「とんがり山2km」の標識を過ぎて林道終点の登山口へ出る。また、橋を渡り右へ折れる道から向かうこともできる。

短い時間で登れ頂上から立山連峰が一望

登山道はスギ林が続き、せせらぎの音を聞きながら沢沿いに歩く。小さな滑滝を過ぎて沢を渡る。やがて林を抜けると明るく開け、左へ曲がりやや登りになる。

アカマツやコナラの雑木林の中、山の西面のつづら折りの道を進む。振り返ると常願寺川流域が見える。左に大きなアカマツを見て、階段を登ると頂上だ。

円形の広い頂上では、回りにベンチが置かれ、目の前に立山連峰のパノラマが広がる。また、常願寺川の扇状地の先に富山湾や能登半島を見渡すことができる。ふと山を見たくなった時、いつでも雄大な山並みに会える身近な得難い展望台である。

帰りは来た道を戻るか、頂上の少し下から、急斜面をロープを使い、夏椿峠を経由して降りることもできる。

登山口へのアクセスがよく、短時間で登山ができ、冬のかんじき歩きなど、四季を通して自然に親しめる。暮らしの中に自然を生かす大切な里山だ。

（草野良博）

コース紹介 日帰り 適 通年

横江駅に隣接の駐車場から山頂往復

日帰り 尖山入口の標柱（駐車場脇）➤ 登山口（林道終点）➤ 尖山山頂 ➤ 登山口(林道終点) ➤ 尖山入口の標柱(駐車場)

歩行時間 **2:00** 標高差 ±**284** (m)

グレード [ルート定数：10]

体力度 1

技術的難易度 A

●服装・装備／日帰り用装備 （238-239ページ）

●注意事項／頂上の少し下から夏椿峠へ降りる場合、初めの急斜面はロープを利用し、石を落とさないよう十分注意

みどころ

尖山山頂／独立した山で周りにさえぎるものがなく、立山連峰や弥陀ヶ原がより近くに一望できる。山座絵図で見えている山を同定できる

常願寺川扇状地／暴れ川といわれたが、河岸段丘を造り、扇状地から平野へ流れ広がる様子が見られる

MAP：1/5万……五百石　1/2.5万……千垣、五百石

起点 横江入口駐車場

尖山登山口の横江駅に隣接

N36° 34′58″ E137° 20′07″

富山地方鉄道横江駅からすぐの集落を抜け、林道に入る。狭い林道の終点が登山口

アクセス／公共交通：富山地方鉄道横江駅から徒歩。自家用車の場合は、県道立山公園線のアルペン村を過ぎ、横江駅隣接、横江集落入口の道沿いの左右に駐車場あり／交通機関：富山地方鉄道テレホンセンター☎076（432）3456

山小屋・休憩所

なし

里山ながら、広く近く立山連峰が見える

登りにかかる山道を歩く

登山でクマに遭ったなら②

遠くにいるなら声掛けも。クマとの距離で異なる対処

──100メートルから50メートル先に出没したクマが、こちらの存在に気付いていない時は、クマを驚かせないよう優しく声を掛け、人に気付いて立ち去るように促します。「ほーい、ほいほい」「こっち来るなー」などと言いながら、傘やストックをかざして半円の弧を描き、できるだけクマがこちらの体を大きいと思うよう工夫するといいでしょう。

それでもクマが近づいてくるなら、素早く立木や道標、自動車など何でもよいので、隠れ、じっとしましょう。目の悪いクマは人を見つけにくくなります。万が一、突進してきても障害物があるので被害が軽減されます。落ち着いて、クマを注視し物影に隠れたまま静かに後退しましょう。距離が広がることで、クマが平常心に戻り、その場を立ち去ることが期待できます。

クマが向かってくるならクマよけスプレーを噴射しましょう。スプレーが届くのは5メートル程度です。命中させるのが難しいですが、クマと人の間にスプレーの煙幕を作れれば、クマがひるみます。その間に次に備えましょう。

クマに攻撃スイッチを入れてしまう人間の「NG行動」

──クマの攻撃スイッチを入れるような行動は決してしないでください。まずは「走って逃げない」。背中を見せて逃げるとクマは追いかけたり、攻撃を加えようとします。また「大声を出さない、叫ばない」ようにし、興奮させないでください。最後に守ってほしいのは、「食べ物を投げたり、食べ物の入った荷物を置き去りにしない」。人間から食べ物のうばい方を覚えたクマは、人間をつけねらうようになってしまいます。よほどの場合でない限り、タオルやハンカチなどクマが食べられないものを使いましょう。ザックはいざというとき背中を保護してくれるので、かついだままの方がいいでしょう。

それでも襲われてしまったら、素早く118ページの防御姿勢をとりましょう。あとは、クマからの攻撃が致命傷にならないように、重傷が軽傷になるように耐えるしかありません。絶対に生き残るという強い意志と、遭遇を想定した装備の有無が生死を分かちます。（談／富山県立山カルデラ砂防博物館・主任学芸員白石俊明さん）

100〜50m

① やさしく声を掛け立ち去るよう促す

50〜10m

① 物影に隠れてじっとする
② クマを注視し物影に隠れたまま静かに後退する
③ 近付いてくるならクマよけスプレーの準備

10m以内

① 10m以内にきたらスプレーを噴射してよいが、5m以内が射程距離。クマの頭部に向ける
② 襲ってきたら素早く防御姿勢を
③ 脚や腕を噛まれても我慢し、絶対に仰向けにならない。

県中央部の山

富山市

風光明媚な神通峡周辺、風衝草原の山など、常願寺川・神通川水系の山々は、飛騨高原から下流域の扇状地まで、さまざまな姿を見せる。歩行時間2時間からの一日を、自然とともに過ごす。

鍬崎山の途中より大品山を望む（写真・荒井高志）

68 大品山 おおしなやま

百間滑を経てブナ林の尾根道を歩く 3等

［富山市］ 飛騨山脈 有峰県立自然公園 立山山麓県定公園

1420m N36°33′23″ E137°27′28″

山容はなだらかで、ブナやダケカンバの巨木が立ち並ぶ山頂広場は、森林浴に最適である。登山道は、春にはユキツバキやウラジロヨウラクなどの花々、夏は力強く生きる立山杉、秋は紅葉に染まるブナ林が目を楽しませてくれる。

清流沿いに まずは瀬戸蔵山へ

あわすのスキー場のゲレンデ右脇を進み、ジグザグな坂道を登っていくと橋が見えてくる。そこは百間滑。谷水は中生代の砂岩・礫岩の上を滑るように流れ、流量の多い時期は豪快である。その長さから百間の名がある。橋を渡ると休憩用のベンチもある。沢沿いに登ると、松尾滝、そして落差40メートルの龍神の滝が現れる。流れ落ちる様子は龍が天に昇るように見えると言われる。

しばらく登ると松尾山の大杉、龍神の御神木など、立山杉の巨木が連なる。その後、ロープや鉄製のハシゴもある急な上り坂の階段が続くが、慎重に登りたい。やがて電波反射板が見えてくると、すぐそこは瀬戸蔵山の山頂。

山頂から立山方面が一望でき、特に弥陀ヶ原の大きさが実感できる。

ブナ林の尾根道を歩き 山頂でのんびり森林浴

瀬戸蔵山を出発すると、奇妙な形をした立山杉の巨木が立ち並んでいる。右手遠方に有峰ダムが見える鞍部に着くと、最後の登り。ブナやダケカンバに囲まれた斜面を登り切ると、山頂看板がある。ベンチに腰掛けて大日連山や毛勝三山を眺望したい。

ここから少し進むと巨木に囲まれた山頂広場があり、木陰で休憩することができる。この辺りが山頂。少し奥に進むと、鍬崎山を間近に望める。帰りは来た道を戻る。

大品山登山口の立山山麓周辺は、観光地として自然に親しむ施設が数多い。四季を通じてトレッキングイベントが開催されているので、登山入門者には最適である。

（奥野優一・浅井淳一）

山頂広場のブナ林

コース紹介　日帰り　適 5月中〜11月中

あわすのスキー場から、瀬戸蔵山を経て大品山山頂往復

日帰り　あわすのスキー場 ➤ 分岐（龍神（たつがみ）の滝）➤ 瀬戸蔵山 ➤ 大品山 ➤ 瀬戸蔵山 ➤ 分岐（龍神の滝）➤ あわすのスキー場

歩行時間 **6:30**　標高差 **±822**（m）

グレード ［ルート定数：25］

体力度　3

技術的難易度　A　B

●服装・装備／日帰り用装備（238-239ページ）

●注意事項／瀬戸蔵山からの下りは非常に急であるため足元を確かめながら歩く

みどころ

大品山山頂広場／ブナとダケカンバの巨木が立ち並ぶ広場からは鍬崎山を間近に望む

龍神の御神木・松尾山の大杉／樹齢数百年の立山杉の巨木。長年の風雪に耐え、幾重にも幹を伸ばして生き延びる様は圧巻

MAP：1/5万……五百石　1/2.5万……小見

登山口　あわすのスキー場

あわすのスキー場（駐車場）

N36°34′35″ E137°26′22″

アクセス／公共交通：富山地方鉄道立山駅からあわすのスキー場まで徒歩40分／駐車場：あわすのスキー場の駐車場／交通機関：富山地方鉄道テレホンセンター☎076（432）3456

山小屋・休憩所　要予約

立山山麓家族旅行村
☎076（481）1748

ユキツバキ

龍神の御神木

百間滑

富山市岡田より鍬崎山を望む

69 鍬崎山 くわさきやま

黄金伝説を秘めた優美な山を登る 三百 2等

［富山市］ 飛騨山脈 有峰県立自然公園

2090m N36°32'24" E137°28'41"

富山藩主・佐々成政が「数百万両の軍用金を埋蔵した山」という伝説で知られる。「朝日さす夕日輝く鍬崎に、七つむすび七むすび、黄金いっぱい光り輝く」という古い里謡に、黄金の謎を解く鍵が秘められているという。

関白秀吉の越中攻めを逃れた成政の秘宝

伝説では、１５８５（天正13）年、豊臣秀吉が富山城を攻める直前に、成政が侍大将・阿部義行に命じて城から運び出させたという。

黄金伝説を秘めた優美な山である一方、山頂に懸かる雲の具合を見て、立山の天気を知る指標とされるなど、古くから地域に親しまれてきた。

あわすのスキー場の登山口から間もなくコースの見どころ、百間滑や龍神の滝を経て、瀬戸蔵山から尾根伝いに大品山山頂まで行くと、ベンチなどで休憩できる広場がある。遊歩道はここで終わり、いったん約90メートル下り鞍部へ向う。コース詳細は68大品山（164ページ）を参照

鎖場のある整備された登山道

鞍部からいよいよ鍬崎山への登りがはじまる。登山道は整備されており、ほぼ直登となる。登り続けると、前方に小高い独標が見えてくる。そして鎖が付けられた露岩をよじ登る。この辺り、残雪期には下りで滑落しやすいので注意する。鎖場を過ぎると１７５６メートルの独標に着く。いったん20メートル下り最後の登りとなる。標高１８００メートルぐらいから細い尾根となり、しばらくで鍬崎山山頂である。

正面の薬師岳と眼下の立山カルデラは圧巻

大きな岩が点在し、南北に細長い平らな山頂で、３６０度の絶景が広がる。特に南正面の薬師岳は圧巻。その左眼下には、立山カルデラや国の有形文化財の白岩砂防えん堤を望む。また北アルプスの山々、有峰湖や西笠山・東笠山、鉢伏山などが展望できる。

下山は往路を引き返す。

（永山義春）

龍神の滝

コース紹介　日帰り　適 6月上〜10月下

あわすのスキー場から、瀬戸蔵山、大品山を経て鍬崎(くわさき)山山頂往復

日帰り　あわすのスキー場 ➤ 瀬戸蔵山 ➤ 大品山 ➤ 1756m地点 ➤ 鍬崎山山頂 ➤ 1756m地点 ➤ 大品山 ➤ 瀬戸蔵山 ➤ あわすのスキー場

歩行時間 12:25　標高差 ±1491 (m)

グレード [ルート定数：48]

体力度  5

技術的難易度 A B C

●服装・装備／日帰り用装備 (238-239ページ)

●注意事項／ゴンドラリフトがなくなり往復12時間の歩行。十分な行動計画が必要

みどころ

龍神(たつがみ)の滝／立山火山の噴出岩を、浸食して流れ落ちる様子が、龍に見えるところから、名づけられた。落差は40メートル、「とやまの滝37選」の一つ

百間滑(ひゃっけんなめ)／龍神の滝の下流200メートルにわたる、岩肌の美しい一枚岩の谷川。夏の夕立の後、龍がこの急流で遊ぶと伝わる(橋のそばにバイオトイレあり)

MAP：1/5万……五百石　1/2.5万……小見

登山口　あわすのスキー場

あわすのスキー場(駐車場)

N36° 34'35" E137° 26'22"

アクセス／公共交通：富山地方鉄道立山駅からあわすのスキー場まで徒歩40分／駐車場：あわすのスキー場の駐車場

交通機関／富山地方鉄道テレホンセンター☎076(432)3456

山小屋・休憩所　要予約

立山山麓周辺はロッジやペンション、民宿などの通年営業が多い。

立山山麓家族旅行村
☎076 (481) 1748

山野スポーツセンター
☎076 (481) 1505

1700メートル地点の鎖場

1700メートル地点からの鍬崎山山頂

鍬崎山山頂から薬師岳を望む

富山市岡田えん堤から見た鉢伏山

70 鉢伏山 はちぶせやま

鉱山跡を一角に残す閑雅な山 3等

［富山市］ 飛騨山脈 有峰県立自然公園

1782m N36°30'53" E137°25'37"

なだらかな稜線が左右に延びる大きな山容の鉢伏山は、立山山麓スキー場の上部からはっきり望まれる。左の鍬崎山と比べても引けを取らないくらい、鉢を伏せたようにどっしりと腰を据えている。

江戸時代からの鉱山跡を一角に残す

鉢伏山には大正期まで亜鉛鉱山があった。現在の有峰林道小口川線の登山道は、1991（平成3）年8月に開催された第44回富山県民体育大会山岳競技（第3部）が、鉢伏山を会場として開催されたのをきっかけに整備された。毎年小口川線が開通する7月ごろ、地元の山岳会のメンバーによって、草刈りが行われている。

登山口へは車で小口川線の水須連絡所から入る。林道を横切るフロヤ谷が登山口で、車数台の駐車スペースがある。1040メートルの登山口から登り始めると、すぐに約20メートルの急登となる。さらに蛇行しながら登ると約30メートルの急斜面となり、露岩帯に出る。

急登を抜けて樹林帯から水平道へ

急な尾根筋を少し登り、斜面を右に巻くようにしばらく行くと樹林帯の中に入り、足場もよくなる。やがて傾斜は緩くなり、やや広い場所に出る。ここが鉱山跡水平道分岐である。ここからは、緩い尾根を登る。

標高1400メートルくらいの所で鉱山精錬カスの堆積場跡に出る。道は右へ直角に折れ、山腹を横切る。約200メートル行った所で沢に入る。通常は枯れ沢であるが、大雨のときは濁流となるので天候に注意する。

途中何度か沢が分かれるが、目印のある右側の沢へ進む。沢が終わり尾根に出ると、小さな登り下りを繰り返す。ハイマツ（ハッコウダゴヨウ）の生えた平たん地にくると山頂となる。花の時期はコバイケイソウが咲いている。晴れた日には、立山連峰など近隣の山々が望まれる。復路は来た道を戻る。

（浅井淳一）

コース紹介　日帰り　適 7月上〜10月下

有峰(ありみね)林道小口川線フロヤ谷の登山口から鉱山跡を経て鉢伏山(はちぶせ)山頂往復

日帰り　登山口 ➤ 鉱山跡水平道分岐 ➤ 鉱山精錬カス堆積場跡 ➤ 鉢伏山山頂 ➤ 鉱山精錬カス堆積場跡 ➤ 鉱山跡水平道分岐 ➤ 登山口

歩行時間 **6:00**　標高差 ±**829** (m)

グレード [ルート定数：22]

体力度 3

技術的難易度 A B C

●服装・装備／日帰り用装備 (238-239ページ)

●注意事項／登山口からすぐに急登となっている。雨天の日は足場が悪いので注意。枯れ沢に入ると途中で左右に分岐しているが、目印のある右側の道を進む

みどころ

山頂からの展望／1782メートルの山頂から薬師岳、北ノ俣岳などの展望が圧巻

亀谷、有峰、鉢伏の鉱山／近世以降、小口川中流域で金山や銀山が開かれ繁栄した。明治から大正にかけては亜鉛鉱が採掘されたが衰退した。鉱山跡はその名残である

MAP：1/5万……五百石　1/2.5万……小見

登山口　フロヤ谷右岸

フロヤ谷の登山口

N36° 31′17″ E137° 24′24″
フロヤ谷右岸。以前大きな案内板があったが、積雪等で破損した
アクセス／公共交通：なし。富山地方鉄道の有峰口駅から車の利用。有峰林道小口川線（有料）でフロヤ谷へ／駐車場：登山口に数台分／交通機関：富山県森林政策課有峰森林文化村係☎076(482)1420(5〜11月)（同林道の一般供用は例年7月〜10月）

山小屋・休憩所　なし

鉱山跡

鉢伏山山頂

山頂北側草原に咲くコバイケイソウ

71 高頭山 たかずこやま

播隆上人の生誕地から登るブナ林の山 2等

［富山市］

1210m N36°30'46" E137°20'17"

熊野川ダムから望む高頭山

高頭山は神通川の支流熊野川上流部、三枚滝のある本流と支流小原川に挟まれた稜線上の双耳峰の山である。熊野川流域には廃村が多く登山口に当たる河内地区もその一つである。

播隆上人ゆかりの地 6月には記念登山も

笠ヶ岳の登山道を再興し、槍ヶ岳の開山で知られる播隆上人はこの河内の出身。生家跡には顕彰碑が建ち、毎年6月に「播隆祭」が開催され、高頭山への記念登山を行う。登山道は1990（平成2）年に橋本廣氏の発案で、多くの山仲間が伐開した。

熊野川左岸沿いの県道河内花崎線を南へ6キロほどさかのぼり、熊野川ダム横のトンネルを抜けて、さらに4キロ進むと顕彰碑がある。そこからすぐ先の熊野川を渡った所に、登山口の看板と階段がある（標高約400メートル）。

導水管に導かれ あとは樹林の尾根道を行く

スギ林の中の急な道を登ると、水平道に出る。やがて発電用導水管のコンクリートの階段となるが、脇の草付きの道が歩きやすい。途中から急な階段を避けて左の巻き道を行く。5、6月ごろは山菜やアサギマダラの飛翔が見られる。導水管路の最後は右側に渡り、水平道を100メートル余り進むと登り口の標識がある（三枚滝への水平道分岐）。

取り付きは急登だが、稜線に出ればほぼ尾根通しの道が樹林の中に頂上まで続く。水が浸みてジメジメした箇所を通過したら、立山杉伐採跡の眺望の開けた所に出る。しばらく進むと快適なブナ林となる。標高約1000メートルのなだらかな地形で、ヒバやゴヨウマツなどの大木があり、シャクナゲやユキツバキも多い。再び登りとなり、双耳峰の手前の小ピークは踏まずに鞍部へ下る。

緩やかな登り返しでネマガリダケの茂みを抜けると、2等三角点（点名「小原」）が登山道の右側にある。すぐ先の平たん地が山頂で、最高地点は1210メートル。展望が利くのはブナの芽吹く前と落葉後。下りは来た道を引き返すが、急な所もあり慎重に下りたい。

（山田信明）

コース紹介　日帰り　適 6月上～11月（盛夏は不適）

新熊野川発電所から取り付き、導水管沿いに登り、三枚滝分岐から尾根上を山頂往復

日帰り　登山口 ➤ 三枚滝分岐 ➤ 1000メートルの平 ➤ 高頭山山頂 ➤ 1000メートルの平 ➤ 三枚滝分岐 ➤ 登山口

歩行時間 5:30　標高差 ±833（m）

グレード［ルート定数：21］

体力度 

技術的難易度　A　B

●服装・装備／日帰り用装備　（238-239ページ）

●注意事項／県道は熊野川ダム横のトンネルから先は5月末まで冬期間通行止。途中に水場はない

みどころ

播隆（ばんりゅう）上人生家跡／1983（昭和58）年に日本山岳会富山支部により顕彰碑が建立された。富山市大山歴史民俗資料館には、上人ゆかりの史料が展示されている

三枚滝／水平道をたどり、発電用の取水口下流にある。三枚滝分岐から往復40分

MAP：1/5万……五百石　1/2.5万……千垣

登山口　新熊野川発電所

熊野川の橋を渡ってすぐの広場

N 36° 31′58″ E 137° 19′13″
播隆上人生家跡から200メートルほど南進し、熊野川を渡った新熊野川発電所ゲート前が登山口

アクセス／公共交通：自家用車か、富山地方鉄道上滝駅もしくは岩峅（いわくら）寺（じ）駅からタクシー利用／駐車場：発電所入口ゲート前に車10台ほどあり／交通機関：県富山土木センター☎076（444）4450／富山市大山行政サービスセンター☎076（483）1211㈹／地鉄タクシー上滝営業所☎076（483）1331

山小屋・休憩所　なし

山頂のブナ林

導水管に沿って進む

播隆上人の生家跡

茂住林道（飛騨市）から六谷山（中央）を望む

72 六谷山 ろくたんやま

飛越県境の茂住峠から登る展望の山 1等

［富山市／岐阜県飛騨市］ 飛騨高地

1398m N36°27'49" E137°18'31"

六つの谷が源を発する

六谷山は、富山県と岐阜県の県境にある1等三角点の山である。山頂から富山県側には弥谷、カヤ原谷、キヤク谷、クスリ谷、大池谷が、岐阜県側には茂住谷が食い込む。これら六つの谷が源を発しているところから、六谷山の名が付いたといわれる。

登山口となる茂住峠へは、富山市小坂から長棟林道が通じているが、桧峠にゲートがあり一般車は通行できない。そこで飛騨市神岡町東茂住から茂住林道をたどる。

富山から国道41号を走り、東茂住の交番角を左折して林道に入る。最初は舗装されているが、すぐに荒れた砂利道になる。林道はかなりの悪路なので、普通車で入るのは難しい。途中の分岐を左に進む。右は廃鉱となった大津山への道だが、かつての坑道は東大宇宙線研究所の宇宙素粒子研究施設（スーパーカミオカンデ）として活用されている。

茂住峠には車数台分の駐車広場がある。登山道入口に六谷山登山口の看板がある。峠から歩き始めると、すぐに2体の地蔵が鎮座している。それを目印とするのもよいだろう。

1270メートル手前までは、刈り払われていて歩きやすいが、登るにつれて草木で分かりづらくなってくる。登山道を外れぬよう気をつけたい。

1等三角点の山頂から飛騨の山々を展望

ブナ林の中を歩むと、標高1350メートル辺りで稜線に出て西へ向かう。前方に目指す六谷山が、左下には茂住の鉱滓池が見えてくる。いったん下るが、稜線を忠実にたどると、間もなく1等三角点のある山頂に着く。

山頂からは池ノ山、高幡山、横岳など県境の山々や北アルプスを望む。素晴らしい展望だ。西は少し先にある反射板まで中部電力の巡視路が続いている。

下山は往路を戻る。急な箇所にはロープが取り付けてある。滑らないように気をつけて、地蔵が待つ峠まで下りる。

（柴崎孝之）

コース紹介　日帰り　適 5月中〜11月下

飛騨市茂住(もずみ)峠を登山口に山頂往復

日帰り　茂住峠 ➤ 六谷(ろくたん)山山頂 ➤ 茂住峠

歩行時間 2:20　標高差 ±515 (m)

グレード [ルート定数：11]

体力度　2

技術的難易度　A

●服装・装備／日帰り用装備 （238-239ページ）

●注意事項／登山道は刈り払いされていない部分もあり、道から外れないよう注意。茂住林道は通行可能か事前に確認のこと

みどころ

秋は全山紅葉／ブナをはじめとする広葉樹林の山なので、全山紅葉するさまは見事。秋の登山がお薦め

MAP：1/5万……有峰湖　1/2.5万……東茂住

登山口　茂住峠

茂住峠の登山口

N36° 27'10" E137° 19'02"
国道41号から茂住林道をたどる。茂住峠に六谷山登山口の看板がある。峠より北に向かって刈り開けた道に入ると、すぐに2体の地蔵がある

アクセス／公共交通：なし。自家用車のみ／駐車場：茂住峠に数台駐車できる広場あり／交通機関：飛騨市神岡振興事務所☎0578(82)2254

山小屋・休憩所　なし

茂住峠の地蔵

山頂の1等三角点

山頂から県境の山、池ノ山、高幡山を望む

北峰から見るキラズ山本峰

73 キラズ山 きらずやま

彼岸には双耳峰のコルから日が昇る 3等

［富山市／岐阜県飛騨市］ 飛騨高地

1188m N36°27'54" E137°16'44"

山林を「切らず」が由来

キラズ山とは不思議な名前の山である。『大沢野町誌』上巻（昭和33年）によれば、昔この山の木を切るとたたりがあるとの言い伝えがあり「木を切らず」からきている。

キラズ山は、3等三角点（点名は上山割）がある本峰とその北の北峰からなる双耳峰である。国道41号の猪谷交差点辺りから見ると、神通川を挟んで東南東の方角に大きく見える。

登山口をうまく見つけコルを目指す

富山方面から車で猪谷交差点を左折して神峡橋を渡る。すぐ左折して小糸まで走る。小糸から5・3キロほど林道を進むと、林道右側に作業道が分岐する。車は、この辺りか少し先の林道脇に置くのが無難である。ここがルートの起点である。

作業道を2・3キロほど歩くと道が3手に分かれる。左手の道に入り、200メートルほど進むと、右に「登山口」の標識がある。標高約890メートルに位置するこの取り付き口の発見が最初のポイントである。分岐点から取付き口にかけては杉の伐採のため毎年様相が変わり注意が必要だ。

この取り付き口から頂上に行くルートは、キラズ山本峰からのびる北方稜線上にあり、地図上の1080メートルと1000メートルの間のコルを目指す。

作業道に頼らず地図を見ながら直線的にこのコルへ近づくのが間違いない。このコルへの到達が第2のポイントである。

あとは北方稜線をひたすらたどれば良い。この道は、国有林と民有林の境界をなす稜線で道幅も広く楽しく歩ける。また東側に立山連峰や六谷山を望むことができる。

北峰は大変気持ちの良い休憩場所で展望にも優れる。ここからキラズ山本峰と六谷山の間から笠ヶ岳が見え、またブナクラ谷の上には白馬岳が見える。このコルからしばらく歩くと道は左へ曲がり本峰へ続く急斜面となる。頂上はササに囲まれて展望はよくない。下りは北方稜線を引き返す。

（藤田安啓）

春秋のお彼岸のころ、猪谷から見てキラズ山のコルから太陽が昇る。この話は、富山市の佐藤徹さんから教えてもらった。また、北日本新聞1978（昭和53）年1月26日付け夕刊に、佐藤さんが投稿した文章『「キラズ」の峰』を参照した。

コース紹介　日帰り　適 6月上〜11月下（盛夏は不適）

富山市小糸の作業道入口から山頂往復

日帰り　作業道入口 ➤ 作業道分岐 ➤ 北峰 ➤ コル ➤ キラズ山山頂 ➤ コル ➤ 北峰 ➤ 作業道分岐 ➤ 作業道入口

歩行時間 4:40　標高差 ±680 (m)

グレード [ルート定数：18]

体力度 2

技術的難易度 A B

●服装・装備／日帰り用装備　(238-239ﾍﾟｰｼﾞ)

●注意事項／従来の登山道は点線表示（明瞭でない）。本峰直下は急斜面である

みどころ

彼岸の日の出／春秋の彼岸のころ、猪谷から見て双耳峰のコルから太陽が登る光景が見られる。細入南部地区センター（旧猪谷小学校）からは、日が昇る時刻は2013年9月24日で6時50分ごろ、2014年3月22日は7時5分ごろであった。キラズ山の双耳峰のコル、六谷山山頂、水晶岳山頂はほぼ一直線上にあり、同センターから見る彼岸の日の出はこれらを通過してくる光である

東猪谷の野仏／山麓の東猪谷には、多くの野仏がある

MAP：1/5万……有峰湖　1/2.5万……東茂住・猪谷

登山口　作業道入口

作業道入口

N36° 28'31" E137° 15'37"

小糸集落から5.3キロほど林道を走り、林道から右側に鋭角に分岐する作業道入口

アクセス／公共交通：JR高山本線猪谷(いのたに)駅から徒歩／バス停からのアクセス：猪谷バス停より徒歩／駐車場：作業道入口近辺に邪魔にならないように駐車する。作業道には車で無理に入らない方が無難／交通機関：JR富山駅☎076(432)6550／富山地方鉄道☎076(432)3456

山小屋・休憩所　なし

コルからの太陽（2013年9月24日、細入南部地区センター）

コルから見た白馬岳

頂上三角点

ソンボ山（飛騨市）から唐堀山を望む

74 唐堀山 からぼりやま

春の山頂一帯はススダケの宝庫 3等

［富山市／岐阜県飛騨市］　飛騨高地

1159m　N36°26′46″ E137°11′44″

神通川の支流・宮川と久婦須川の間に連なる県境の一山。大高山、西新山の奥に位置し、平野部からは目立つ特徴がなく、一般にはなじみが薄い。どっしりした大きな山体は玄人好みの地味な山で、地域の人からはススダケ（ネマガリダケ）の山として親しまれている。

非常口を降りた所が登山口

登山道は、宮川と八尾側の2方向があり、境界線と鉄塔巡視路を兼ねている。国道41号を南下、猪谷で右折して国道360号に入り、加賀沢トンネル手前の路肩に車を止める。トンネル内を歩き、飛越橋を渡って唐堀トンネル手前の非常口から外に出る。鉄ばしごを降りた所が登山口。

少し歩くと舟渡谷の清水がこんこんと湧き出ている。水のない人は補給するとよい。ジグザグに樹林帯を登ると、左手に延びる巡視路があるが、ここは右の尾根道を進む。ブナ疎林をしばらく登ると、格好の休憩場・第1鉄塔に至る。

眺望が開ける第4鉄塔

登山道は結構な急坂が続き、第4鉄塔まで一定の斜度で直線的に登るため、高度が稼げる。第4鉄塔手前に来ると、突然眺望が開け、唯一のビューポイントに出る。北から南へ毛勝三山、剱岳、立山、薬師岳、黒部五郎岳、笠ヶ岳までの北アルプスが一望できる。

さらに直登して、左に山腹を巻きながら登り、主尾根と合流、一息登ると山頂である。

山頂はススダケと雑木の密生地で視界は利かず、登山道の中央に頂上を示す三角点標石が露出している。200メートルほど先のヘリポートで休憩しよう。

ここからは南西に白木峰や小白木峰が見える。周囲はススダケやぶで、決して視界はよくないが、ススダケのシーズンになると、ヘリポート付近は座る場所を確保できないほどだ。下山は往路を引き返す。

八尾側の登山道は傾斜も時間的にも楽だが、ゲートで閉鎖され、関係者か地元の人々しか入れない。

（蜷川健昭）

コース紹介　日帰り　適 5月上～10月下

飛越（ひえつ）トンネルの唐堀トンネル登山口から、トチやブナ林の道を登り、山頂往復

日帰り　加賀沢トンネル ➤ 唐堀トンネル登山口（非常口鉄梯子下） ➤ 第1鉄塔 ➤ 唐堀山山頂 ➤ ヘリポート ➤ 唐堀山山頂 ➤ 第1鉄塔 ➤ 登山口 ➤ 加賀沢トンネル入り口

歩行時間 **5:20**　標高差 ±**896**（m）

グレード［ルート定数：21］

体力度　3

技術的難易度　A

●服装・装備／日帰り用装備　（238-239ページ）

●注意事項／周囲のススダケやぶは広いので山菜迷子に注意

みどころ

食の楽しみ／山頂周辺はススダケの宝庫。久婦須川流域の八尾地区の人々に親しまれている。飛騨市宮川はアユの名所。8月上旬から10月上旬まで梁（やな）漁が行われる

※国有林野内において、山菜等を無断で採取する行為は森林窃盗に問われることがあります。特に山菜等を大量に採取する行為は厳に慎んで下さい

MAP：1/5万……白木峰　1/2.5万……猪谷

登山口　唐堀トンネル手前

ドアから鉄ばしごを下りた地点が登山口

N36°26'10"　E137°12'43"
国道360号の加賀沢トンネルから歩き、宮川を渡ったところで、並列するJRの唐堀トンネルの手前非常口から外に出て、鉄ばしごを下りる

アクセス／自家用車推奨／駐車場：加賀沢トンネル手前旧道跡の橋の先の林道脇に数台／タクシー利用時は加賀沢トンネル手前で下車／公共交通：JR高山本線杉原駅下車徒歩1時間30分／交通機関：富山市細入中核型地区センター☎076（485）2111

山小屋・休憩所　なし

ヘリポート

第4鉄塔付近

第1鉄塔付近

電波塔が5基並ぶ城山

75 城山 じょうやま（呉羽丘陵）

しらとり広場から望む圧巻の立山連峰 1等

［富山市］ 呉羽丘陵県定公園

145m N36°41′53″ E137°09′50″

立山連峰を仰ぐ特等席

呉羽山丘陵は富山平野の中央部に位置し、県内を東西にほぼ二分する。北東の呉羽山（3等三角点71メートル）、南西の城山（1等三角点145メートル）と二つの低山が連なり、長岡新から杉谷まで長さ約8キロで、尾根上には遊歩道がほぼつながっている。並行する車道はドライブコースとしても親しまれ、駐車場も整備されている。

呉羽山公園の展望台は、まさに「立山仰ぐ特等席」で、立山を開山した佐伯有頼少年像が白鷹を腕に立山を指さしている。晴れた日には富山湾から立山連峰までを一望でき、春には桜の名所としてにぎわう。

城山への登山口は、舗装された急坂を上がる。じきに遊歩道となり七面堂の前に出て、旧北陸街道との出合いが峠茶屋である。

歴史に思いをはせ、四季折々の山歩きが楽しめる

城山へは稲荷神社の方へ向かう。峠茶屋～七面堂～浅田の丘、木俣修歌碑などを経て、しらとり広場に出る。ここも桜が美しく、展望台から立山連峰と富山市街が見渡せ、軍事の要衝であったことがうなずける。城山山頂は、豊臣秀吉が佐々成政攻略のため本陣を置いた場所で、東出丸跡、三の丸跡、二の丸跡を経て本丸跡に出て、丘陵最高地点の頂上となる。南へ向かう遊歩道はいったん車道と接するが、木立の中の尾根道をたどると、やがて人の少ない静かな山行となる。鉄塔沿いを進み、のぞみの丘、竹林を整備したきんたろうの森、古沢塚山古墳を過ぎて、杉谷の御鷹台広場まで続く。西の斜面は梨畑が広がり呉羽少年自然の家や富山ガラス工房、富山市ファミリーパーク（動物園）に通じる。

このように呉羽山丘陵一帯は縦横に散策コースが整備され、四季折々の山歩きを家族で楽しむことができる。積雪期の城山縦走は長靴も十分だが、多雪時は所々のアップダウンに備えかんじきハイクもよい。旧国道8号の呉羽山連絡橋も完成が待たれる。

（吉村勢津子）

コース紹介　日帰り　適 通年

登山口から城山山頂を経て、御鷹台まで行き登山口へ下りる

日帰り 登山口 ➤ 七面堂 ➤ しらとり広場 ➤ 城山山頂 ➤ のぞみの丘 ➤ 御鷹台広場 ➤ のぞみの丘 ➤ 城山山頂 ➤ 登山口
（見学・休憩を含め1日コース）

歩行時間 **6:20**

グレード　遊歩道中心の山なので本書では設定なし

●服装・装備／軽装可
●注意事項／秋のやぶ蚊対策はしっかりと

みどころ

しらとり広場／雄大な立山連峰が望める
城山山頂／戦国越中の歴史を感じる
古沢塚山古墳群ほか／縄文時代の富山に思いをはせる

MAP：1/5万……富山　1/2.5万……富山

登山口 七面堂側登山口

旧国道8号に接した急坂を上がる

N36°42′19″ E137°10′53″
富山地鉄バス「呉羽山公園」バス停から旧国道8号を富山寄りに400メートル戻った急坂の入口
アクセス／公共交通：富山地鉄バス「呉羽山公園」下車／駐車場：呉羽丘陵多目的広場に無料駐車場。城山スカイラインが呉羽山公園から吉作まで続いている。城山山頂へはしらとり広場に駐車するのが最短。／呉羽丘陵多目的広場駐車場からは旧国道8号を高岡方面に100メートル進み、左手の急坂を上がる／交通機関：富山地方鉄道☎076（432）3456

山小屋・休憩所 ビジターセンター

城山山頂　1等三角点

しらとり広場展望台から眺める立山連峰の夕景

城山山頂より見る富山平野と立山連峰

富山市南部から見る小佐波御前山（中央の台形の山）

76 小佐波御前山 おざなみごぜんやま

家族連れで大自然を気軽に楽しむ 2等

［富山市］

754m N36°32′29″ E137°15′21″

四季を通じ家族連れでにぎわう

富山市中心部から国道41号を岐阜方面に向かうと、左前方に台形の山容が見える。遠目には一つの山のように見えるが、右から猿倉山、御前山、小佐波御前山の三つの山が重なっている。小佐波御前山はこの台形の中央の山だ。立山に比べ「幼い子」の意味から「幼み山」が「小佐波山」に転じたといわれる。

猿倉スキー場周辺は森林公園としてキャンプ場、バーベキューハウス、芝生広場、遊具などが整備され、春から秋はもちろん、冬にもそり遊びの家族連れでにぎわっている。

ふるさと歩道や遊歩道の歩きやすい道をゆく

登山コースは三つあるが、ここではふるさと歩道を利用して猿倉山から小佐波御前山を往復するコースを紹介しよう。

猿倉山森林公園の駐車場が登山口となる。かつて風力発電所があった風の城への階段を少し登ると、右側にふるさと歩道（中部北陸自然歩道）の入口がある。10分も歩くと林道に出る。右に少し下ると、御前山への遊歩道に入る。木々の間から立山連峰や剱岳が見え隠れする歩きやすい道を進む。スギ林を抜けると御前山直下の林道に出る。右は御前山山頂だ。

そのまま林道をたどると終点広場になり、小佐波御前山への登山道が延びる。少し登ると獅子ヶ鼻岩だ。高さ40メートルもの巨岩が南に突き出し、垂直に切れ落ちている。

秋になると眼下に美しい紅葉と神通川、楡原の集落が見渡せる。急登の階段が出てくると山頂は近い。山頂台地には2等三角点の標石と祠があり、そのまま進むと頂上広場に着く。

広場にはベンチと登山道開設の石碑があり、富山平野、日本海が望める。東側には1998（平成10）年に建てられた立派な小屋がある。その先にはパノラマ展望台があり、立山連峰の眺望を楽しめる。

下山は往路を戻り、猿倉山に立ち寄ろう。風力発電の風の城と猿倉神社がある。眺望もなかなかだ。駐車場までは460段の階段を下るが、脇に植えられたシバザクラが、春には奇麗な花を咲かせる。

（瀬戸紀美子）

コース紹介　日帰り　適 4月上～11月下

猿倉山森林公園駐車場からスタート。御前山、獅子ヶ鼻岩を経て、小佐波(おざなみ)御前山山頂を往復

日帰り　風の城下(登山口) ➤ 猿倉山・御前山分岐 ➤ 御前山 ➤ 小佐波御前山登山口 ➤ 小佐波御前山山頂 ➤ 猿倉山 ➤ 風の城下(登山口)

歩行時間 4:25　標高差 ±660 (m)

グレード [ルート定数：17]

体力度 2

技術的難易度 A

●服装・装備／日帰り用装備 (238-239ページ)

●注意事項／登山道と林道が交差する所は、ふるさと歩道の標識に従うこと。獅子ヶ鼻岩は断崖になっているので、転落に注意

みどころ

猿倉城跡・風の城／登山口の猿倉山には永禄年間(1558―1570)、飛騨の塩屋秋貞が山城を構えた城跡と、風の城の展望台があり、富山平野・神通峡が一望

御前山／昔、立山御前堂があったことから御前山と呼ばれ、立山連峰の眺めがよい

獅子ヶ鼻岩／登山道の尾根から南に30～40メートル切れ落ちる岩壁。獅子がほえるように見える

MAP：1/5万……五百石、八尾　1/2.5万……千垣、八尾

登山口　猿倉山森林公園

猿倉山森林公園

N36° 33'21" E137° 13'32"
公園内のバーベキュー広場を登山口とする。車で林道をたどり、奥にある小佐波御前山登山口まで入ることも可

アクセス／公共交通：JR高山本線笹津駅から徒歩20分。タクシー利用可／駐車場：バーベキュー広場に20台。公園入口芝生広場に150台

山小屋・休憩所

小佐波御前小屋 (☎なし)
猿倉コミュニティセンター
☎076 (476) 0467

獅子ヶ鼻岩から楡原集落を見る

小佐波御前小屋

開かれた展望台より立山方面を望む

天湖森近くから見た大乗悟山

77 大乗悟山 だいじょうごさん

天湖森に寄り添うミズバショウの群生地

［富山市］

590m N36°32'30" E137°12'36"

かつての山城跡から神通川水系の山を望む

富山市の南部、旧細入村楡原地区から西の山並みを眺めると、右手に双耳峰が見える。その左のピークが大乗悟山の頂上である。この山は地元では大神宮様とも呼ばれている。城主は不明であるが、楡原山城と同様に、万一の時に立てこもる詰めの城跡である。

割山森林公園「天湖森」から林道楡原割山線に入る。途中ミズバショウの群生地があり、その後の林道分岐を右に曲がると駐車スペースが見える。道の向かいにある「大乗悟山」の標識が南側登山口になる。しばらく登ると緩やかな道になる。

春はオオバクロモジ、ダンコウバイ、ハナイカダなどの木の花が、足元にはイワウチワ、ヒメシャガ、ササユリが咲く。途中カンナ尾山との分岐点を過ぎ、しばらく行くと山頂へ到達。周辺はきちんと刈り上げてある。

山頂からは神通川左岸の楡原集落、対岸の下夕集落が見下ろせる。その上に小佐波御前山、薄波山、その奥に立山連峰が連なり、南東にキラズ山、六谷山、西笠山、県境の山々、そして時には乗鞍岳も見える。秋から冬にかけて落葉した木々の隙間から牛岳、白木峰、金剛堂山などを覗くことができる。

山頂から北へ向かうルートには急な下りが何カ所かあり、滑りやすい。固定ロープが張ってあるので慎重に降りること。初夏にはヤマボウシ、タニウツギ、ツルアジサイが咲き、秋にはイタヤカエデやヤマモミジが紅葉を楽しませてくれる。

北に連なる笹津山は富山湾と平野を一望する展望台

北側登山口へは約20分で着く。ここから隣の笹津山へは、左側の林道を進むと15分ほどで山頂付近の反射板に着く。

反射板のある場所は、神通川を眼下に見下ろせ、富山平野や射水平野、遠くに能登半島、魚津・朝日方面の展望台として人気がある。帰路は来た道を北側登山口まで戻り、登山道と平行している林道須原御鷹山線を20分くらい歩くと南側登山口に着く。冬であれば、かんじきや山スキーで、笹津山から大乗悟山、カンナ尾山、御鷹山への縦走が楽しめる。

（林　伯雄）

コース紹介　日帰り　適 4月上～11月下

南側登山口から、大乗悟山、笹津山にも足を延ばし北側登山口をへて帰路は林道から

日帰り　南側登山口 ➤ カンナ尾山分岐 ➤ 大乗悟山山頂 ➤ 北側登山口 ➤ 笹津山(反射板) ➤ 北側登山口 ➤ 南側登山口

歩行時間 1:50　標高差 ±270 (m)

グレード [ルート定数：8]

体力度 1　技術的難易度 A

●服装・装備／日帰り用装備　(238-239ページ)

●注意事項／山頂からの急な下りが2カ所では滑らないように注意

みどころ

割山森林公園「天湖森」／登山口への途中にある。4月～11月下旬開園。バーベキュー場、コテージなどの宿泊施設あり

ミズバショウ、イブキジャコウソウなどの群生地／大乗悟山登山口への途中にミズバショウ、大乗悟山から笹津山へかけてイブキジャコウソウやツメレンゲが見られる

御鷹山／近隣にある。御鷹山線の桐谷峠のすぐ南側。神通川水系の山々、北アルプスが見渡せる

上行寺／近隣にある。平安時代末期の武将、畠山重忠の菩提所として建てられたと伝わる名刹

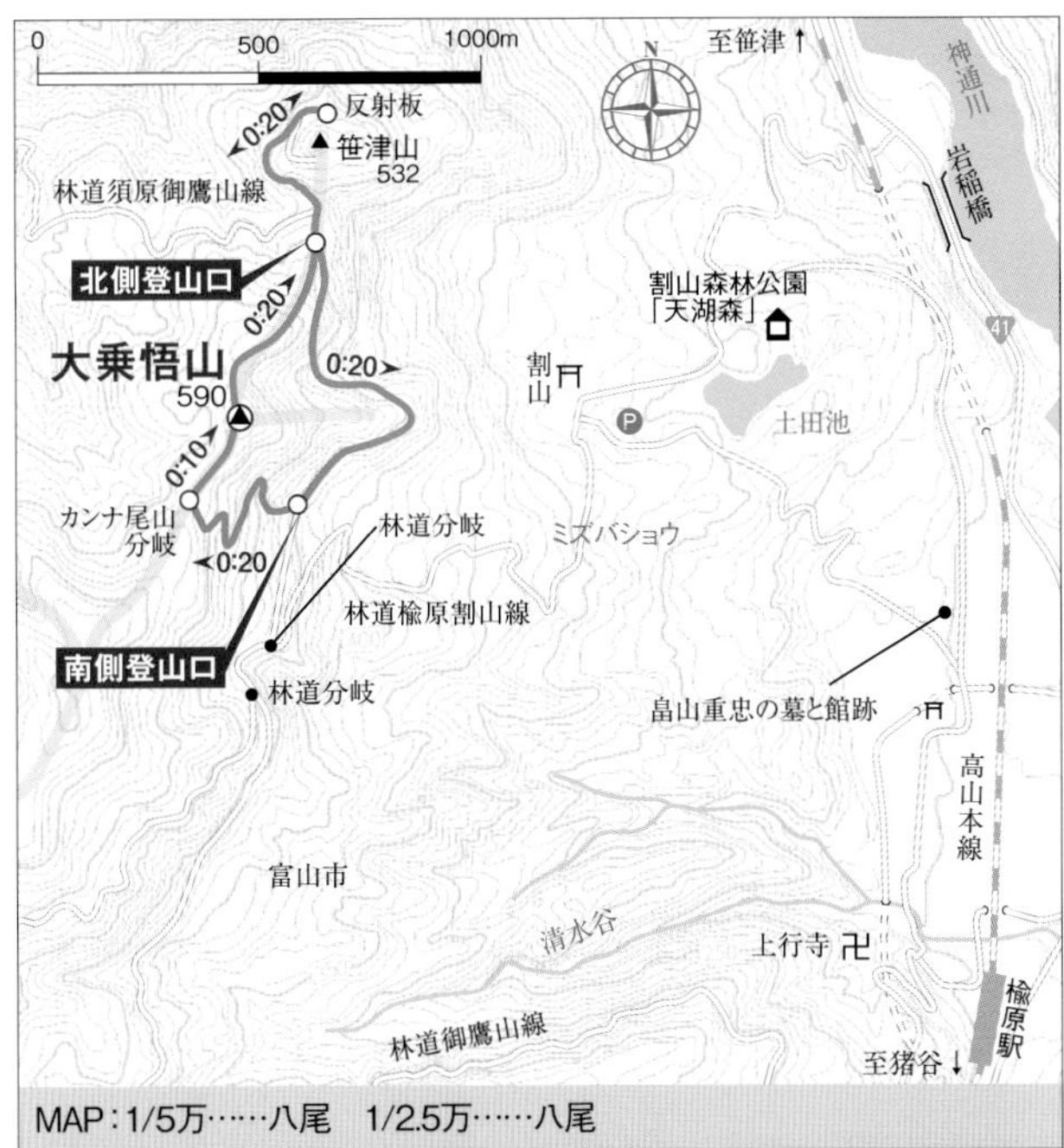

MAP：1/5万……八尾　1/2.5万……八尾

登山口　南側登山口

南側登山口と標識

N36° 32'26" E137° 12'41"
割山森林公園から林道楡原割山線の途中で右折し、須原御鷹山線に入ったところ（標識あり）が南側登山口

アクセス／公共交通：JR高山本線楡原駅下車、天湖森経由で南側登山口まで徒歩1時間（自家用車推奨）／駐車場：南側登山口に駐車スペースあり／交通機関：富山地方鉄道☎076(432)3456／富山市細入中核型地区センター☎076(485)2111

山小屋・休憩所　要予約

割山森林公園「天湖森」
☎076 (485) 2777

林道から見た楡原方面

ミズバショウ

大乗悟山山頂から見た立山連峰

小井波峠からの夫婦山、男峰（左）と女峰

78 夫婦山 めおとやま

猿丸(さるまる)大夫の塚があるいにしえの双耳峰 2等

［富山市］

男峰 784m N36°30′24″ E137°09′10″

富山市内から旧八尾(やつお)町へ入ると、すぐに久婦須(くぶす)川にぶつかる。橋を渡らずにそのまま左折して上流に向かうと、桐谷集落に着く。ここで右折して橋を渡り、さらに奥へ進む。道は小まめにカーブを切りながら峠を登る。小井波峠を登り切った所にミズバショウの群生地があり、春は多くの人が訪れる。

山容は神に供げる酒器・ヒョウタンの形

峠からは小井波の盆地を見下ろし、目の前に夫婦(めおと)山を望む。ここから眺める夫婦山は、ヒョウタンを縦に割り、そっと寝かせた姿に見える。

夫婦山は古くは伊豆部山(いつべやま)といわれ、『古事記』にも登場する。「いつべ」とは神様に供するヒョウタン形の酒器のことである。

峠から小井波に下りてゆくが、今では残らず離村して人家は一軒もない。養豚場の裏手が登山口。道はスギの植林帯で暗い。勾配はだんだんきつくなるが、手入れがされており、必要な所にはロープが張ってある。

峠の十字路から北西は女峰 南東は男峰

やがてトチノキやカエデの巨木帯となり、一汗かいて松瀬峠に出る。文字通り峠の十字路で、来た道から左は男峰、右は女峰に続く。一息入れてから男峰へ行く。すぐさま急な斜面になるので、木の根やロープにつかまりながら慎重に登ろう。どうしてこんな巨岩があるのかと思うほどの岩が続く。

ほどなく頂上に着く。ここからは立山(たてやま)をはじめ全方位が見渡せる。標高の割に展望がよいので人気を呼んでいる。

慎重に下って松瀬峠に戻り、そのまま直進して、なだらかな道を女峰に向かう。スギやヒノキの木立に遮(さえぎ)られ展望はいまひとつだが、男峰の荒々しさを敬遠して、女峰だけを目指す人も多い。

峠に戻り反対側へ下りれば、東松瀬である。この登山道は、数百年も前から、小井波と松瀬を結ぶ生活道路であった。東松瀬側からの道もしっかり保守されており、明るくて登りやすい。水場も2カ所ある。松瀬集落の奥に祖父岳(そふだけ)があり、祖父と夫婦で一家を成しているようで面白い。

（松田博紀）

コース紹介　日帰り　適 4月上〜11月下

小井波ルート　富山市八尾桐谷側の、小井波登山口から男峰（山頂）、女峰を経て東松瀬側の松瀬登山口へ

歩行時間 2:25　標高差 +430−590 (m)

グレード [ルート定数：10]

体力度 2　技術的難易度 A

松瀬ルート　松瀬登山口から男峰、女峰を経て登山口へ

歩行時間 2:25　標高差 ±620 (m)

グレード [ルート定数：13]

体力度 2　技術的難易度 A

●服装・装備／日帰り用装備　(238-239ページ)

●注意事項／残雪期には軽アイゼン推奨

みどころ

ミズバショウ群生地／桐谷方面から小井波峠を登り切った一角にミズバショウの群生地がある。開花時期が早いので人気が高く、たくさんの人が訪れる

歌人ゆかりの地／小井波登山口近くには、百人一首の歌人である猿丸大夫をしのぶ石塚がある。大夫はこの地で庵を結び、晩年を過ごしたとも伝わる。「奥山にもみぢ踏み分け鳴く鹿の声聞く時ぞ秋は悲しき」が大夫の作

登山口　小井波登山口

養豚場の裏手に回る道を進む

N36° 30′40″ E137° 09′39″
小井波峠を下り別荘川を渡ると大きな養豚場がある。脇の道から看板に従って裏手に回れば登山口

アクセス／自家用車推奨／駐車場：登山口の駐車場は数台だが工夫すればもっと可。東松瀬側は広い駐車場がある／公共交通：JR高山本線越中八尾駅から桐谷行のコミュニティバス。桐谷から小井波まで徒歩1時間以上／交通機関：富山市八尾行政サービスセンター ☎076（454）3111（富山市八尾コミュニティバス）

山小屋・休憩所　なし

小井波のミズバショウ

小井波登山口近くにある歌人・猿丸大夫の石塚

夫婦山山頂（男峰）の方位盤

谷折登山口から、祖父岳山頂を望む

79 祖父岳 そふだけ

手軽で展望に優れるが急登がきつい 3等

［富山市］

832m N36°29'58" E137°06'50"

低いながらも秀でた山容

越中おわら風の盆で有名な富山市八尾町の町外れ、野積地区谷折の北東にある。標高が低い割に急峻で、秀でた山容である。『野積村誌』によれば、八尾地区で岳と付くのはこの山だけで「瓶山」「蘇夫嶽」とも呼ばれ、現名は明治時代からの呼名。

国道472号を南下し旧八尾町の八十島で野積川を渡って県道（323号）に入ると、上流の野積の山里前方に祖父岳の尖峰が明らかになる。布谷橋で野積川を渡って右の県道（228号）へ。谷折川に沿った暗くなってすぐ左手の谷折橋を渡り、幾つかのカーブを曲がると谷折の登山口である。5、6台の駐車スペースがある。

イチイの大木が目印 最初はきつい急登

登山口の谷折はかつては5戸の集落で、唯一残る竹原家の隣に、住吉神社と、樹齢530年、幹回り3・5メートルのイチイの巨木がある。いきなり急な尾根道を登る。よく整備され小まめに固定ロープが張ってあるが、左は切れ落ちている。尾根が右に曲がって緩くなり、スギの大木に出合うと、まもなく山頂に達する。

山頂からは富山平野が一望できる。南から西にかけて、白木峰金剛堂山、人形山、さらに白山山系の山々、西側に高峰山から牛岳、東の眼前に夫婦山。その双耳峰の鞍部が松瀬峠で、立山連峰が遠望できる。絶景を堪能したら、往路を引き返そう。急斜面は慎重に下る。特に降雨時や雨上がりは、滑らないように注意する。

2016（平成28）年に祖父岳東面の桂原側から新林道が開通し、祖父岳トンネル（540メートル）を経て谷折側とつながった。同時に桂原登山口からの新登山道（標高差237メートル）が完成。緩やかな作業道をジグザグに登ると稜線に着く。山頂まではロープが設置された急登が続く。

谷折登山口から登頂後、桂原登山口に下山しトンネルを利用して谷折へもどる周回登山も可能。トンネルを抜けた所に谷折へ下る作業道がある。

（林道走行の場合両登山口の距離は約4キロ）

（稲垣　勲）

コース紹介　日帰り　適 5月〜11月（無雪期）

富山市八尾(やつお)町の谷折登山口から山頂往復

日帰り　谷折登山口 ➤ 祖父岳山頂 ➤ 谷折登山口

歩行時間 1:50　標高差 ±277 (m)

グレード [ルート定数：7]

体力度 1

技術的難易度 A

●服装・装備／日帰り用装備（238-239ジ）

●注意事項／降雨時の上り下りに注意

みどころ

八尾ゆめの森ゆうゆう館／近隣にある日帰り入浴もできる温泉宿泊施設。富山市八尾町下笹原678-1 ☎076(454)3330

谷折の一位／登山口の谷折にあるイチイの巨木。1972(昭和47)年富山市(旧八尾町)指定の天然記念物

MAP：1/5万……八尾・白木峰　1/2.5万……利賀・猪谷・山田温泉・八尾

登山口　谷折登山口

谷折登山口

N36° 29'46 E137° 06'36"
八尾町・東布谷から旧広畑小学校跡を経て谷折川沿いを南下、谷折橋を渡ると登山口
アクセス／自家用車推奨／駐車場：谷折登山口に5〜6台駐車／公共交通：JR越中八尾駅からコミュニティバス（野積線西松瀬行き）旧広畑小学校前下車、谷折登山口まで徒歩60分／タクシー利用可／交通機関：富山市八尾行政サービスセンター☎076(454)3111（富山市八尾コミュニティバス）／問い合わせ：野積地区センター☎076(454)3001

山小屋・休憩所　なし

急登を登る登山者

祖父岳山頂

山頂より夫婦山（前）と立山連峰を望む

金剛堂山から白木峰を望む（写真・金田淑子）

80 白木峰 しろきみね

大自然の景観と高山植物の宝庫 三百 2等

［富山市／岐阜県飛騨市］　飛騨高地　白木水無県立自然公園

1596m　N36°24′56″　E137°06′44″

初夏の花の季節が一番だが、秋の澄み切った空の下、山名の由来となったブナの白い木肌やナナカマドの赤、紅葉もいい。山頂は360度の大展望、北東に毛勝山や剱岳などの峰々、南東に乗鞍岳や御嶽山、南西には金剛堂山の奥に白山山系が、北には富山湾を望む。

登山道は頂上より派生した尾根に付けられ、距離は短いがかなりの勾配である。はじめはブナやミズナラの林で、途中車道を2度横切る。標高が上がるとナナカマドやイヌツゲの低木帯となり、間もなく明るい稜線に出る。右に行くと小さな祠があり、この先を下ると小白木峰に至る。左へ行けば山頂である。

牧歌的な草原とニッコウキスゲの大群落

山頂には方位盤やベンチが設けられている。ここから北東側一帯がお花畑で、開放的な眺めが広がる。梅雨時から初夏にかけて多くの草花が見られる。6月中、下旬の白いコバイケイソウに始まり、薄紫色のイワギボウシや淡紅色のササユリなど。何といっても見事なのは7月中、下旬に山上の草原を橙色に染めるニッコウキスゲの大群落だろう。このお花畑の中に木道が整備され、山歩きの楽しさを盛り上げてくれる。

頂上から北東方向への木道を直進すると、浮島のある大きな池塘に着く。池塘の周りに白いワタスゲが揺れ、イワイチョウやイワカガミ、サワラン、食虫植物のモウセンゴケなどが生え、水中にはクロサンショウウオやイモリなどが生息する。

池塘で一休みしたら来た道を引き返し、白木峰山荘に寄ってみよう。無人だがトイレもあり、悪天候時の休憩所や避難小屋として使用できる。帰りは山頂から往路を戻る。

（五島雄介）

白木峰一帯は、白木水無県立自然公園に指定されている。麓にはキャンプ場や森林展示館が整備され、山頂近くまで車道があるので多くの人が訪れる。

2021年6月現在、林道が車両通行止のため、キャンプ場ゲートから林道大谷線を徒歩で進み五合目で登山道に入る。

ブナの白い木肌が山名の由来

「しろきみね」の名の由来は、麓から山頂を見ると、ブナの幹が白く見えたからといわれる。

コース紹介　日帰り　車両進入禁止期間は要注意　適 6月上～11月上

旧八尾(やつお)町の杉ヶ平(すがだいら)ゲートから林道を歩いて登山道に入り、山頂往復

登山口から 杉ヶ平キャンプ場ゲート➤5合目➤8合目(トイレあり)➤白木峰山頂➤浮島の池塘➤白木峰山荘➤登山口

歩行時間 6:55　**標高差** ±1240 (m)

グレード [ルート定数：30]

体力度 3

技術的難易度 A

●服装・装備／日帰り用装備　(238-239ページ)

●注意事項／尾根の登山道は勾配が強く、赤土や木の根で滑るところもある。ぬれた木道に要注意。

(2019年秋以降、台風被害のため21世紀の森杉ヶ平キャンプ場から白木峰に至る林道終点まで車両進入禁止。問い合わせ先：富山市農地林務課☎076(468) 2171)

みどころ

ニッコウキスゲの大群落／山頂周辺はなだらかな高層湿原で、多くの草花が見られ、特に7月中旬～下旬にかけてのニッコウキスゲの大群落は壮観。7月20日前後が最も美しいといわれる

秋の紅葉／草紅葉やブナ、ナナカマドの紅葉も見事

↑富山市八尾町
0　500　1000m
1431
大長谷温泉
1153
富山市
21世紀の森
杉ヶ平キャンプ場
真川谷
仁王山
1516.5
ゲート
登山口
1:20
1:00
杉ヶ谷
林道はこの区間車両進入禁止
大長谷川
1409
浮島のある池塘
0:35
白木峰山荘
(トイレ使用不可)
1586.4
5合目
1:00
7合目
公衆トイレ
1334
8合目
1:20
0:35
0:25
ササユリ
0:40
白木峰
1596
大谷
ニッコウキスゲ
岐阜県
飛騨市
至小白木峰↓

MAP：1/5万……白木峰　1/2.5万……白木峰・利賀

登山口 杉ヶ平(21世紀の森)

21世紀の森から徒歩

N36° 25'41" E137° 50'02"
アクセス／自家用車推奨／駐車場：杉平と8合目付近に駐車場と公衆トイレあり／公共交通：八尾コミュニティバスJR越中八尾駅～大長谷温泉(2便／日)。タクシー(八尾交通)／交通機関：富山市八尾行政サービスセンター(コミュニティバス)☎076(454)3111／八尾交通(タクシー)☎076(455)3167

宿泊・休憩所 要予約

富山市21世紀の森杉ヶ平キャンプ場 ☎076 (458) 1352

大長谷温泉 ☎076 (458) 1008

白木峰山荘 (トイレ使用不可)

山頂尾根の太子像と小白木峰

白木峰山頂の表示板

浮島のニッコウキスゲと北アルプスの山々
(写真・林　伯雄)

死亡者数の多いスズメバチ対策

クマやイノシシによる人身被害に比べ、圧倒的に死者数が多いのが「有毒生物」に刺されたり咬まれたりするケースです。有毒生物の代表格がスズメバチやアシナガバチ。国の統計によると、クマ被害による死亡者数が年間0～4人であるのに対し、ハチ刺傷による死亡者数は年間10～20人となっています。とくに猛毒を持つスズメバチは対処を間違えると集団で襲ってくる凶暴性があり、ハチ毒によるアナフィラキシー・ショックを起こすと命に関わります。

遠くにいるなら声掛けも。クマとの距離で異なる対処

スズメバチによる刺傷を防ぐにはスズメバチを知ることが重要です。スズメバチが人間を襲うのは、外敵から巣を守るため。もっとも危険な行為は、登山者が知らずにハチの巣を踏んだり震動を与えたりした時。集団で攻撃をしかけてきます。巣の場所は分かりにくいので、むやみに樹を揺らしたりや茂みや道端の穴をつついたりしないで下さい。スズメバチが一定の方向に飛んでいる場合は近くに巣がある恐れがあるため、その場から立ち去りましょう。

危険な時期は初夏から秋。ハチの嫌う行為は絶対にしない

働きバチの数が増え、巣が拡大する初夏から秋にかけて森林に入る時はハチの嫌う行為はしない注意が必要です。

①黒い服の着用を避ける

黒はハチの幼虫をねらうクマの毛色のため黒い服を外敵とみなし攻撃をしかけます。

②整髪料や香水をつけない

甘い香りが攻撃を誘発します。種類によっては人間の汗やジュースにも寄ってきます。

③寄ってきた時は動かない

ハチが近くに来ても急に動かないでください。服にとまったとき手で振り払ったりすると、スズメバチは警戒フェロモンを出して仲間のハチを呼び寄せます。できるだけじっとしていましょう。

ハチの危険信号を知ろう

スズメバチの巣に近づいた時ハチが攻撃に移るまで次の段階を踏む傾向があります。

○周囲をしつこく飛ぶ
○空中でホバリングする
○あごを噛み合わせて「カチカチ」という音を立てる

襲ってこないかぎりは、背を低くして、ハチが去ってから退避しましょう。襲ってきたら身をかがめたままハチが襲わないとされる100メートル程度離れた場所へできるだけ急いで逃げましょう。その際も手を振り回したりせず被害を最小限にとどめてください。

市販のポイズンリムーバー

刺されたときの応急手当

もし刺されてしまったら、市販のポイズンリムーバーで毒を吸い出し、傷口を水で洗い流しましょう。はれや痛みは氷のうや冷水で冷やすといいでしょう。そのあと病院で手当てを受けてください。最も恐ろしいのはハチ毒アレルギーによるアナフィラキシー・ショックです。気分の不良や体の震え、じん麻疹などの全身症状を感じたら、一刻も病院へ行くことが必要です。重篤な場合は1時間で死亡します。心配な人はあらかじめ病院でエピペンを処方してもらってください。必ず複数で行動し、症状の悪化が見られたら、他の人は病院への連絡や、呼吸確保も含む応急手当を行ってください。（編集部）

県西部の山

白山国立公園を背景に、多くの自然公園を擁する、
庄川・小矢部川水系の、個性的な里山や
野趣に富む標高千メートル級の山々。
ハイキングから残雪期の縦走まで、山の懐に抱かれる。

小矢部川からの二上山全景

81 二上山 ふたがみやま

海越しの立山連峰を望む万葉ゆかりの山

［高岡市・氷見市］　能登半島国定公園

274m　N36°47'24" E137°00'55"

「ふたがみさん」と呼ばれ親しまれる山

二上山（ふたがみやま）は県西部のどこからでも望むことができ、万葉のいにしえにも歌に詠まれ、人々から「ふたがみさん」と呼ばれて親しまれている。二上山の名は二上山（東峰）と城山（西峰）を二柱の神に見立て「二神山」「双神山」と呼んだのが語源とする説がある。

二上山にはたくさんの登山コースがあるが、初心者やファミリー向けの「二上射水（いみず）神社コース」と、さらに北にある大師ヶ岳までの「南尾根コース」を紹介する。

駐車場から二上射水神社の鳥居をくぐり、こま犬の右側から参道を歩き出す。階段状の道を5分ほど歩くと二上まなび交流館（閉館）に続く広い道に合流する。しばらく歩くと鉄塔のすぐそばにベンチがあり、眼下に小矢部川の流れや高岡市・射水市の工業地帯を見下ろせる。道は広く緩やかである。舗装道路を横切ると「前の御前」の石碑があり、そばの石段を登るとあずまやに着く。ここには悪王子社が祭られており、付近は二上山万葉植物園になっている。

大伴家持像を回り込み日吉社の祠を目指す

間もなく公衆トイレがあり、続いて二上万葉ライン沿いの御前下駐車場に着く。車でここまで来ることもできる。石段を登り、万葉歌人・大伴家持（おおとものやかもち）像の横を通って、10分ほどの急登で二上山頂上である。頂上に日吉社の祠（ほこら）がある。

体力のある人は大師ヶ岳を目指そう。二上山頂から北に下ると舗装道路に出て、しばらくすると左手にレストハウスだった建物がある。さらに400メートル下がり左手の大師ヶ岳の標識を目印に登山道に入る。尾根道に出ると竹林が現れる。やがて上り坂になり、山頂と間違えるような見晴らしのいい展望休憩所に出る。15分ほど急坂を登ると山頂に着き、晴れていれば能登半島や富山湾などが望まれる。帰りは来た道を戻る。月見台展望台の横を下り、城光寺の滝へ行くルートもある。

二上万葉ラインが閉鎖される冬期は、かんじきハイクも楽しめる。

（阿部千賀雄・南　成昭）

コース紹介　日帰り　適 通年（冬はかんじきハイク）

二上射水神社から歩き出す。複数ルートあり

二上神社コース　登山口 ➤ 二上山山頂 ➤ 登山口

歩行時間 1:25　標高差 ±260 (m)

グレード [ルート定数：6]

体力度 1　技術的難易度 A

二上神社～南尾根コース　登山口 ➤ 二上山山頂 ➤ 大師ヶ岳 ➤ 二上山山頂 ➤ 登山口

歩行時間 3:05　標高差 ±488 (m)

グレード [ルート定数：13]

体力度 2　技術的難易度 A

●服装・装備／日帰り用装備　(238-239ページ)

●注意事項／二上山万葉ラインは車に注意。虫よけ対策が必要

みどころ

城光寺の滝／落差約8メートルの滝。不動明王と地蔵菩薩を祭る

二上万葉植物園／30余種の万葉植物を植栽

二上射水神社／二上山を御神体にすると考えられる「二上神」を祭る

平和の鐘／誰でも撞ける鐘では国内最大級の大きさ

登山口 二上射水神社

二上射水神社のこま犬が登山口の目印

N36°46'41" E137°01'02"
二上射水神社の鳥居をくぐり社殿に向かって右のこま犬の右手
アクセス／自家用車推奨／駐車場：二上射水神社鳥居右横慈尊院（※慈尊院の許可必要）または旧二上まなび交流館駐車スペース／公共交通：最寄駅からのアクセス：万葉線米島口駅下車徒歩31分／バス利用：加越能バス守山バス停下車徒歩20分（1.5キロ）もしくは下二上バス停下車徒歩3分（本数は少ない）／交通機関：加越能バス ☎0766(22)4886

山小屋・休憩所

前の御前、大師ヶ岳手前と山頂にあずまや

二上射水神社門前

竹林の道を歩く

大師ヶ岳からの眺め

山頂から立山連峰の日の出を望む

82 碁石ヶ峰 ごいしがみね

運がよければ立山連峰の絶景が待つ 2等

［氷見市／石川県羽咋市・中能登町］　宝達丘稜　碁石ヶ峰石川県立自然公園

461m　N36°54'50" E136°53'08"

日本海と北陸の霊峰のパノラマを一度に堪能

碁石ヶ峰は、氷見市と石川県との県境に位置する宝達丘稜の山。３６０度展望が利き、東は富山湾越しに立山連峰、南は白山、西は羽咋の町並みの向こうに日本海、北は能登半島の山並みを望む。元旦には初日の出を拝みに訪れる人も多い。一帯は石川県立自然公園として自然歩道、キャンプ場、駐車場が整備され、原山大池ではボート遊びや釣りができる。

碁石ヶ峰の名前の由来は、①東方一帯は花崗岩が露出風化して碁石ほどの小石がゴロゴロしていた、②推古天皇の代に神の声とともに降ってきた隕石を「御石神」とあがめた、③山頂の御神体の五つの石、「五石神」がなまった、などさまざまな説がある。

原山峠からのんびりと県境の尾根づたいに山頂へ

登山口へは自家用車で移動。能越自動車道氷見北ＩＣで降り、県道鹿西氷見線（３０４号）を余川・懸札方面へ進む。懸札集落を過ぎると間もなく県境の原山峠に差し掛かる。車は峠付近の駐車できる草地か、少し進んだ石川県立鹿島少年自然の家に停めさせてもらい、徒歩で登山口に戻る。

石川県境を越えてすぐ左手に地蔵尊があり、その脇の登山口から見晴らしよい風力発電所跡を目指す。

雑木林の中、森林浴を楽しみながら歩を進めると、急に視界が開け、広場に出る。碁石ヶ峰風力発電所跡だ。横の階段を降りていくと車道に出る。風の丘休憩所があり一休みできる。休憩所の横には駐車場があり、自家用車で行く場合はここに駐車し、ショートカットしてもよい。ここから山頂までは10分ほどで行ける。

車道を進むと右手に碁石ヶ峰山頂案内看板がある。階段を登り２、３度折り返すと山頂に到着する。山頂には鳥居、御神体の石、方位盤があり、２等三角点の標石も設置されている。３６０度の眺望を堪能した後は、御神体の石の前の階段を下り、駐車場に出たら左の車道を登山口へ戻る。原山大池を眺めながら、のんびり帰路を行こう。

（折平　豊・坂田　満）

コース紹介　日帰り　適 通年

原山峠（はらやま）から風力発電所跡を経て山頂へ、帰路はアスファルトの車道で戻る

日帰り　原山峠登山口 ➤ 風力発電所跡 ➤ 風の丘休憩所 ➤ 山頂案内看板 ➤ 碁石ヶ峰山頂 ➤ トイレと駐車場 ➤ 車道 ➤ 山頂案内看板 ➤ 車道 ➤ 登山口

歩行時間 **1:20**　標高差 ±**161**(m)

グレード [ルート定数：5]

体力度 1　技術的難易度 A

●服装・装備／軽装可

●注意事項／なし

みどころ

頂上の眺望／360°の展望を誇り、富山湾越しの立山連峰、能登半島や白山の絶景を望める

碁石ヶ峰石川県立自然公園／近辺にはキャンプ場・ハイキングコース・池・研修施設などがある

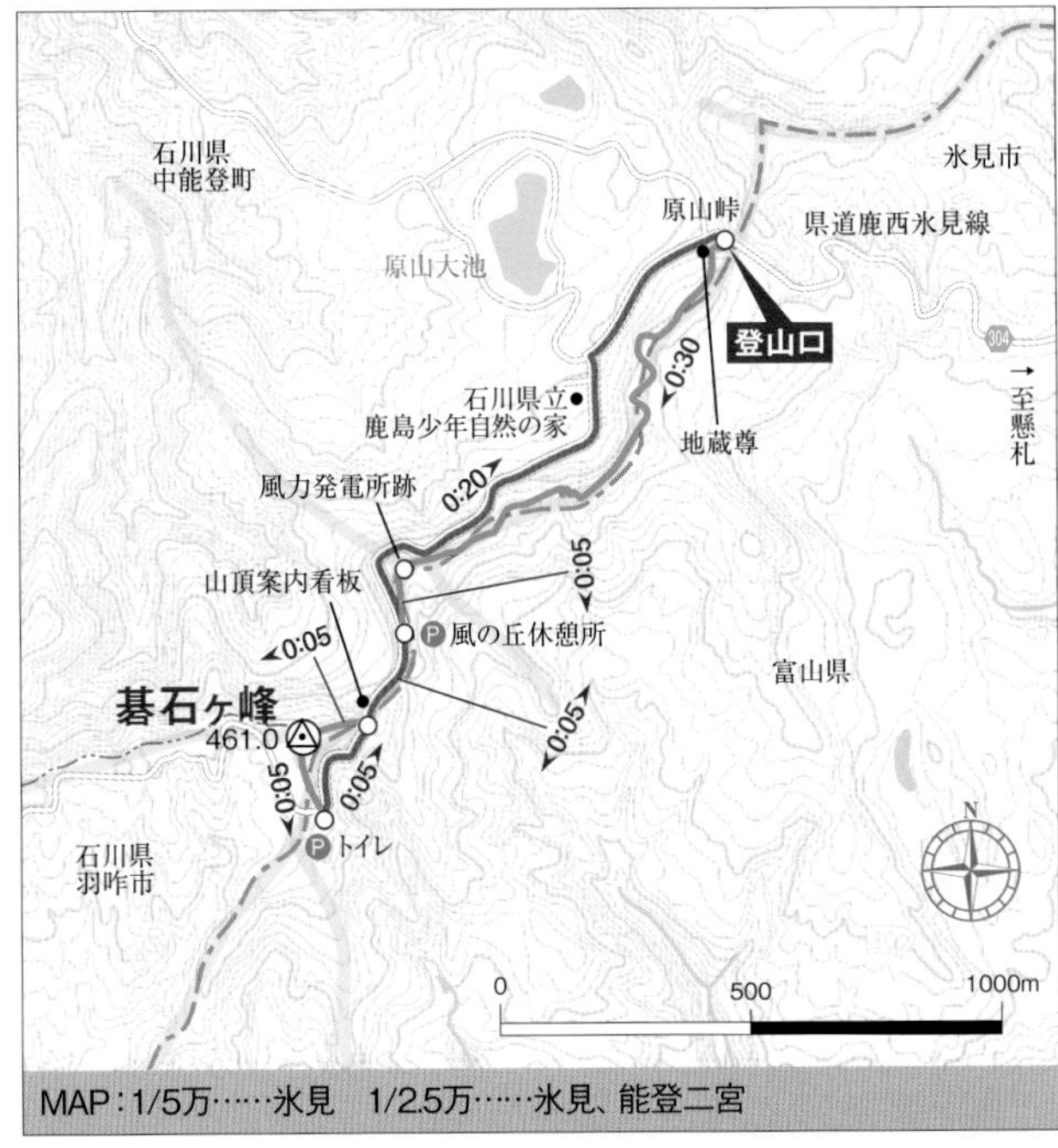

MAP：1/5万……氷見　1/2.5万……氷見、能登二宮

登山口 原山峠（はらやま）登山口

登山口横の地蔵尊

N36°55'21" E136°53'42"

県道304号線を富山県側から県境を越えてすぐ左手の地蔵尊手前が登山口

アクセス／自家用車推奨。能越自動車道氷見北ICより30分（15キロ）／駐車場：原山峠付近草地／公共交通：なし。ただし地元住民は登録制のコミュニティバス利用可。懸札（かけふだ）上で下車、徒歩30分。NPO法人碁石地域活性化協議会☎0766(74)1588

山小屋・休憩所

風の丘休憩所

2等三角点のある碁石ヶ峰山頂

風力発電所跡の見晴台

碁石ヶ峰山頂からの富山湾

元取山全景

83 元取山 もとどりやま

地元に親しまれている歴史散策の里山 3等

［高岡市］　ふくおか西山森林県定公園

196m　N36°43'37" E136°54'46"

子どもから大人まで歴史・自然にたっぷり親しめる山

高岡市西部の西山丘陵と呼ばれる一帯は、標高２００メートルに満たない里山であるが、山城跡や円墳、横穴墓群、寺社跡などが多く、歴史のロマンを感じさせる。また、イチリンソウ、ニリンソウの群落や、ホタルカズラ、ジャケツイバラといった県内では絶滅が危惧される貴重な植物もあり、子どもから大人まで自然観察にはもってこいの所である。

元取山は、無雪期のファミリーハイクから積雪期のかんじきハイクまで、四季を通して気軽に散策を楽しめ、周辺には中世山城の鴨城跡や横穴墓、寺社跡などが点在する。

古墳時代の横穴墓群、中世の城郭を訪ねる

まずは元取山の東側の鴨城跡へ向かってみよう。登山口は加茂集落の加茂バス停近くの案内板の横を入った砂防えん堤の右側にあり、「加茂横穴墓群・鴨城跡入口」の標識が見える。登り始めてすぐに現れる横穴が加茂横穴墓群で、一帯に26基確認されている。

15分ほど登った所が「ねらみ山砦（とりで）跡」だ。初夏にはこの辺りから山頂にかけてササユリの甘い香りがほのかに漂う。地区の人たちが大切に保護しているササユリの盗掘が、後を絶たないという。悲しいことだ。

一段高い「二の丸跡」から平たんな道を進むとこんもりとした「主郭跡」があり、鴨城の説明板やベンチが据えられている。ここでのんびり過ごすのもいいだろう。

「主郭跡」を回り込むように行くと「空堀跡」に出る。そこを通って尾根伝いに15分ほどで元取山山頂に着く。ここからの展望は素晴らしい。砺波平野から射水平野、富山湾まで一望でき、かつては鴨城の物見台だったというのもうなずける。地元、鳥倉集落の有志により元取山を詠んだ漢詩「元取山遠望」の碑が立てられている。

下山は往路を戻ることもできるが、ここでは西側に少し下った所から林道を歩く。登山口から約５００メートル南西の鳥倉集会所に出る。この地域はスゲ笠の産地であり、下山口周辺で全国でも珍しいスゲ田を見ることができる。

（松崎　勇）

コース紹介　日帰り　適 通年

加茂バス停側の登山口から鴨城主郭跡を経て山頂へ。帰りは林道経由で鳥倉集会所へ

日帰り　登山口 ➤ 鴨城主郭跡 ➤ 元取山山頂 ➤ 下山口(鳥倉集会所) ➤ 登山口

歩行時間 **1:00**　標高差 ±**183** (m)

グレード [ルート定数：5]

体力度 1　技術的難易度 A

●服装・装備／軽装可

●注意事項／やぶ蚊が多いので虫よけ対策を

みどころ

西山歴史街道／かつて越中国府まで通っていた「山根往来」を「西山歴史街道」として整備された。14〜15世紀末の鴨城跡(高岡市指定遺跡)や、6〜7世紀ごろの加茂横穴墓群(同)、城ヶ平横穴墓群(富山県指定史跡)が残る

福岡歴史民俗資料館／横穴墓群の出土品やスゲ笠などを展示・解説

MAP：1/5万……石動　1/2.5万……戸出

登山口　岸谷川砂防えん堤右手

案内板の横を入った砂防えん堤右手

N36°43'30" E136°55'07"
加茂バス停案内板の横を入った砂防えん堤の右手が登山口。「加茂横穴墓群・鴨城跡入口」の標識がある

アクセス／自家用車推奨／駐車場：えん堤前に1台程度駐車可／公共交通：あいの風とやま鉄道福岡駅から高岡市公営バス花尾線で約10分加茂バス停下車(約2時間に1本)／タクシー利用：福岡駅から約10分／交通機関：高岡市総合交通課☎0766(20)1139／福岡タクシー☎(0120)842031

山小屋・休憩所　なし

横穴墓

元取山山頂

山頂から砺波平野を見下ろす

稲葉山

84 稲葉山 いなばやま

「越の下草」に記された小矢部の独立峰 2等

［小矢部市］ 稲葉山宮島峡県定公園

347m N36°42'23" E136°52'11"

稲葉山は小矢部川の西に位置し、支稜を西山丘陵へと延ばしている。山頂から中腹にかけて、小矢部市宮稲葉山牧場が広がる。

江戸時代後期の農学者、宮永正運（1732～1803）は、『越の下草』で小矢部川の西北にある独立峰の稲葉山を「秋暮の紅葉勝れたり」と記す。

田川地内の三島神社の裏の露頭には、市の指定天然記念物の「笠石」という化石が観察できる。市史によれば、笠石は「マンジュウガイ」「蓮の葉貝」と呼ばれ、「ウニ」の一種。太古への思いがかき立てられる。

自動車道を利用し、4キロ余りの道程を行く

稲葉山へは、宮中、名勝地の竜宮淵（森屋）、田川からそれぞれ登るルートがあり、4キロ余りの道程で自動車道を歩く。ここでは田川地内からのコースを紹介する。

「道の駅メルヘンおやべ」に駐車し、子撫川を渡り、田川地内で「稲葉山牧場4キロ」の看板を見て左手に入る。

田川営農組合の施設の横を過ぎ、スギ林の中を約10分歩くと山頂まで2・7キロの表示がある。道沿いに咲く紫色のアキギリ、桃色のミゾソバなど、季節の山野草を見ながらつづら折りの道を登れば一気に展望が開け、南砺の山々が目に飛び込む。

白い風車を目印に砺波平野を見渡す展望広場へ

比丘尼平にある牧舎や風力発電の風車が見え、さらに登れば眺望が一層開けてくる。北欧の山小屋をイメージした稲葉山牧野看視舎を過ぎ、眺望の変化を楽しみながら、シンボルキャラクターのメルギューくんとメルモモちゃんがいる展望広場に着く。ここは、二上山、立山連峰などや南砺の山々が一望できる景勝地で、砺波平野の散居村や小矢部川の流れとともに、市街地が眼下に広がる。

頂上は自動車道からすぐで、2等三角点がある。近くに「稲葉山ふれあい動物広場」などの施設もあり、家族連れで楽しめる。展望デッキからは富山湾、石川県の宝達山や河北潟も望め、その景観には飽きない。帰りは、道の駅の足湯に入り、疲れを癒やそう。

（渋谷　茂）

コース紹介　日帰り　適 4月上～11月下

道の駅メルヘンおやべから、自動車道を利用し、稲葉山牧場を経て頂上往復

日帰り 道の駅メルヘンおやべ ➤ 田川 ➤ 田川営農組合 ➤ 稲葉山牧野看視舎 ➤ 稲葉山山頂 ➤ 道の駅メルヘンおやべ

歩行時間 2:40　**標高差** ±412 (m)

グレード　自動車道を利用するため本書では設定なし

●服装・装備／軽装可

●注意事項／自動車の通行が多いので、注意して歩く

みどころ

稲葉山の名前の由来／身分の高い姫を供養するため、山頂の塚に埋めた黄金の壺（つぼ）が、夜になると稲穂の輝きに似た光を放ったことから名付けられたという。山頂は姫塚と呼ばれ、姫の墳墓だと伝わっている（宮永正運「紀行文」より）

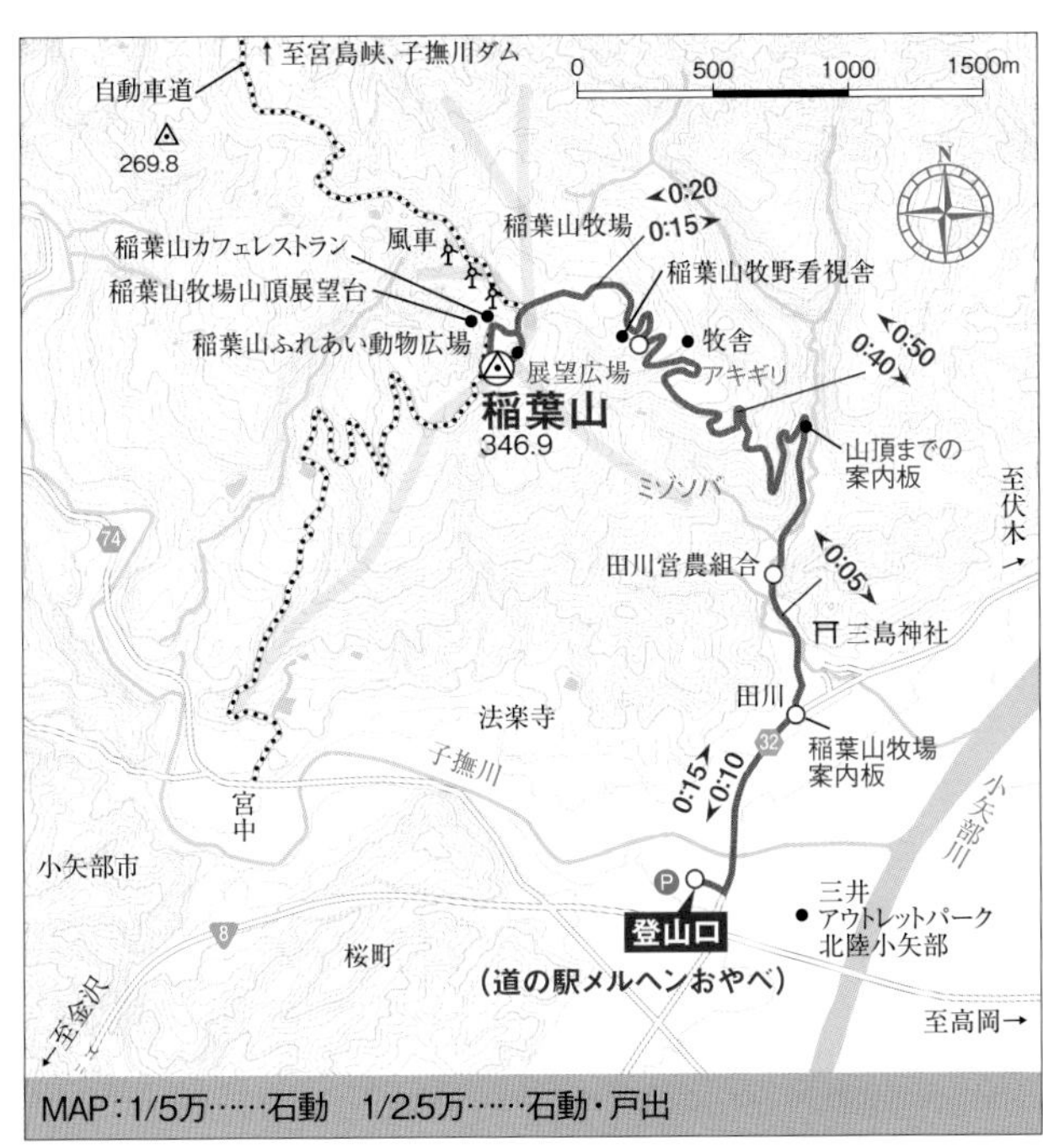

登山口 道の駅メルヘンおやべ

「道の駅メルヘンおやべ」

N36°41'22" E136°52'37"
アクセス／公共交通：JR石動駅からタクシーで約10分／駐車場：道の駅メルヘンおやべを利用／交通機関：小矢部市観光振興課☎0766(67)1760(内線423)／小矢部交通☎0766(67)1212／石動タクシー☎0766(67)1133

山小屋・休憩所

稲葉山山頂休憩所
☎0766 (67) 2607
（稲葉山牧野管理事務所）

稲葉山カフェレストラン
☎090 (9445) 8277
（4～11月の土・日・祝日のみ）

小矢部市街地と南砺市の山々

頂上の三角点

北欧風の稲葉山牧野看視舎

85 牛岳 うしだけ

市民に親しまれている砺波市の最高地点 2等

［砺波市・南砺市・富山市］ 飛騨高地 牛岳県定公園

987m N36°32'28" E137°01'54"

砺波平野から見た牛岳

りりしい牛の横たわる姿

砺波平野の南にどっしりと横たわる山、それが牛岳である。南砺市荒木からスーパー農道を砺波へ向かうと、八乙女山の左辺りに耳様の一部が現れ、程なく、りりしい山容を現す。富山からは牛岳温泉スキー場のゲレンデが象徴的である。伝承が幾つもあり、古くは「久和崎山」「鍬崎山」と呼ばれた。

富山方面からの牛岳登山は、二本杉の駐車場から40分程度で、物足りなさを感ずる。小牧ダム側から約2時間かけて登れば、距離や時間的にも満たされたものを味わうことができる。

小牧ダム側からは小牧の手前で国道156号から国道471号に入り、1・3キロ先の湯谷川沿いの舗装された林道へ左折する。3・4キロで大きな看板が目印の登山口に至る。

スギ林からやがて幽玄なブナ林へ

スギ林の中を進む。30分も歩くと、田んぼか歴史的遺構と思われる広く切り開いた平たん地が数段もあり、興味深い。程なく5合目の標柱が目に入る。左に牛岳ヒュッテ跡、その背後に水場がある。さらに進むとブナを中心とした世界となる。6合目標柱を過ぎ、稜線へと進む（9合目へ通じていた旧登山道は崩落が2カ所あり廃道とした）。稜線から程なく山頂に達する。2等三角点があり点名は「鍬崎」である。ここからは能登半島、富山湾、朝日岳から笠ヶ岳までの北アルプス、金剛堂山、白山、医王山などを望む。更に10分程進むと牛嶽神社が現れる。

下りは二本杉のコース。8合目辺りには鍋谷ブナ林が広がる。樹齢50年くらいかと思われ幹は細いが撮影ポイントである。二本杉に着くと、あずまやの休憩所がある。「三段の滝」と記された標識に従い、スギ林を下る。滝近くでは幾つもの鉄製階段を利用する。三段の滝の全容は滝つぼ辺りから望める。左岸の道を進むと、約5分で展望台下の舗装道路に出る。左折し約30分で登山口に帰着する。

時間が許せば、湯谷川コースの幾多の滝を満喫するのも一興である。（田嶋道夫）

コース紹介　日帰り　適 4月下〜11月下

小牧側登山口から牛岳ヒュッテ跡の横を通り、山頂へ。帰りは二本杉経由で

日帰り　小牧側登山口 ➤ 牛岳山頂 ➤ 牛嶽神社 ➤ 二本杉 ➤ 基幹林道 ➤ 小牧側登山口

歩行時間 **3:50**　標高差 ±**700** (m)

グレード [ルート定数：16]

体力度 

技術的難易度　A　B

●服装・装備／日帰り用装備　(238-239ページ)

●注意事項／五箇山(ごかやま)行き加越能バスを使っての登山は、運行時間帯から不適である。二本杉から三段の滝へ下る際、ロープや竹木をつかみ、支えを確実に行うこと

みどころ

ブナ林／スギ林の先から頂上まで特徴のある大木を幾本も散見する

湯谷川コース／特徴のある滝が多数みられ、タマアジサイ、イワタバコ、ツリフネソウなどの群生

登山口　小牧側登山口

登山道入り口の標識

N36° 33'15" E137° 00'59"
国道156号から4.7キロ。看板と「牛嶽大明神」の石碑が目印。
アクセス／自家用車推奨／駐車場：登山口前にあり。積雪期は湯谷川の林道入り口付近までの乗り入れとなる／公共交通：高岡駅より小牧ダム方面行き加越能バス小牧ダム下車。ダムサイトを渡り、1時間余り歩く。タクシーは要予約／交通機関：加越能バス高岡営業所☎0766(22)4888／チューリップ交通☎0763(82)0169／砺波市農地林務課☎0763(33)1433

山小屋・休憩所　二本杉のあずまや

二本杉のあずまや

牛嶽神社

鍋谷のブナ林

小白木峰から金剛堂山を望む（写真・草野良博）

86 金剛堂山 こんごうどうざん

優美な風衝草原をたどって360度の大展望を 二百 1等

［富山市・南砺市］ 飛騨高地 白木水無県立自然公園

中金剛1650m N36°22′44″ E137°02′56″

霊峰金剛堂山といえば前金剛

南砺市利賀村と富山市八尾町との境に位置し、古くから山岳信仰の霊峰としてあがめられている。前金剛、中金剛、奥金剛の三つのピークのうち、中金剛の標高が最も高いが、通常、金剛堂山といえば、1等三角点がある前金剛を指す。山頂周辺は冬の積雪と強風のため、風衝草原が発達している。近年、二百名山の一つとして人気が高く、県外から多くの登山者が訪れる。

登山口は、栃谷、東俣、大長谷などがあるが、最も利用されている栃谷登山口から登り、三つのピークを踏むコースを紹介する。

百瀬川に架かる橋を渡って、サワグルミのある谷沿いに登る。沢からの風が心地よい。階段状のジグザグの登りが続き、身体が慣れるまでつらい。そのうち沢の音も遠ざかり、登山口から1キロを示す標識が現れる。登山道には1キロごとに4キロまで標識があり、励みになり、ペース配分にも役立つ。4キロ手前から展望が開ける。展望を楽しんでいるうちに前金剛に着く。周辺をチシマザサにおおわれた山頂には、「金剛蔵王権現」を祀った祠や大きな方位盤があり、剱、立山、薬師から槍、穂高にいたる山並みや、乗鞍、御嶽、白山の存在感のある姿、近くには白木峰、人形山も確認できる。

奥金剛まで行けば夏にはニッコウキスゲの群落が

中金剛に向かって、風衝草原につけられた登山道を歩く。これまでの苦労が報われる今回の山行のハイライトとも言えるコースをゆっくり楽しみたい。中金剛の手前には、富山藩主前田利保の歌碑がある。奥金剛山頂は風衝草原の真っただ中にあり、山頂という感じはしない。7～8月には東斜面でニッコウキスゲの群落が見られる。ここまで来る登山者は少なく、360度の大展望を独り占めできる。

登山道の状況にもよるが、時間と体力が許せば、東俣峠に下りて百瀬川沿いに栃谷に戻ることもできる。

下山後は近くにある天竺温泉の郷で汗を流し、山旅を振り返ってはどうだろう。

（中井信一・滝川昌史）

コース紹介　日帰り　適 6月上～11月上

栃谷(とちだに)登山口から、前金剛、中金剛、奥金剛の3つのピークを踏み、帰りは同じルートを戻る

日帰り　栃谷登山口 ➤ 前金剛 ➤ 中金剛 ➤ 奥金剛 ➤ 中金剛 ➤ 前金剛 ➤ 栃谷登山口

歩行時間 5:10　標高差 ±1266 (m)

グレード [ルート定数：26]

体力度　3

技術的難易度　A B

●服装・装備／日帰り用装備　(238-239ページ)

●注意事項／奥金剛から東俣登山口に下り、百瀬川沿いに栃谷に戻ることもできる。しかし、奥金剛～東俣登山口間は近年利用者が少なく、登山道が不明瞭な所があるので注意したい

みどころ

高山植物の宝庫／6月にはツバメオモト、ユキグニミツバツツジ、秋にはエゾリンドウなども咲く。前金剛～奥金剛の風衝草原からの展望は素晴らしい

利賀村／上百瀬には演劇で有名な利賀(とが)芸術公園がある

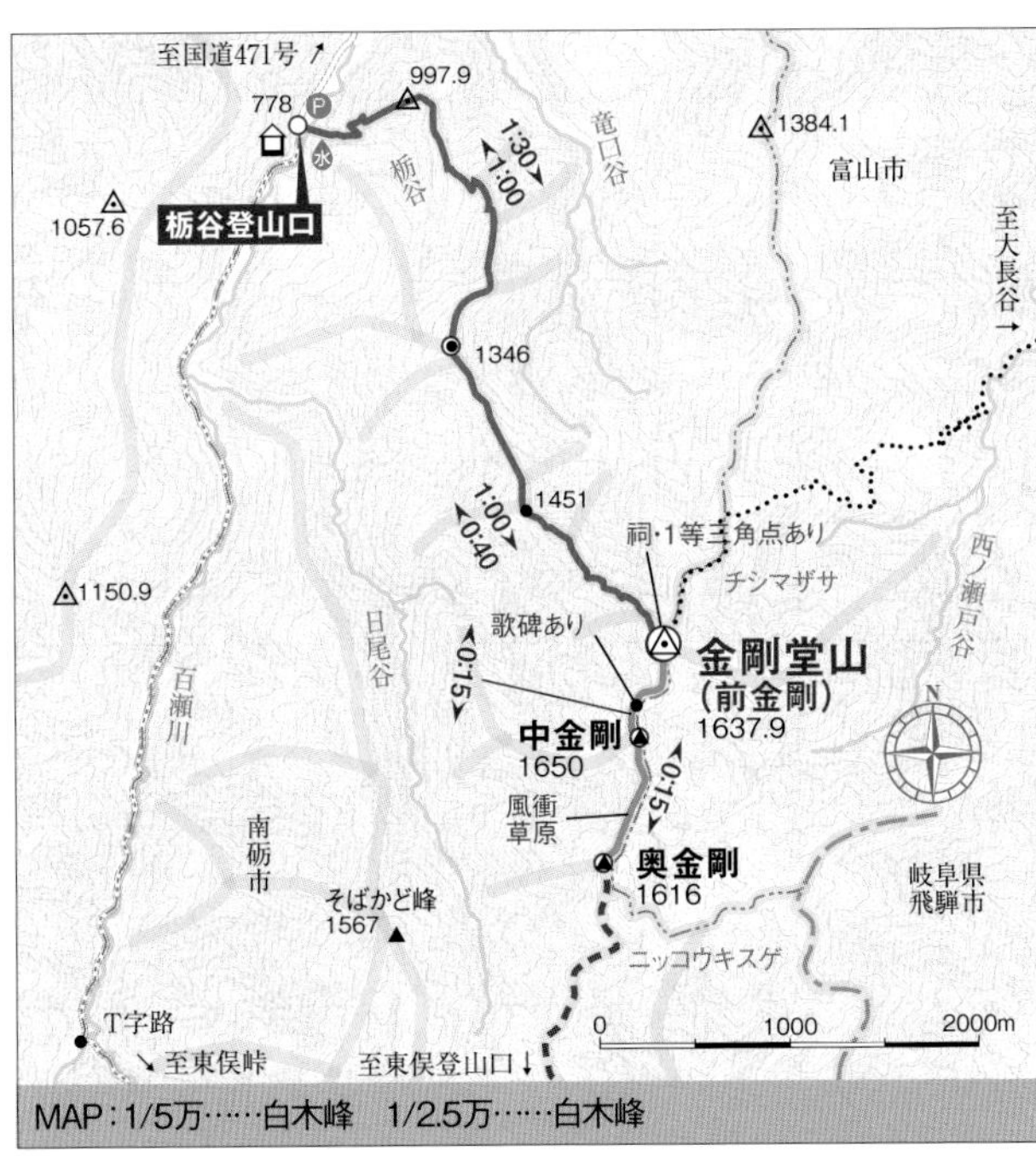

登山口　栃谷登山口

百瀬川を渡って栃谷登山口へ

N36° 24′26″ E137° 01′45″

県道上百瀬・島地線で旧スノーバレー利賀スキー場より、約2キロ。登山口には避難小屋（トイレ完備）があり、水も補給できる

アクセス／自家用車推奨／駐車場：栃谷登山口、東俣峠には十分な駐車スペースがある／交通機関：南砺市林政課☎0763(23)2017

山小屋・休憩所

栃谷登山口、東俣峠に避難小屋

近隣に宿泊施設「天竺温泉の郷」要予約 ☎0763 (68) 8400

奥金剛山頂のニッコウキスゲ

前田利保の歌碑から風衝草原を見下ろす

前金剛山頂

砺波市庄川町弁財天公園からの八乙女山全景（写真・直江裕二）

87 八乙女山 やおとめやま

砺波平野の散居村を眼下に収める 3等

［南砺市］ 八乙女山・閑乗寺県定公園

756m N36°32′25″ E136°58′59″

風を鎮める乙女たちにちなむ名称

木彫りの里として知られる南砺市井波は、風の強い地域である。強風を治めるための宮である不吹堂（ふかんどう）が町に点在する。そして、大風が吹き出すと信じられてきた風穴そのものを御神体としてあがめ、神に奉仕する采女（うねめ）すなわち八乙女による風鎮神事が行われてきたとされる。八乙女山の名もこの神事に由来するとも伝わる。

登山口へは、閑乗寺（かんじょうじ）公園第1駐車場に車を止め、芝生の旧スキー場を登ると散居村展望広場に出る。ここからは眼下に砺波平野が見渡せる。八乙女峠へ続く舗装された林道を少し登ると、八乙女山登山口（5合目）の標識が右手に見える。しばらく進むと作業道が、昔ながらの登山道に変わる。道の脇には6月から7月にかけてササユリやコアジサイが咲き、目を楽しませる。林道を横断し、固定ロープが設置された階段状の登山道を進んで行く。やがて登山道で唯一のベンチが現れ、一息入れる事になる。

道中、2カ所で湧水を汲むことができる

しばらく歩くと、湧水を示す小さな看板があり、30メートルほど下ると、小さな谷からの湧水がある。湧水を飲んで元気が出た体で登って行くと坂道は終わり、なだらかな「大平」に出る。右折して無舗装の道を歩いて行くと、舗装された林道に再び出る。ここに休憩用のあずまやがあり、八乙女山に関する案内文が掲示されている。あずまやから舗装された林道を50メートルほど下った所にも湧水がある。

あずまやで左折して、50メートルほどで八乙女峠に着く。ここで右折して林道をしばらく歩くと、また登山道になり、少し行くと町指定文化財「八乙女山の大杉」に着く。八乙女山と大寺山方面への分岐である。ここを右折して、荒れた林道を横断し、登り返してすぐに3等三角点（点名「鶏塚」）のある八乙女山の山頂に到着する。頂上からの展望は木々が妨げすっきりしないが、付近には「八乙女山山頂のとりで跡」とみられる場所がある。帰路は同じルートを引き返す。

（温井　満）

コース紹介　日帰り　適 3月上〜12月上

閑乗寺(かんじょうじ)公園第1駐車場から、八乙女峠を経て八乙女山山頂往復

日帰り 閑乗寺公園第1駐車場 ➤ 登山道入口（5合目）➤ 八乙女峠のあずまや ➤ 八乙女山山頂 ➤ あずまや ➤ 閑乗寺公園第1駐車場

歩行時間 3:35　**標高差** ±530 (m)

グレード [ルート定数：14]

体力度 2　**技術的難易度** A

●服装・装備／日帰り用装備　（238-239ページ）

●注意事項／紹介ルート以外に、多くの登山道・林道があるので、道迷いに注意

みどころ

雄大な砺波(となみ)平野を展望／登山口周辺からよく見える。特に水田に水を張った「水鏡」の5月頃は一見に値する

瑞泉寺(ずいせんじ)と道宗道／下山後に門前町の歴史と木彫の町井波の探索するのもよい。瑞泉寺は道宗道の終点

MAP：1/5万……城端　1/2.5万……城端

登山口 閑乗寺公園第1駐車場

登山道入口の標識

N36° 33'33" E136° 59'17"
閑乗寺公園第1駐車場から展望広場を経て15分ほど林道八乙女線を歩くと5合目が登山道入口となる。体力のない人でも八乙女峠付近まで車が入るので（冬期閉鎖）、山頂まで約30分で行ける

アクセス／自家用車推奨／駐車場：閑乗寺公園第1駐車場／公共交通：高岡駅より井波方面行きの加越能バスに乗り、井波で下車。井波からはタクシーを利用／交通機関：南砺市林政課☎0763(23)2017／加越能バス高岡営業所☎0766(22)4888／チューリップ交通☎0763(82)0169

山小屋・休憩所

八乙女峠のあずまや

頂上直下を横断する林道

大寺山への分岐にある大杉

八乙女峠のあずまや

扇状に広がる赤祖父谷と赤祖父山

88 赤祖父山 あかそぶやま

四季を通じブナの原生林を楽しめる水源の山

［南砺市］

1030m N36°30'22" E136°58'14"

高清水山系の中央にある水源の山

赤祖父山は、地元で「東山」と呼ばれる八乙女山から高落場山に連なる高清水山系のほぼ中央に位置する。西斜面には、東谷、西谷から成る深い赤祖父谷があり、二つの谷が交わる赤岩橋付近から、扇を開いたようにブナの原生林が広がる。ブナ林は赤祖父川流域の水源であるため、昔から水持ち林として伐採が禁じられてきた。今に至るまで大切に守られ、「水源の森百選」にも選ばれている。一帯には多雪地帯特有のユキツバキが見られる。

赤祖父ため池とゆ〜ゆうランド・花椿の前を通り、左へ曲がって林道を約2・7キロ登ると林道赤祖父線に出る。丸山展望台への分岐から南へ約200メートル進むと登山口がある。崩れた斜面の左側を登り杉林へ入る。登山道は所々急坂を直登し、途中で作業道跡を少し左へ回って横切り、もう一頑張りすると稜線に出る。分岐には道宗道の道標があり、尾根を通る右手の道宗道に入る。

四季折々のブナの美しさを楽しめる

しばらく進むとブナの大木が迎える、赤祖父のブナ林が始まる。春は芽吹きの新緑、夏は木漏れ日の光、秋は鮮やかな紅葉、冬は雪に耐える幹の姿など、四季折々のブナ林を楽しみながら行く。

赤祖父谷の扇の端をたどるような稜線の道は、原生林との境界で赤祖父水郷で毎年管理されていて歩きやすい。なだらかな登り下りを繰り返し、道が直角に折れる分岐を南東へ進むと「展望峰」と呼ばれる赤祖父山のピークがある。

ここからの眺望は素晴らしく、道宗道が通る高清水山系をはじめ、五箇山から白山・飛騨に連なる山々や、遠く北アルプスの山並みまでが見渡せる。

分岐に戻って少し西へ進むと再び道が直角に折れており、眼下にはブナの原生林、赤祖父ため池や散居村、医王山の山並みまで望める。往路を戻るのもいいが、そのまま稜線を進めば新山峠から林道赤祖父線の新山峠口に下れる。草が茂ると歩きにくいが、新山峠口にも車を置いておけば赤祖父山を周回できる。

（開澤浩義）

コース紹介　日帰り　適 5月中〜10月下

登山口から稜線まで直登し、扇山を経て赤祖父山山頂往復

日帰り　登山口 ➤ 分岐 ➤ 扇山 ➤ 赤祖父山展望峰 ➤ 扇山 ➤ 分岐 ➤ 登山口

歩行時間 **4:40**　標高差 **±729** (m)

グレード [ルート定数：18]

体力度　2

技術的難易度　A　B

●服装・装備／日帰り用装備　(238-239㌻)

●注意事項／下りの急坂を慎重に

みどころ

赤祖父のブナ原生林／水源の森として守られてきた自然のままのブナの原生林となっている

丸山の大ユキバタツバキ／丸山の麓に、大ユキバタツバキの自生地がある(市の天然記念物)

[保護区等]県天然記念物「栃谷(ほうたに)の天然福寿草自生地」「赤祖父石灰華生成地」

MAP：1/5万……城端・下梨　1/2.5万……城端・下梨

登山口　丸山展望台入口南

赤祖父山登山口

N36° 31'08" E136° 57'08"
ゆ〜ゆうランド・花椿から林道赤祖父線まで上り、丸山の展望台への分岐から少し南に下る

アクセス／自家用車推奨／駐車場：丸山展望台の登り口／公共交通：JR城端(じょうはな)線城端駅・福野駅から南砺(なんと)市営バスでゆ〜ゆうランド・花椿下車。登山口まで徒歩もしくはタクシー／交通機関：南砺市林政課☎0763(23)2017／城端タクシー☎0763(62)0046／あい・あいタクシー☎0763(22)2144

山小屋・休憩所

ゆ〜ゆうランド・花椿(入浴施設)
☎0763(64)2288

赤祖父山の展望峰から高清水山を望む

赤祖父ため池と散居村の展望

新緑のブナ林

高清水山(左奥のピーク)

89 高清水山 たかしょうずやま

伝説と神秘に包まれた縄ヶ池から登る山

［南砺市］

1145m N36°28'38" E136°56'35"

ミズバショウで有名な縄ヶ池をスタート地点に

砺波平野の東に、屏風のように立ちはだかる高清水山系は、地元では「東山」と呼ばれている。その最高峰が高清水山である。

国道304号から林道高清水線を縄ヶ池方面へ約8キロ行くと、散居村の大パノラマが眼下に広がる展望広場がある。

縄ヶ池は1969(昭和44)年、昭和天皇、皇后両陛下を迎え、以来ミズバショウの群生地として有名に。標高1000メートル以下での大群生としては南西限で、学術的に貴重なものだ。その時の御製が池のほとりの歌碑に残されている。

竜の伝説を追うように尾根に取り付く

池には竜がすむという伝説があり、縄ヶ池姫神社が祭られている。古来から雨乞いの池で、石を投げると必ず雨が降ると伝えられる。今も神秘に満ちた場所だ。池を一周する遊歩道を東へ進むと、池の南側にサワグルミの2本の大木がある。そのすぐ先にある分岐が高清水山の登山口で、「竜の背中道」という道標がある。

池畔から離れ、すぐ尾根に取り付く。狭い尾根には、湾曲した根上りの老杉が並ぶ。眼下の縄ヶ池は鏡のように空を映して、水面がまぶしい。

稜線でひだまり峠からの道に合流し、道標に従いスギが植林された尾根をつめる。15分ほどでオエズコの頭に達する。五箇山でオエとは、茶の間のことで、座敷(デイ)の前に配置される。盟主である高清水山のすぐ前のピークだから、この名前になったのだろうか。急な尾根を鞍部へ降りて東へ抜け、日当たりのよい尾根を約10分進むと頂上である。

頂上には二股のブナの前に高清水山の標柱がある。眺望はよく、北アルプス、白山、御嶽山などが五箇山の峰々の向こうに連なる。圧巻なのは眼下に広がる砺波平野と医王三山だ。春の縄ヶ池のミズバショウ、つくばね森林公園のログハウスやキャンプ場、大滝山のブナ林の紅葉、また、奥つくばね山にはパラグライダーのテイクオフ基地があり、東山特有の上昇気流を使って空へ乱舞するなど、色々な楽しみ方ができる山域である。

(橋本英司)

コース紹介　日帰り　適 5月中〜10月下

縄ヶ池遊歩道東の登山口から、竜の背中、オエズコの頭を経て、高清水(たかしょうず)山山頂往復

日帰り　縄ヶ池駐車場 ➤ 登山口 ➤ 分岐 ➤ 高清水山山頂 ➤ 分岐 ➤ 登山口 ➤ 縄ヶ池駐車場

歩行時間　**2:20**　標高差　±**428** (m)

グレード [ルート定数：10]

体力度　2

技術的難易度　A　B

●服装・装備／日帰り用装備　(238-239ページ)

●注意事項／クマの出没が多いので対策は万全に。竜の背中の登山道は狭い尾根道なので慎重に。林道の通行状況の確認

みどころ

縄ヶ池のミズバショウ／群生地として富山県天然記念物に指定されている(花は5月上旬から下旬)

N
杉尾峠
池川
669.6
縄ヶ池駐車場
縄ヶ池
0:10
1115
オエズコの頭
高清水山
1145
←至つくばね森林公園
登山口
ミズバショウ
0:40
0:30
分岐
棱線を道宗道が通る
竜の背中(狭い尾根)
危
0:30
0:20
奥つくばね山
995
1058
ひだまり峠
駐車スペースあり
862.8
草沼山
1080.6
南砺市
林道高清水線
0
500
1000m
↓至高落場山

MAP：1/5万……下梨　1/2.5万……下梨

登山口　縄ヶ池南側

縄ヶ池南側のサワグルミの大木

N36° 28' 38" E136° 55' 56"
縄ヶ池駐車場から徒歩で縄ヶ池に下り、10分ほど歩いた池の南側のサワグルミの大木のすぐ先が登山口

アクセス／自家用車推奨／駐車場：縄ヶ池展望広場／国道304号から林道高清水線で縄ヶ池へ／公共交通：JR城端(じょうはな)線城端駅からタクシー利用／交通機関：南砺(なんと)市林政課☎0763(23)2017／城端タクシー☎0763(62)0046

山小屋・休憩所　要予約

つくばね森林公園バンガロー
☎0763(62)1252
(高田造園土木)

ミズバショウの群生地

縄ヶ池のほとりにある御製の歌碑

竜の背中と呼ばれる道から縄ヶ池を見下ろす

五箇山トンネル入口からの高落場山

90 高落場山 たかおちばやま

標高は1122メートルで「いい夫婦」

［南砺市］　五箇山県立自然公園

1122m　N36°27'28" E136°55' 24"

赤尾道宗ゆかりの登山道をゆく

南砺市中央部は高清水山系が南北に連なり、その東側に沿って庄川が流れている。近年、高落場山をはじめとする高清水山系の尾根道に、南砺市西赤尾の行徳寺から井波の瑞泉寺まで続く古道「道宗道」（約30キロ）が復元された。その昔、真宗門徒の鑑と称された五箇山の赤尾の道宗が、月に一度瑞泉寺に参るために長年通い続けた山道で、道宗に思いを馳せながら歩くことができる。

国道３０４号を城端から五箇山方面へ向かう。縄ヶ池・つくばね森林公園の標識に従い、左の林道高清水線に入る。約４キロで若杉集落跡の石碑のある駐車場に着く。ここが登山口で、城端から梨谷集落へと続く旧五箇山街道が通う。

唐木峠まで石畳が点々と残る山道は歴史を感じさせる。唐木峠で道を左に折れる。道の右には植林されたスギの大木が、左手は水持ち林として禁伐のおきてに守られてきたブナの自然林が続く。このブナ林からの水が夫婦滝の水源となっている。坂を登り切ると三差路になり、右へ行くと程なく山頂である。眼下には砺波平野の散居村が見え隠れし、その向こうに医王山が連なる。また北アルプスや白山山系も一望できる。標高は１１２２メートルで、「いい夫婦」という語呂合わせからも人気がある。

つくばね森林公園や旧五箇山街道からも

登山口の若杉集落跡からそのまま林道を進むと、夫婦滝、つくばね森林公園、縄ヶ池へと続く。この公園からも高落場山への登山コースがある。奥つくばね山の西側尾根道から、草沼山山頂経由、または大滝山のブナ原生林を横切り、道の合流点で右へ進むと山頂に至る。

もう一つのコースは、五箇山側のたいらスキー場近くの梨谷から、旧五箇山街道に入り朴峠を経て山頂に至る。その昔、牛馬も通った暮らしと経済の道であり、中部北陸自然歩道「朴峠牛方をしのぶ石畳のみち」に指定された。朴峠から山頂へは尾根道となり、五箇山トンネルのほぼ真上が南砺市のへそ（地理的な中心）でモニュメントがある。（中道伸雄）

コース紹介　日帰り　適 5月中〜10月下

若杉集落跡記念碑広場の登山口から唐木峠を経て山頂往復

日帰り　登山口 ➤ 唐木峠 ➤ 分岐 ➤ 高落場山山頂 ➤ 分岐 ➤ 唐木峠 ➤ 登山口

歩行時間 **3:15**　標高差 ±**602** (m)

グレード [ルート定数：14]

体力度　2

技術的難易度　A　B

●服装・装備／日帰り用装備（238-239ページ）

●注意事項／クマよけ対策を万全に

みどころ

ブナ原生林／南砺（なんと）市の天然記念物に指定されている

縄ヶ池のミズバショウ／富山県の天然記念物に指定。花は5月上旬から下旬

夫婦滝／林道高清水線から見える1対の美しい滝

MAP：1/5万……下梨　1/2.5万……下梨

登山口　若杉集落跡

若杉集落跡の登山口

N36° 28'12" E136° 54'34"
若杉集落跡記念碑広場の道路向かいにある旧五箇山（ごかやま）街道の入口が登山口

アクセス／自家用車推奨／駐車場：登山口に駐車場あり／国道304号から林道高清水線で縄ヶ池・つくばね森林公園へ向かう途中で若杉集落跡へ／公共交通：JR城端（じょうはな）線城端駅からタクシー利用／交通機関：南砺市林政課☎0763(23)2017／城端タクシー☎0763(62)0046

山小屋・休憩所　要予約

つくばね森林公園バンガロー
☎0763(62)1252
(高田造園土木)

高落場山山頂

大滝山のブナ原生林

夫婦滝

獅子越峠からの高坪山（秋）

91 高坪山 たかつぼやま

おむすび山と親しまれる三角形の山容 3等

［南砺市］　両白山地　五箇山県立自然公園

1014m　N36°25′01″ E136°54′59″

合掌造りで有名な五箇山・平村のシンボル

世界遺産に指定された相倉合掌造り集落の背後にそびえる。国道156号を五箇山の中心部に近づくにつれ、正面に端正な姿を見せる。山容はすっきりした三角形。古くから「おむすび山」と親しまれ、平村のシンボル的な存在である。

室町時代後期、五箇山に浄土真宗行徳寺を開基し、今も慕われる赤尾道宗。彼が通ったとされる「道宗道」を地元・道宗道の会が2010（平成22）年に整備した。

最初の急登を越えればハイキング気分で楽しめる

高坪山への山行は、この道宗道の宮谷尾根登り口から、いきなり杉林の急登で始まる。10分ほど登ると傾斜が緩やかになる。5月下旬には、登山道の両側のシャクナゲの群落が目に飛び込んでくる。奇麗な花を堪能しながら歩を進めると、20分ほどで林道獅子越線に合流する。一気に視界が広がり、南東の方向に目指す高坪山の雄姿が見える。

ここから高坪山登山口までの林道は、比較的整備されていて安全かつ眺めがよい。登山というよりハイキングの気分を味わえる。初夏にはササユリやヤマアジサイなどの山野草が咲き、秋には眼下に紅葉の雄大な景色が見られる。獅子越峠の三差路を左折し、林道高坪線に入る。相倉合掌造り集落に通じる道だ。人形山、三ヶ辻山の山並みを望みながら進むと、道標のある高坪山登山口に到着する。ここからはブナ林の尾根ルート。細尾根の急登だが、くいによる階段や草刈りが施されて安全である。ブナの森の自然を体いっぱいで感じながら、ふかふかした腐葉土の道を踏みしめて登って行く。

山頂の手前に広い空間の広場が突然出現する。反射板が撤去された跡地である。山頂そのものは5坪ほどの狭い場所で三角点（点名「高壺」）がある。眼下に平村の中心部や相倉合掌造り集落を見下ろし、遠くは立山、剱岳などの立山連峰が一望できる。帰路は同じルートを引き返す。

相倉集落の茅葺き屋根は、高坪山の茅を使用。集落へ足を延ばして先人の技に触れるのもよい。

（遠藤志朗）

コース紹介　日帰り　適 4月上〜11月中

宮谷尾根を登り獅子越峠を経て高坪山山頂往復

日帰り 宮谷尾根登山口 ➤ 道宗道の道標 ➤ 獅子越峠 ➤ 高坪山登山口 ➤ 高坪山山頂 ➤ 高坪山登山口 ➤ 獅子越峠 ➤ 道宗道の道標 ➤ 宮谷尾根登山口

歩行時間 3:10　**標高差** ±629 (m)

グレード [ルート定数：15]

体力度 2　**技術的難易度** A

●服装・装備／日帰り用装備 (238-239ページ)

●注意事項／登り始め10分ほどの急登はステップがなく、滑りやすい泥土なので注意

みどころ

四季折々の自然を堪能／シャクナゲやユキツバキの群落が点在。山野草やブナ林の新緑、秋の紅葉

五箇山(ごかやま)集落の眺望／平村の中心部や世界遺産の相倉合掌造り集落のたたずまいを眺める

登山口 宮谷尾根登山口

宮谷尾根登り口の道標

N36° 26'16" E136° 54'56"
細尾峠への旧国道沿いのたいらスキー場から車で3分。道宗道の会の設置した道標(宮谷尾根登り口)を起点とする

アクセス／自家用車推奨／駐車場：宮谷尾根登り口の道標近くに駐車スペースあり／公共交通：JR城端(じょうはな)線城端駅から、タクシー利用／城端駅より加越能バスで梨谷下車。登山口まで徒歩／交通機関：南砺(なんと)市林政課☎0763(23)2017／城端タクシー☎0763(62)0039／加越能バス高岡営業所☎0766(22)4888

山小屋・休憩所 なし

山頂から見下ろす平村中心部

獅子越峠からの白山山系

林道獅子越線合流地の道宗道の道標

こたつのような袴腰山の山容

92 袴腰山 はかまごしやま

5月にはシャクナゲと雪の白山を望む砺波富士

［南砺市］

1165m N36°25′37″ E136°52′22″

砺波富士とも呼ばれる旧城端町のシンボル

元禄の昔、松尾芭蕉の弟子八十村路通が袴腰山を詠んだ句が碑となっている。「いんぎんに月もかゝるや袴腰」

袴腰山は路通による「城端十景」の一つとして、城端の人びとに親しまれてきた。砺波平野の最奥部、旧城端町の南端にあり、城端地区では最高地点でもある。こたつのやぐらに布団を掛けたような左右対称の姿が、一段高くそびえる。南砺地方では「砺波富士」と呼び親しまれてきた。現在はこの山の直下を、東海北陸自動車道の袴腰トンネルが通り、五箇山インターへ通じている。

かつて砺波平野から五箇山を通って飛騨へ抜ける街道が、山の東側の鞍部にある小瀬峠を通っていた。袴腰登山はこの峠を起点としていたが、現在は国道３０４号からたいらスキー場横の旧道を通って細尾トンネルを抜け、林道袴腰線を南へ向かうと、峠に袴腰山峰越登山口の標柱がある。

人形山や白山山系の山々を見渡す

10分ほど登ると城端山岳会の管理する袴腰山小屋（無人）がある。ここからは人形山の展望が素晴らしい。小屋から頂上までは標高差約１５０メートル。岩の露出した痩せ尾根を抜けると、急斜面の直登になる。約30分で山頂の平たん地へ出る。分岐からブッシュの間を西へ１００メートルほど行った所に、城端山岳会が１９６６（昭和41）年に建てた高さ約５メートルの展望台がある。周りはホンシャクナゲの群落で、５月中旬ごろに満開となる。

南に白山、その手前に笈ヶ岳、大笠山の展望が素晴らしい。奈良岳、見越山、大門山などは、隣の三方山、猿ヶ山の陰になっているが、西は医王山の向こうに金沢市街までが見渡せる。眼下には臼中ダム、城端ダム、桜ヶ池の三つの人造湖、その向こうには散居村の砺波平野、二上山、富山湾、はるかに能登半島の山々。東は高清水山系の向こうに金剛堂山、その奥に白木峰、さらに立山連峰を望む。展望台から戻り、分岐を南へ行くと袴腰山最高地点があり、その先には、眼下に池の平や白川街道を見渡せる五箇山側の展望所がある。

（西川雄策・本谷三三夫）

コース紹介　日帰り　適 5月中～10月下

登山口から袴腰山小屋を経て山頂往復

日帰り　登山口 ➤ 袴腰山小屋 ➤ 分岐 ➤ 展望台 ➤ 分岐 ➤ 袴腰山最高地点 ➤ 分岐 ➤ 袴腰山小屋 ➤ 登山口

歩行時間　1:30　標高差　±249 (m)

グレード [ルート定数：6]

体力度　1　技術的難易度　A

●服装・装備／日帰り用装備 (238-239ページ)

みどころ

山頂のシャクナゲの群落／5月中旬頃が満開
山頂の展望台からの眺望／各方角に解説板があり、三方山、猿ヶ山、大笠山、笈ヶ岳、白山へと続く山並みが見られる

MAP：1/5万……下梨　1/2.5万……下梨・湯涌

登山口　峰越登山口

袴腰山峰越登山口

N36°25'55" E136°52'47"
国道304号からたいらスキー場横を通り、旧国道304号の細尾トンネルを出てすぐ西に林道袴腰線を峠まで進む。峠に袴腰山峰越登山口の標柱と案内看板がある
アクセス／自家用車推奨／駐車場：登山口近くに駐車スペースあり／公共交通：JR城端線城端駅からタクシー利用／交通機関：南砺市林政課☎0763(23)2017／城端タクシー☎0763(62)0046

山小屋・休憩所

袴腰山小屋（無人）

展望台から望む白山

山頂のシャクナゲの群落

袴腰山小屋

楮集落からみた猿ヶ山の稜線、手前の三角のピークがカンザオ山。左の斜面はタカンボースキー場

93 猿ヶ山 さるがやま

十二支の山として申年に人気がある 2等

［南砺市］ 両白山地

1448m N36°24'15" E136°50'36"

ブナオ峠から3時間 2等三角点の山

猿ヶ山は三方山、袴腰山とともに林野庁の「白山山系緑の回廊」の辺縁にあり、ブナの原生林が美しい山である。小矢部川と庄川の分水嶺に位置し、白山国立公園の最北端ブナオ峠から、3時間で頂上に立てる。十二支の山として申年には人気がある。

砺波平野から南を見ると、猿ヶ山は三方山の右側にどっしりと構える。2等三角点の山で、点名は「猿ヶ馬場」。五月ごろに現れる雪形が、種まきの指標とされてきた。

ブナオ峠は、昔は火薬の原料塩硝を運ぶ道であった。県道からは草谷や庄川沿いの見事な新緑・紅葉を見られるが、冬期は閉鎖される。

美しいブナの原生林から開ける展望が見事

登山口はブナオ峠の東側の木の茂みに道標が立つ。大獅子山中腹の美しいブナの原生林を見ながら進むと、左に大獅子池が現れ春にはモリアオガエルの卵が見られる。右に大獅子山登山口の小さな道標があり、間もなく遭難碑に着く。ここから猿ヶ山の登りになる。

1236メートルのピークまではヒノキの大木が500メートルごとに3本あり、小休止するのにちょうどよい。ブナの原生林が美しく彩る中、一瞬展望が開けて大門山、大笠山、笈ヶ岳が見える。アップダウンを繰り返すこと3回でようやく山頂に着く。低木に遮られ展望はいまひとつだ。三角点の横に2000年とやま国体の時に福光山岳会が設置した石の標識がある。

ブナオ峠から猿ヶ山を経て袴腰山（214ページ）までの縦走路は、1986（昭和61）年五箇山保勝会により整備された。近年はブナオ峠から猿ヶ山までは管理されているが、不定期でやぶになっているところもある。

袴腰山から猿ヶ山へのルートもあるが、三方山から猿ヶ山の間は刈り払いがされておらず、登山道が不明瞭になっているので、踏み跡をよく確認する。残雪の時期はガスなどでルートを間違えやすく注意する。

（金田淑子）

コース紹介　日帰り　通行止めの期間に注意　適 6月上〜11月上

ブナオ峠から大獅子山中腹を経て山頂往復。92袴腰山(はかまごし)(214ページ)からのコースもあるが、登山道が不明瞭で注意

日帰り　ブナオ峠 ➤ 遭難碑 ➤ 1368mのピーク ➤ 猿ヶ山山頂 ➤ 1368mのピーク ➤ 遭難碑 ➤ ブナオ峠

歩行時間 4:40　標高差 ±633 (m)

グレード [ルート定数：18]

体力度 2

技術的難易度 A B

●服装・装備／日帰り用装備 (238-239ページ)

●注意事項／2021年現在、崖崩れのため県道54号は、西赤尾ーブナオ間が、当分の間通行止め。(通常は6月中旬〜10月上旬開通、冬期間通行止め、通行規制の問い合わせ) 砺波(となみ)土木センター ☎0763 (22) 3526

やぶがひどい時は、踏み跡を確認のこと。ルート外の尾根に入り込まないよう注意

みどころ

ブナオ峠／「塩硝の道」が通っていた歴史をたどる峠

世界遺産菅沼合掌造り集落／五箇山インター近くに世界遺産菅沼合掌造り集落がある

登山口　ブナオ峠

ブナオ峠の登山道入口

N36° 22'22" E136° 49'25"
五箇山インターを経て、国道156号の西赤尾より県道54号でブナオ峠へ。通行規制あり

アクセス／自家用車推奨／駐車場：登山口(ブナオ峠)に20台／公共交通：JR城端駅よりタクシー利用／城端駅より加越能バスで西赤尾よりタクシー利用／交通機関：南砺市林政課☎0763(23)2017／五箇山総合案内所☎0763(66)2468／加越能バス高岡営業所☎0766(22)4888／五箇山タクシー☎0763(66)2046

山小屋・休憩所　なし

猿ヶ山のブナ林紅葉

ヒノキの大木

大獅子山の中腹のブナ林(新緑の頃は素晴らしい)

国道304号梨谷トンネル出口にある人形山展望所から望む人形山

94 人形山 にんぎょうざん

名前の由来は手をつないだ姉妹の雪形 三百 新・日百

［南砺市／岐阜県白川村］ 飛騨高地 白木水無県立自然公園

1726m N36°20′56″ E136°56′23″

哀れを誘う民話の舞台

人形山は富山県南西部の飛越国境に位置する。2005(平成17)年、岩崎元郎の「新日本百名山」に選定され、全国に知られるようになった。山名の由来は、残雪期の雪形にまつわる民話による。その昔2人の娘が、病気の老母の回復祈願に山頂の白山権現に向かったが、雪に力尽きたのか帰らなかった。以来娘2人が手をつなぐ雪形が山腹に現れるようになり、「ひとかた山」と呼ぶようになった。雪形は5月下旬から6月上旬頃、国道304号の梨谷トンネルを出た人形山展望所から見られる。

梯子坂手前から望む三ヶ辻山

95 三ヶ辻山 みつがつじやま

山頂に2等三角点がある端正な鋭鋒 2等

［南砺市／岐阜県白川村］ 飛騨高地

1764m N36°20′17″ E136°57′00″

中根平を登山口に宮屋敷跡を目指す

南砺市上梨で庄川を渡り、五箇山荘、田向集落を過ぎ、湯谷橋の手前で左折して川沿いの林道に入る。途中から左へ上る林道を進むと中根山荘がある。やがて人形山登山口の標柱、右手に広い駐車場と東屋がある。登山口の横には人形堂と呼ばれる祠がある。山頂まで約6キロ。三角点のある第1休憩所までスギ林が続き、そこからはブナ林となる。第2休憩所には富山県一大きいとされるドウダンツツジがある。急坂をジグザグに登り続けると低木帯に入り、空が開ける。

地面に岩肌が見え始め、鳥居のある宮屋敷跡に出る。白山宮の社が建っていたと伝わる聖地で、標高1590メートルのこの台地は、眺望絶佳の休憩地である。彼方に大滝山、目前には人形山が真近に望まれる。明るい登山道は緩い下りとなり、左手に端正な三ヶ辻山が望まれる。草地の鞍部から梯子坂を登り詰めて県境稜線に出ると、白山がいきなり目に飛び込む。乗越分岐から人形山へは右へ0・7キロで、広々とした草原状の山頂に着く。山頂からは笈ヶ岳、大笠山を望める。続く稜線上のカラモン峰の眺望も素晴らしい。

三ヶ辻山へは乗越分岐より左のクロベ群落を通り抜けて、約1キロで2等三角点のある山頂に着く。県境から外れた山で、人形山より約40メートル高く登頂感が大きい。山頂から南に御嶽山を望み、県境から右に緩やかで長大な尾根が、椿原へ落ちていて印象的である。

（山﨑富美雄）

コース紹介　日帰り　適 6月上～10月下

中根平登山口より、宮屋（みや）敷跡、乗越分岐を経て、人形山（にんぎょうざん）、三ヶ辻山（みつがつじ）を登頂し往路を戻る

日帰り 登山口 ➤ 第2休憩所 ➤ 宮屋敷跡 ➤ 乗越分岐 ➤ 人形山山頂 ➤ 乗越分岐 ➤ 三ヶ辻山山頂 ➤ 乗越分岐 ➤ 宮屋敷跡 ➤ 第2休憩所 ➤ 登山口

歩行時間 7:50　**標高差** ±1360（m）

グレード ［ルート定数：33］

体力度

4

技術的難易度 A B

●服装・装備／日帰り用装備（238-239ページ）

●注意事項／5月中は残雪あり。林道の通行状況を確認してから出掛けること。要クマ対策

みどころ

宮屋敷跡／中根平からの尾根を登り切った所にある宮屋敷跡は、奈良時代に泰澄大師（たいちょうだいし）によって開山された人形山の信仰の拠点となった場所で、「人形山と宮屋敷」の名称で、南砺市の史跡・名勝・天然記念物に指定されている

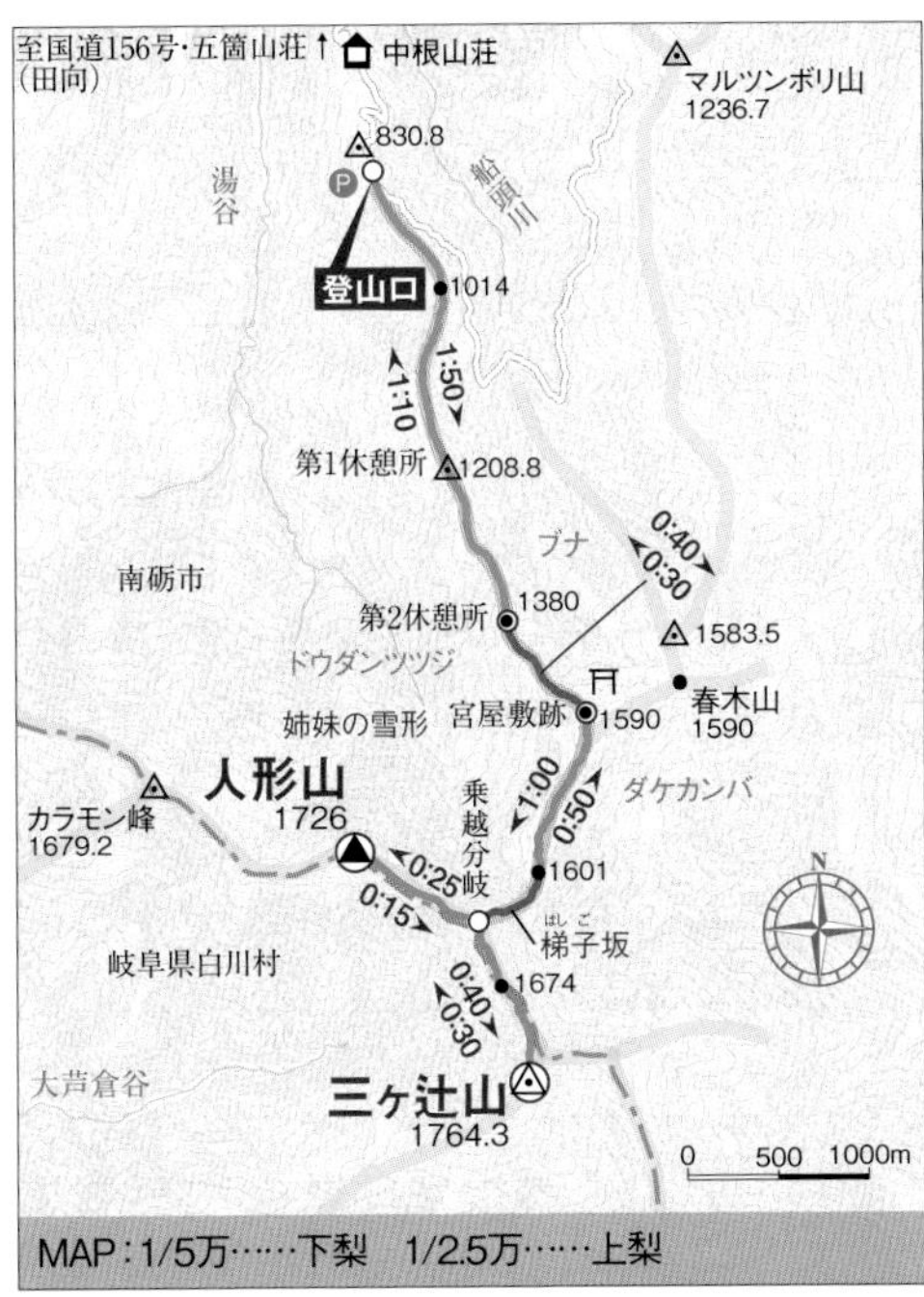

登山口 中根平

中根平の登山口と人形堂

N36° 22′55″ E136° 56′27″
中根山荘の先、あずまやのある広場。祠と標柱が目印

アクセス／自家用車推奨／駐車場：あり／公共交通：国道156号を上梨から五箇山荘（ごかさんそう）前を通り、田向の湯谷橋の手前で左折、川沿いに進む。分岐で左側の林道に入り、中根山荘の先の登山口へ。／交通機関：南砺（なんと）市林政課☎0763（23）2017／五箇山総合案内所☎0763（66）2468／ヤマトミ企画観光サービス☎0763（66）2320／五箇山タクシー☎0763（66）2046

人形山山頂

宮屋敷跡の鳥居

山小屋・休憩所

要予約

中根山荘（利用は事前にヤマトミ企画観光サービスへ）☎0763（66）2320

国民宿舎五箇山荘 ☎0763（66）2316

小矢部川河畔から見た医王山

96 医王山 いおうぜん

奈良時代に泰澄大師が開いた霊山 三百 新・花百 1等

［南砺市／石川県金沢市］　医王山県立自然公園

奥医王山 939m　N36°30'46" E136°47'46"

薬草が多いことが山名の由来

　富山県南西部、石川県との県境にあり、奈良時代の養老3年に泰澄大師が開山した霊山。薬草が多いことから、唐の育王山にちなみ育王仙と名付けられたのが山名の由来とされる。両県共に県立自然公園に指定しており、多くの登山者やハイカーが親しむ。

　医王山は、前医王山、黒瀑山、白兀山、蛇尾山、奥医王山といった峰の総称。山中には鳶岩、三蛇ヶ滝、大沼など変化に富む景勝地が見られる。車道が整備され登山口も多いが、ここでは祖谷から横谷峠へのコースを紹介する。

**祖谷から国見平へ
林道は自動車利用も**

　祖谷の広域林道脇に登山口があり、登山家・槇有恒揮毫の石碑を左に見て、作業林道を進む。整備された登山道で、途中からジグザグの急坂が続く。吹上小場からさらに急坂を登り、杉木立を抜けて左へ進むと、谷沿いの道になり、春にはサンカヨウやキクザキイチゲが群生する。舗装林道に出、左の階段状の道を登って、国見平の広場に到着。国見ヒュッテまでは車を利用できる。

　医王権現を左に見て車道を進むと堂辻に着く。そのまま車道を進んでもいいが、右の登山道を10分ほど登ると金山峠。左に折れて少し登ると展望台の立つ三千坊で、鳶岩や加賀平野が一望できる。再び車道を進み前医王山分岐の国土原に着く。赤い三角屋根を目印に白山も遠望できる。さらに車道を進み夕霧峠に出る。近くには展望台とトイレがある。

　奥医王山へは車道の分岐にある山道に入る。急坂を登ると緩い起伏の尾根になり、途中の鞍部の龍神池では、春にはモリアオガエルの卵の白い泡が木々にぶら下がる。1等三角点の奥医王山頂上の展望台では360度の視界が広がる。

　登って来た道を左に折れると横谷道で、一段下にはしめ縄の張られた大杉が立つ。後は県境尾根をひたすら下る。秋には紅葉のトンネルが楽しめる。整備された作業林道を歩くと横谷峠の登山口に至る。ここから車道を5・8キロ歩けば福光温泉に着く。自家用車の場合はタクシーで登山口に引き返す。

（橋本准治）

コース紹介　日帰り　適 4月上〜11月中

祖谷から国見平、夕霧峠を経て奥医王山。横谷峠に下り、車道を徒歩で福光温泉へ

日帰り　祖谷登山口 ➤ 国見平 ➤ 三千坊 ➤ 菱広峠 ➤ 奥医王山山頂 ➤ 横谷峠 ➤ 福光温泉

歩行時間 6:10　標高差 +923 −646 (m)

グレード [ルート定数：24]

体力度  3

技術的難易度 A B

●服装・装備／日帰り用装備 (238-239ページ)

●注意事項／体力に自信のない場合は下山口の横谷峠へあらかじめ車を呼んでおく

みどころ

国見ヒュッテ／展望台があり、毛勝三山、剱岳、立山、槍ヶ岳などの展望、砺波平野や富山湾も一望できる

三千坊／展望台から鳶岩や金沢平野が一望でき、北アルプス北部の山々や白山など360度の展望が楽しめる

MAP：1/5万……城端　1/2.5万……福光、湯涌

登山口　祖谷登山口

祖谷の登山口

N36°32'18"　E136°49'54"
県道才川七法林寺線(355号)の祖谷の本敬寺左背後から、山に向って延びる林道を走り、南北に横切る広域林道に出た舗装道路のT字路にある。7〜8台ほど駐車可
アクセス／自家用車推奨／公共交通：JR城端線福光駅から祖谷登山口、福光温泉まではタクシー利用／交通機関：南砺市林政課☎0763(23)2017／福光タクシー☎0763(52)0002

山小屋・休憩所　要予約

国見ヒュッテ ☎0763 (58) 1041
福光温泉 ☎0763 (55) 1136 (宿泊不可)

奥医王山頂上

龍神池

国見平の医王権現

「加賀富士」とも呼ばれる金沢市から見た大門山

97 大門山 だいもんざん

石川、富山県境稜線にある加賀富士 三百 3等

［南砺市／石川県金沢市］　両白山地

1572m　N36°21'55" E136°48'13"

山名の由来に それぞれの個性あり

大門山(だいもんざん)は小矢部川源流の山であり、砺波(となみ)平野からも望めるが、金沢市内からは特によく見え、加賀富士として親しまれている。日本三百名山に選定されており、山名の由来は「白山(はくさん)に向かう尾根の入口にある大きな門」であるとする説、白山越中禅定道(ぜんじょうどう)の入口の「大門」とする説がある。奈良岳とともに県南西部の石川・富山県境稜線に位置する。

奈良岳と大笠山（奥）

98 奈良岳 ならだけ

眺望を楽しんで白山国立公園の北端を歩く 3等

［南砺市／石川県金沢市・白山市］　両白山地　白山国立公園

1644m　N36°20'32" E136°47'03"

奈良岳の山名の由来は、頂上付近にナラの木が多いからとする説、また、ならしたような平らな山であることから、なだらかな台地状の頂上をナラと称したからとする説がある。塩硝(えんしょう)の道として加賀と五箇(ごか)山(やま)を結んだブナオ峠も今は県道で結ばれ、そこが登山口となっている。ブナオ峠は白山国立公園の北端にあり、ここから北へ向かえば猿ヶ山。大門山、奈良岳へ向かうには、南の登山道に入る。

大門山山頂

紅葉の草原、中央奥に大笠山

人形山からの御来光、奥に槍ヶ岳（大門山分岐から）

奈良岳頂上

赤摩木古山（あかまつこやま）から望む大笠山、奈良岳、見越山（左から）

まずは日本三百名山の大門山へ

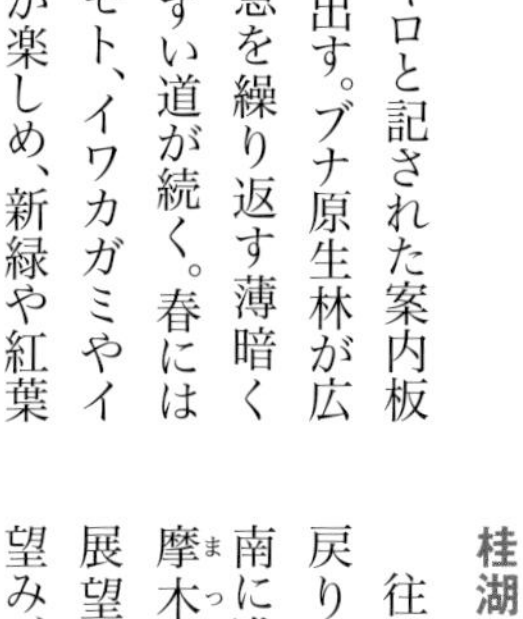

2・7キロと記された案内板から登り出す。ブナ原生林が広がり、緩急を繰り返す薄暗くて滑りやすい道が続く。春にはツバメオモト、イワカガミやイワウチワが楽しめ、新緑や紅葉時期はベストである。展望もないまま急坂の尾根を登り、緩くなった木道の先が大門山と奈良岳への分岐である。簡単なベンチが置かれている。ようやく展望が開け、人形山（にんぎょうざん）、金剛堂山、遠くは北アルプスの山々を望むことができる。案内板に従って右に折れ、少し下って登り返すと、20分ほどで大門山頂上に着く。国立公園からは外れているが、一帯は越中五箇山刀利（とうり）自然休養林に指定され、3等三角点を中心に広場となっている。県境の山ではあるが、周囲の木々が邪魔をしていて展望はあまりよくない。

木道の分岐へ戻り桂湖を見ながら奈良岳へ

往路を引き返して分岐まで戻り、緩い起伏の県境尾根を南に進むと、小高いピークの赤摩木古山（あかまっこやま）に着く。南から西の展望がよく、白山や笈ヶ岳（おいずる）を望み、目指す奈良岳も一望できる。眼下には桂湖も見え、秋には色鮮やかなブナ原生林の紅葉を楽しめる人気のスポットである。

奈良岳へは、ここから西に折れるように県境尾根を進む。出だしの下りは、帰りの苦しい登りとなって待ち受ける。左に赤摩木古山の名前のいわれである赤茶けた岩壁が見える。鞍部（あんぶ）まで降りると緩い起伏の尾根になるが、手入れが十分ではないので、ブッシュの煩わしい年もある。起伏を繰り返しながら高度を上げて行くと、見越山と奈良岳が並んで見えてくる。まず見越山の急坂を登

見越山から望む人形山、北アルプス

奈良岳鞍部の池

る。痩せ尾根ではあるが、木々が低いので展望はよく、紅葉時期は一層楽しめる。小ピークに何度もだまされながら見越山山頂に着く。見越山と記された御影石しかないが、北アルプスや御嶽山、白山など360度の眺望で一番の展望ポイントである。

帰路も高低差は同じ体力配分に注意を

大きく下って再び登り返すと、3等三角点の奈良岳頂上に着く。狭い頂上で、展望がいいとは言い難い。石川県白山市の千丈温泉へ下る道もあるが、整備が十分でない年が多い。日帰りの時は、奈良岳頂上から往路を引き返す。赤摩木古山までは、行きも帰りもほぼ同じ高低差なので、体力配分に気を付ける必要がある。

南に並ぶ大笠山頂上に避難小屋ができたため、奈良岳から大笠山を経て、桂湖へ下るコースは、今まで以上に利用されるだろう。その際は、あらかじめ回送用の車を下山口の桂湖側に手配するなど準備が必要。

大笠山へは、さらに県境稜線を南に下る。すり鉢状の鞍部には草原と池がある。緩い起伏のコースになり、石川県側を巻くようにして進む。仙人岩を眼下に見下ろして急坂を一登りすると1591メートルのピークに着く。

このピークを過ぎると、大畠谷側の足場の悪い不安定なトラバース道が続く。支尾根を回り込むと安定した道となり、1668メートルピーク東側の草原に出る。ここは池塘もある別天地。緩い登りから最後の急斜面を登り切ると、大笠山山頂台地の一角に出る。（大笠山から桂湖までの行程は、99大笠山の項226ページを参照）

（橋本准治）

登山口 ブナオ峠

ブナオ峠、大門山登山口

N36° 22′22″ E136° 49′25″
五箇山インターを経て、国道156号の西赤尾より県道54号でブナオ峠へ。通行規制あり。ブナオ峠南側の標式のある取り付きが登山口
アクセス／自家用車推奨／駐車場：ブナオ峠に駐車場あり／公共交通：JR城端駅よりタクシー利用／城端駅より加越能バスで西赤尾よりタクシー利用／
交通機関：南砺市林政課☎0763（23）2017／五箇山総合案内所☎0763（66）2468／加越能バス高岡営業所☎0766（22）4888／五箇山タクシー☎0763（66）2046

山小屋・休憩所 なし

コース紹介 日帰り 通行止めの期間に注意 適 6月中〜10月上

ブナオ峠を登山口に大門山(だいもんざん)、赤摩木古山(あかまっこやま)、見越山、奈良岳を往復。

大笠山(おおがさ)(避難小屋)まで縦走して、桂湖へ下るコースもある(227ページ)

日帰り ブナオ峠 ➤ 分岐 ➤ 大門山山頂 ➤ 分岐 ➤ 赤摩木古山 ➤ 1407m地点 ➤ 見越山 ➤ 奈良岳山頂 ➤ 見越山 ➤ 1407m地点 ➤ 赤摩木古山 ➤ 分岐 ➤ ブナオ峠

歩行時間 7:50　標高差 ±1452 (m)

グレード [ルート定数：34]

体力度 4

技術的難易度 A B

●服装・装備／日帰り用装備 (238-239ページ)

●注意事項／2021年現在、崖崩れのため県道54号は、西赤尾ーブナオ峠間が、当分の間通行止め。(通常は6月中旬〜10月上旬開通、冬期間通行止め、通行規制の問い合わせ) 砺波(となみ)土木センター ☎ 0763 (22) 3526

尾根道で水場がないので飲料水を十分携行のこと

みどころ

赤摩木古山／秋には桂湖側のブナ原生林の素晴らしい紅葉が見事である

見越山／360度の展望が楽しめる

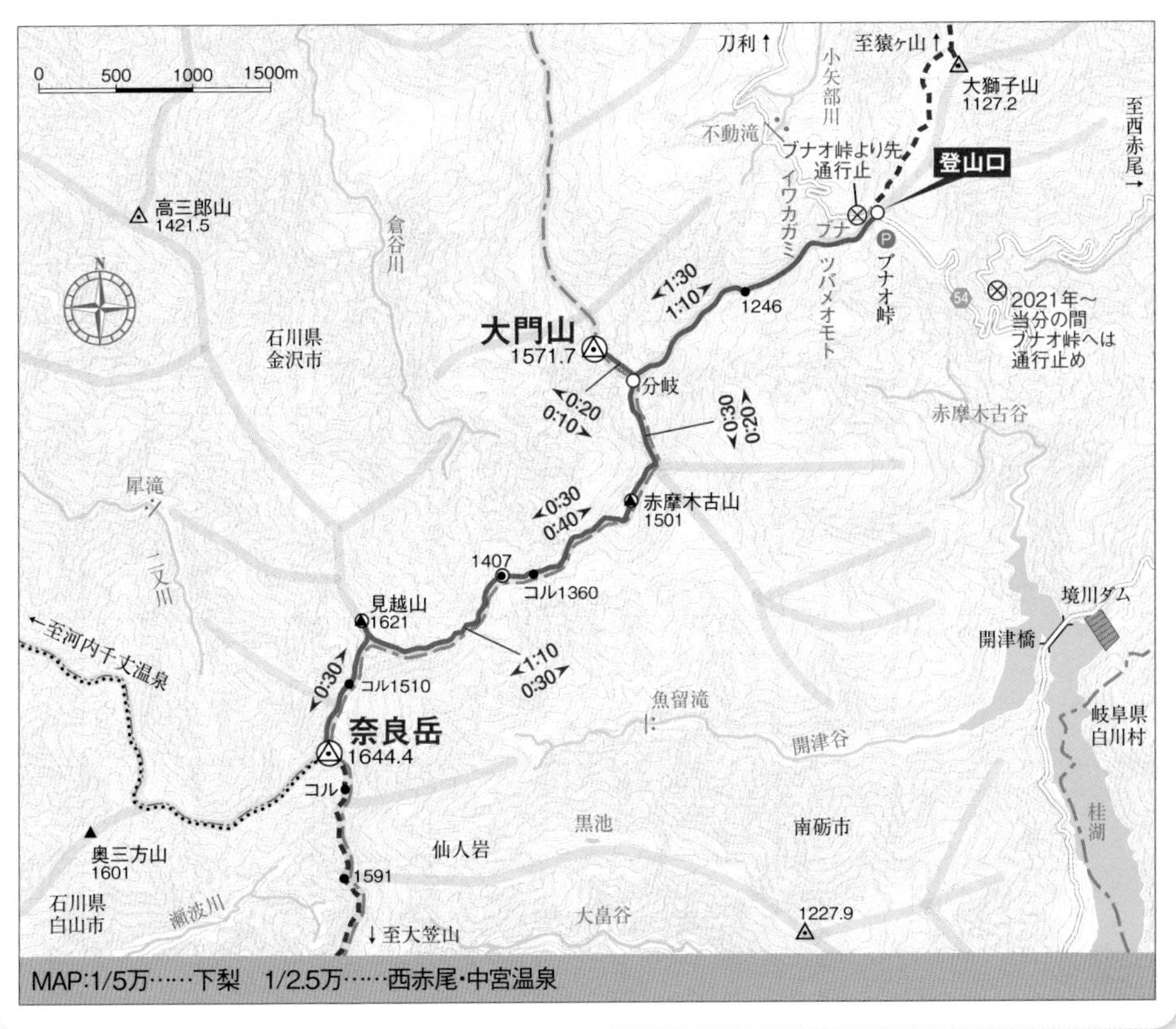

境川を挟んで加須良尾根から望む初夏の大笠山

99 大笠山 おおがさやま

桂湖から1等三角点の頂上を目指す 三百 1等

［南砺市／石川県白山市］ 両白山地 白山国立公園

1822m N36°19'14" E136°47'23"

庄川の支流境川は岐阜県との県境を流れ、かつて上流には「桂」という集落があった。1970（昭和45）年、境川ダムの建設などのため、解村、離村され、桂集落のあったダム湖は「桂湖」と命名された。桂湖は、白山国立公園内にあり、湖畔にはビジターセンターのほか、コテージやオートキャンプ場があり、カヌー体験もできる。

桂湖が起点の日本三百名山

オートキャンプ場の入口に登山者用の駐車スペースがある。桂湖最奥部の桂橋の横に「登山道桂大笠山線」の標柱と登山届のポストがある。まずは大畠谷に架かるつり橋を渡り、急な岩壁を5連の鉄ばしごと鎖で一気に登る。その後は狭い岩尾根を慎重に進む。これが標高差約1200メートルのフカバラノ尾根の始まりとなる。

ブナ林を約1時間登ると左側に鏡岩と呼ばれる大きな一枚岩がある。振り返ると、真下に桂湖、北東に人形山、北には高落場山、その左に袴腰山、猿ヶ山が連なり、手前にはタカンボウ山がポツンと立つ。さらに登ると右側に大ヒノキがある。幹の空洞に人が入れるほどの大木である。そのままブナとチシマザサの登山道を進むと、3等三角点のある前笈ヶ岳（1522・0メートル）で、ここから見る笈ヶ岳の姿は実によい。眺望の利く尾根道となり、ピークを三つほど上り下りすると、以前、避難小屋があった所に出る。

白山国立公園を一望 帰路は体力切れに注意

再び急な登りとなる。固定ロープの張られた急坂が20メートルほどある。その後約30分丸太の階段を登り切ると、石川県境の稜線に出る。三差路を直進すると奈良岳やブナオ峠方面、左へ進むと2013（平成25）年にできた、新しい避難小屋があり、数分で大笠山頂上に着く。頂上には1等三角点と立派な方位盤がある。すぐ南に笈ヶ岳、その後ろに白山がそびえ立ち、360度の展望は疲れを吹き飛ばしてくれる。下りは往路を戻るが、長い行程で疲労も蓄積しており、特に最後の岩尾根と鉄ばしごには十分注意する。

（本谷三三夫）

コース紹介　日帰り　適 6月中〜10月中

桂湖奥のつり橋を登山口にフカバラノ尾根、前笈ヶ岳（おいずる）を経て、大笠山（おおがさ）山頂往復

日帰り 登山口 ➤ 1336m地点 ➤ 前笈ヶ岳 ➤ 避難小屋跡 ➤ 大笠山避難小屋 ➤ 大笠山山頂 ➤ 大笠山避難小屋 ➤ 避難小屋跡 ➤ 前笈ヶ岳 ➤ 1336m地点 ➤ 登山口

歩行時間 9:00　**標高差** ±1520 (m)

グレード [ルート定数：36]

体力度

技術的難易度 A B C

●服装・装備／日帰り用装備 (238-239ページ)

●注意事項／コースが長く早い時間に出発する。最初の急な岩場の鉄ばしごや鎖場、マムシにも注意。下りの最後の岩場での転落注意。登山道の階段に鉄筋が出ている所がある

みどころ

山頂からの展望／白山国立公園は、富山・石川・福井・岐阜の4県にまたがっており、展望のよい大笠山山頂から南に、笈ヶ岳や白山に連なる山々が見える

深い山塊と四季の表情／本格的な登山と原生林や白山の名にちなむ植物の四季を楽しめる

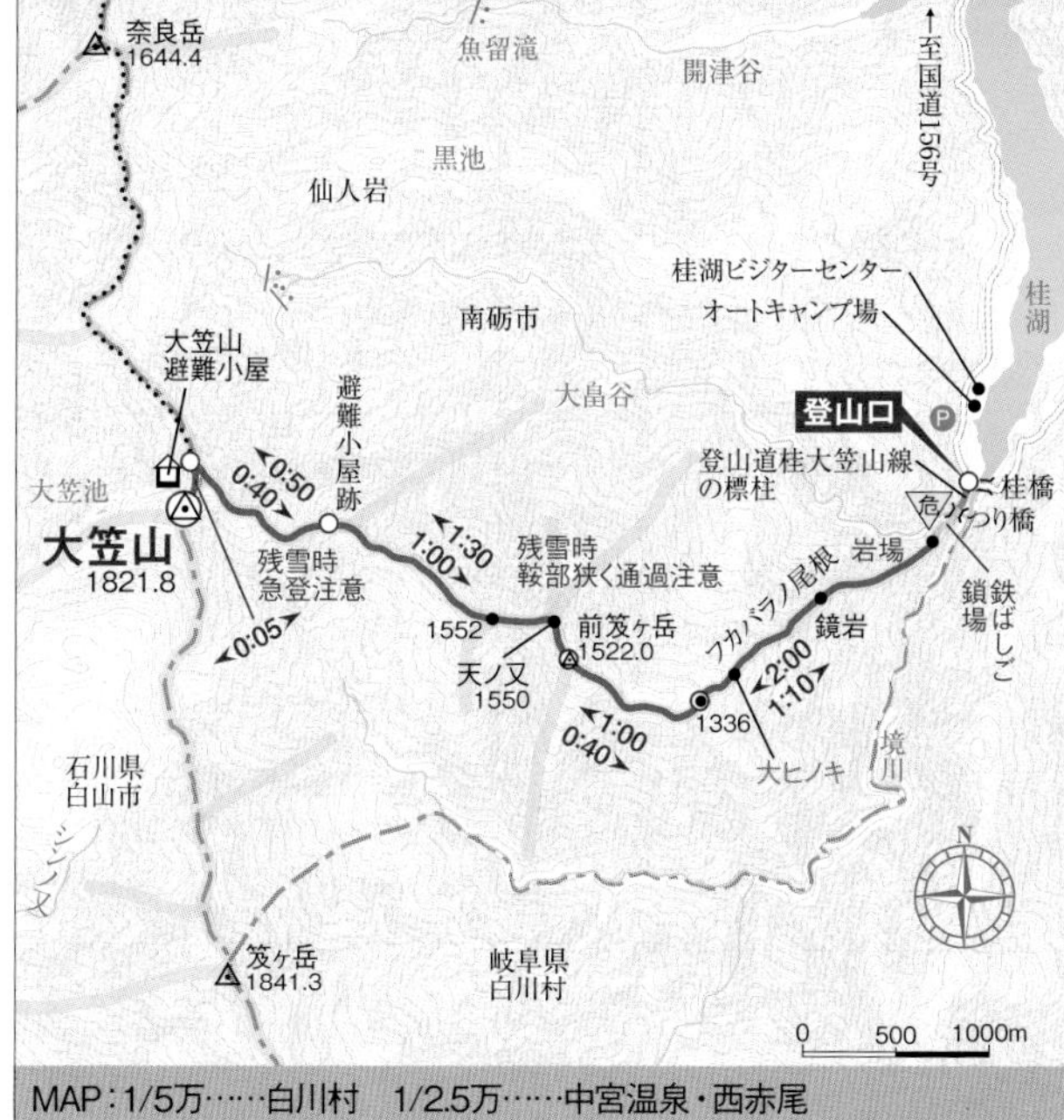

MAP：1/5万……白川村　1/2.5万……中宮温泉・西赤尾

登山口 桂橋

桂橋の横に「登山道桂大笠山線」の標柱

N36°19'18" E136°50'11"
桂湖奥の桂橋の横から大畠谷に架かるつり橋へ

アクセス／公共交通：自家用車推奨／国道156号の道の駅上平のささら館から、少し南で庄川を渡り境川に沿って桂湖に入る。桂湖ビジターセンターと桂湖オートキャンプ場入口に駐車スペースあり／交通機関：南砺（なんと）市林政課☎0763(23)2017／五箇山（ごかやま）総合案内所☎0763(66)2468／五箇山タクシー☎0763(66)2046

山小屋・休憩所 要予約

大笠山避難小屋、桂湖ビジターセンター ☎0763(67)3120

大笠山山頂より笈ヶ岳、白山を望む

大笠山山頂

フカバラノ尾根から見下す桂湖

避難小屋跡付近から望む笈ヶ岳

100 笈ヶ岳 おいずるがだけ

道がなく残雪期に登る秘境の霊峰 二百 3等

［南砺市／石川県白山市／岐阜県白川村］ 両白山地 白山国立公園

1841m N36°17′55″ E136°47′32″

深田久弥も憧れた険しい秀峰

笈ヶ岳は富山、石川、岐阜の3県の接点に位置する要の山で、白山国立公園の北部に圧倒的な存在感を示す秀峰である。日本百名山の深田久弥も憧れた山であるが、登山道がなくやぶ山のため登るのは難しい。秘境であることがかえって魅力と人気の理由かもしれない。登山者も増えたが、ほとんどは石川県側から残雪期に登られている。

富山県側からは、残雪期に桂湖から大笠山経由で登りたい。雪山の登山技術と経験、体力、さらに雪ややぶの状況に応じたルート判断が必要となるが、笈ヶ岳と大笠山の魅力を存分に味わえる2日間のコースである。

残雪期、体力、技術、経験豊かな登山者にのみ許されるルート

登山口となる桂湖へ入る道路は、例年5月の連休には開通するが、それ以前は事前に確認のこと。大笠山までのルートは登山口も含めて基本的に同じである。5月の連休頃には最初の岩尾根にシャクナゲが満開となる。フカバラノ尾根は残雪のある場所へ出ると歩きやすい。痩せ尾根、雪庇、急斜面では滑落に注意する。1日目は、大笠山山頂近くの避難小屋（約7畳）に泊まり、夕日に染まる白山や金沢方面にきらめく夜景を楽しむ。

2日目は行程が長いため、できるだけ早く出発する。朝焼けの笈ヶ岳や白山を望みながら、鞍部まで下ると立派なブナ林が広がる。笈ヶ岳への稜線は、東側が雪庇や岩壁、西側が雪の急斜面である。できるだけ残雪のある稜線上をたどる。残雪が少ないと雪庇を避けてやぶこぎが多くなり、場合によっては千丈平を迂回するなどのルート判断が重要である。できれば残雪の多い年や時期に登りたい。

鞍部からは雪の急斜面の登り降りや、やぶこぎに苦労しながら宝剣岳、錫杖岳のピークを越え、いよいよ笈ヶ岳の山頂に着く。目の前には白く輝く白山の雄大な山並みが広がっている。山頂に雪はなく、3等三角点や標柱、地蔵の入った小さな石の祠がある。帰りは往路を戻り、大笠山から雪の上を一気に下る。

（開澤浩義）

コース紹介　1泊2日（登山道なし）　適 4月下～5月上の残雪期

登山口からフカバラノ尾根、大笠山（おおがさ）避難小屋を経て笈ヶ岳（おいずる）山頂往復

1日目　登山口<つり橋> ➤ 1336m地点 ➤ 前笈ヶ岳 ➤ 避難小屋跡 ➤ 大笠山避難小屋【泊】

歩行時間 5:20　標高差 +1361 −131 (m)

2日目　大笠山避難小屋 ➤ 大笠山 ➤ 鞍部 ➤ 笈ヶ岳山頂 ➤ 鞍部 ➤ 大笠山 ➤ 大笠山避難小屋 ➤ 避難小屋跡 ➤ 前笈ヶ岳 ➤ 1336m地点 ➤ 登山口

歩行時間 11:40　標高差 +838 −2067 (m)

グレード　残雪期の山なので本書では設定なし

↑至奈良岳
大笠山避難小屋
南砺市
大畠谷
桂湖ビジターセンター
オートキャンプ場
登山口
桂湖
避難小屋跡
登山道桂大笠山線の標柱
桂橋
つり橋
0:05
0:50
0:40
大笠山 1821.8
尾根ルート
残雪時急登注意
1:30
1:00
残雪時鞍部狭く通過注意
岩場
鉄ばしご
鎖場
1552
前笈ヶ岳 1522.0
フカバラノ尾根
鏡岩
天ノ又 1550
2:00
1:10
1:00
千丈平
残雪やぶ雪庇注意
1:00
0:40
1336
大ヒノキ
境川
鞍部
急登注意
3:00
宝剣岳 1741
錫杖岳 1780
笈ヶ岳 1841.3
岐阜県白川村
石川県白山市
↓至三方岩岳・白山
0　500　1000m

MAP：1/5万……白川村　1/2.5万……中宮温泉

●服装・装備／避難小屋・テント泊・雪山用装備（240ページ）

●注意事項／雪山経験者向けの山。登山道がなく、残雪や雪庇（せっぴ）により、ルート判断が必須。狭い鞍部（あんぶ）や急斜面での滑落に注意。上級者の同伴が必要

みどころ

登山口の岩尾根のシャクナゲ

早春の白山を間近に望む／白一色の白山の雄大な展望。朝日に映え、夕日に染まる白山など見どころは尽きない

登山口　桂橋

桂橋の横に「登山道桂大笠山線」の標柱

N36°19'18" E136°50'11"

桂湖奥の桂橋の横から大畠谷に架かるつり橋へ

アクセス／公共交通：自家用車推奨／国道156号の道の駅上平のささら館から、少し南で庄川を渡り境川に沿って桂湖に入る。桂湖ビジターセンターと桂湖オートキャンプ場入口に駐車スペースあり／交通機関：南砺（なんと）市林政課☎0763(23)2017／五箇山（ごかやま）総合案内所☎0763(66)2468／五箇山タクシー☎0763(66)2046

山小屋・休憩所　要予約

大笠山避難小屋、桂湖ビジターセンター ☎0763(67)3120

笈ヶ岳山頂

大笠山から朝日を浴びる笈ヶ岳～白山への山並み

大笠山避難小屋

INTERVIEW インタビュー

山岳警備隊長 飛弾晶夫さん
富山県警察本部 地域部 山岳安全課

富山県警察山岳警備隊長に聞く

安全に山を楽しむために

登山は楽しいものですが、どんなに低い山であっても、
時に厳しい顔を見せる自然の中だということを忘れてはなりません。
近年、山での遭難件数と遭難者数は、増加する傾向にあります。
そこで山岳救助や山での事故防止活動の現場から、
富山県警察山岳警備隊長の飛弾晶夫（ひだあきお）さんに登山者へのアドバイスを聞きました。
登山の前の準備や心構えを、再確認しておきましょう。

Q 登山中の遭難事故を避けるには何に注意したらいいでしょう？

登山は、美しい大自然の中を歩くのが魅力ですが、自然は時に、厳しい顔を見せることがあります。遊歩道の散歩や公園のピクニックと違って、どこに危険が潜んでいるか分かりません。

危険を意識し、回避しながら大自然の中に入って行く、登山とはそのような行為である、と常に意識してください。

四季それぞれで違う遭難事故の傾向

山は季節によって遭難事故の傾向が変わり、それぞれの時期に合わせた注意が必要です。

春は立山黒部アルペンルートが開通し、たくさんの人が入ります。室堂周辺はまだ雪ですから、滑ったり転んだりしないよう、また雪崩が起きそうな斜面には近付かないよう注意が必要です。ゴールデンウイーク頃から梅雨入りまでは、低い山でも雪が残っている箇所があります。雪の下の登山道を見失って迷ったり、薄くなった雪渓を踏み抜いてけがをしたりといった事故の恐れがあります。

夏は梅雨が明けて山の気候が安定する7月下旬頃から県下全域で登山者が増えます。特にハイシーズンとなる立山、剱岳、薬師岳などの高山での事故が増える傾向があります。

秋は美しい紅葉が見られる場所、たとえば黒部峡谷の黒部ダムから欅平までの下ノ廊下などで登山者が増えます。足場が狭い上に、場所によっては落差100メートルもあるこの場所で転落すると、取り返しのつかない大事故につながります。

冬は雪と岩の殿堂・剱岳に多くの登山者が入山します。特に年末年始は、山頂でご来光を望もうと登山者が集中しますので、そのエリア付近で事故の発生が増えます。

転倒・滑落・転落を防ぐ

山岳事故で最も多いのは転倒、滑落、転落です。

岩場やガレ場、木の根っこやぬかるみ、霜が降りた木道や石などで、ちょっとした油断から、スリップしたりつまずいたりすることが、滑落などの引き金になります。足元に十分注意しましょう。また、地図やスマホなどを見ながらの「ながら歩き」は転倒などの原因になるので、必ず立ち止まって安全な場所で見るようにして下さい。

ルート上の浮石も転倒などの原因となります。浮石は見分けるのは難しいので、一気に体重を「ぐっ」とかけるのではなく、その石が動かないよう、押さえ込むように手や足を置く

過去10年の山岳遭難発生状況（富山県山岳遭難対策協議会会報より）

年	遭難者数	（行方不明者数）	死者数	遭難件数（白抜き数字）
平成23	132	2	18	116
24	117	2	14	107
25	157	0	26	128
26	151	0	18	133
27	156	1	14	136
28	128	2	9	116
29	144	2	16	131
30	131	2	5	123
令和1	157	2	20	147
2	78	0	8	74

件・人

※平成25年11月、真砂沢での表層雪崩で多くの死者が出たため、それを契機に「入山届条例」が制定された。（　）は内数

といいでしょう。

疲れて注意が散漫になった時も、要注意です。中高年に多いのが、足を上げているつもりが、十分上がっていないこと。ごく普通の登山道でつまずいて、踏んばりが効かずに転倒することが多いようです。疲れてくる登山後半の下山時は、特に注意して歩きましょう。

常に現在地を把握しておく

標高の高低に関わりなく、どんな登山でも、地図、またはGPSを必ず携行してください。登山道は分かりやすい道だけではありません。ルートが雪や落ち葉で埋まっていたり、日が暮れて暗くなったりすると、道に迷いやすくなります。現在位置が分からなくなった時は、いったん立ち止まり、地図やGPSで位置を確認してください。迷った時は、来た道を引き返すのが定石です。どこにいるのか分からないのに、どんどん進んでしまうと、思わぬ危険箇所に踏み込んでしまうことがあるからです。

気をつけたい山での体調管理

登山時の体調には、十分に注意してください。

気圧が低く、空気が薄い高山、特に立山黒部アルペンルートを利用して室堂に入山した時は、高山病の予防をしておきましょう。

まず意識して深く呼吸（努力呼吸）をして、多くの酸素を取り込み、すぐには行動せず30分ほど休憩するなどして、体を高度順応させましょう。

また、ここ数年、猛暑の影響で脱水症や熱中症を発症し、動けなくなる人が増えています。一方、汗などで衣服が濡れたまま風に当たると、体温が奪われ、逆に低体温症を発症することもあります。

これらの症状は自覚しにくく、いつの間にか重篤な状態になってしまうので、注意が必要です。

体調悪化を防ぐために「休、水、食」の原則を覚えてください。これは「休憩、水、食料をこまめに補給しましょう」という意味のキーワードです。これを登山開始前から実践し、万全な健康状態で登山しましょう。

Q 安全登山のために、特に留意すべきことを三つあげるとすれば何でしょうか?

山やルートの状況を詳しく「調べる」

登りたい山が、どんな季節のどんな山であろうと、信頼できる情報源から、その山の最新情報を入手し、自分の技術・体力レベルで登れるか判断して下さい。登山ガイドブックや山小屋のHPなどを薦めます。

実際に人を背負っての救助訓練

これから登るのはどんなルートで、どこに難所があるか、体力度・難易度はどうか、所要時間はどれくらいか、山小屋・キャンプ場の営業状況はどうか、などの基本的な情報を調べましょう。

その上で、登山予定の時期のルート状況、気象条件、エスケープルートの有無、これまでどんな場所でどんな事故が起きているのか、パーティーメンバー全員の力量など、さらに細かく情報を収集します。できる限り詳細に「調べ」、ゆとりを持って登れる登山計画を立てることが大切です。

万全の体調と体力、装備で登山に「備える」

また、登山の前から体調と装備を万全に「備える」ことが非常に重要です。

普段から体調管理に気を使い、無理なく登山ができる体力をつけておきましょう。山と平地では、体にかかる負荷が大きく変わります。そのことを十分理解して、体力向上に努めて下さい。アップダウンのある所を歩くなど、登山を意識した運動で脚力をつけるといいでしょう。

装備の準備は不可欠です。水、食料、燃料等は余裕をもって用意しましょう。レインウエアや防寒着は必携です。ヘッドライトは、球や電池が切れていないか、必ず出発前に点検し、不備があれば交換や修理をしておきます。

危険を回避するために、体調と装備を万全に「備え」て、安全な登山を心掛けて下さい。

登山計画を周囲の人に「伝える」

登山計画を、家族や友人、勤め先などと共有しましょう。周囲の人たちに「伝える」ことが大事です。またそれを「登山届」として警察のような救助機関に提出することも大事です。

どこの山に、どんな日程やルートで登り、どこに泊まって、いつ下山するのか。それが周囲の人に伝わっていれば、万一の時にも対応を取りやすく、早期救助につながります。

携帯電話のバッテリーを節約しようと、使用時だけ電源を入れる方がいます。できれば電源は入れたままにしておき、家族や宿泊予定の山小屋などに、こまめに連絡しましょう。荷物に余裕があれば、予備のバッテリーを持って行きましょう。

下山後は、直ちに登山計画を伝えた家族や友人に知らせましょう。連絡がないために、待っている方が心配して、救助機関に問い合わせたり、捜索を依頼したりされることがあるからです。

Q 登山届は、いつ、どこへ出せばいいでしょうか?

低山の日帰り登山でも登山届の提出を

登山届は、捜索救助の大きな手掛かりとなります。登山の前には、登山計画書を、警察署や自治体が指定する提出先に届けてください。

富山県では、登山届は入山時に、一部の登山口や室堂ターミナルなどに設置されたボックスへ投函することもできますが、基本的には、富山県警察本部宛に郵送するか、専用のメールアドレス（別記）へ送信してください。登山開始日の一週間ほど前を目安に、行き慣れた山への日帰り登山であっても、できるだけ早めに提出しましょう。

県の条例などで提出が義務付けられる山域も

北アルプス周辺には、登山届が義務づけられた山や山域があります。

剱岳・平蔵谷での救助訓練

富山県では、毎年12月1日から翌年5月15日までの間に、劔岳及びその周辺山域に登山する場合は、富山県への提出が「富山県登山届出条例」により、義務付けられています。

また、立山黒部アルペンルートが開通する4月15日頃から5月31日、及び11月1日から同月30日までの期間に、室堂から入山して登山や山スキーなどをする場合は、「富山県立山室堂地区山岳スキー等安全指導要綱」により、入山届の提出を求めています。こちらは室堂ターミナル内の入山指導相談窓口か、立山駅の臨時窓口で提出できます。

なお、令和元年から「富山県登山届出条例」にかかる登山届、及び「富山県立山室堂地区山岳スキー等安全指導要綱」にかかる入山届の提出について、オンライン登山計画共有アプリ「コンパス」を使って提出できるようになりました。

登山届け、コンパスについては238ページのコラムもご覧ください。

Q 登山者のレベルに応じたアドバイスをいただけますか。

経験者とのパーティー登山で山での経験を積む

登山技術や経験値によっては、山選びや登山スタイルを変えなければいけません。

初心者は、登山の経験や知識がつくまで、単独登山（ソロ登山）は避けてください。信頼できる技術と経験を持つ、しっかりしたリーダーの下に、パーティー登山で経験を積みましょう。

知識と技術を身につけ、安全か危険かを判断し、危険ならそれを回避する方法を学びましょう。慎重にレベルアップを図って下さい。

最近、ネットで「〇〇山に登って来ました」といった、登山のやすさをアピールするようなレポートを見かけますが、それをうのみにしてはいけません。

同じ山でも、気象などの条件次第で難易度は変わります。たまたま好条件で登れただけかもしれない体験談を読んで「よし、自分も」と安易に考えると、思わぬ悪条件で事故や遭難となりかねません。

身の丈にあった登山を心掛ける

中級者は、だんだん実力がつき、登山にも慣れてきて、あの山、この山に登りたい、という意欲が強くなるころです。

そのため、急激に自分のレベルを超える無謀な登山をしてしまい、遭難につながってしまうケースが心配されます。

「自信過剰」と言うと厳しいですが、「これくらいなら大丈夫」という油断が間違いの元です。自分の力で本当にその山が登れるのか、慎重に見極め、ゆとりのある登山計画を立てましょう。登山は一つの冒険です。しかし冒険は、常に臆病な心を持ち、入念な計画と準備がなければ、安全登山につながりません。

上級者の慢心は禁物 常に謙虚な気持ちで

意外かも知れませんが、遭難者の3割強が登山歴20年以上のベテランです。

皆さん、口をそろえて言うのが「私は絶対に事故を起こさない」「昔登ったから大丈夫」「危ない登山はしないから大丈夫」。まさに過信です。

今の自分の登山レベルを、高く見積もり過ぎる傾向があります。

登山歴20年なら、年齢は中高年。若い頃に比べて体力は落ちているし、体の動きも緩慢になっているでしょう。しかし本人はそうと気付かず、若い頃のイメージのまま登ろうとします。しかし体がついてこなくて、思わぬつまずきから遭難事故に至るケースが多いのです。

一口に20年と言っても、例えば年間3回程度の登山では、それほど経験豊富とはいえません。20年という年月を誇るのではなく、自分の体力や技術を、正確に見極める謙虚さが必要だと思います。

富山県警ヘリ「つるぎ」での救助訓練

「登りたい山」を「登れる山」に

すべての登山者は「今の自分の登山レベル」を知っておく必要があります。

その人のレベルによっては、登りたいと思った山が、必ずしも登れる山とは限りません。

「登りたい山」を「登れる山」にするために、まずすべきことは、登山の技術、知識、体力など、自分自身の登山に必要な能力全般にわたる客観的な評価です。自分に足りないものを見つけ、そこを重点的に強化していきましょう。登山者としてレベルを上げながら、安全に「登れる山」を増やしていきましょう。

取材・構成／土井野修清
2021年3月

登山届（登山計画書）の提出先

富山県の山

富山県では、3種類の登山届出制度を運用しています。

①「富山県登山届出条例」に基づく登山届

②「富山県立山室堂地区山岳スキー等安全指導要綱」に基づく入山届

③任意の登山届

積雪期の剱岳周辺は①、4～5月と、11月に室堂ターミナルから入山する立山室堂地区の山は②、それ以外の時期や山は③と、それぞれ提出先が異なります。詳しくは、富山県警のウェブサイトでご確認ください。

富山県警の登山計画書等提出先

積雪期における剱岳とその周辺の登山届

登山口が他県の山

また、登山口が他県にある山については、各自治体の制度に合わせて提出してください。

石川県

長野県

新潟県

岐阜県

石川県 https://www2.police.pref.ishikawa.lg.jp/application/application13/
長野県 https://www.pref.nagano.lg.jp/kankoki/smartphone/tozankeikakusho.html#yama
新潟県 https://www.pref.niigata.lg.jp/site/kenkei/osirase-anzen-ansin-mizuyamajsetugaijiko-sangaku-keikakusyo-keikakusyo.html
岐阜県 https://www.pref.gifu.lg.jp/page/11975.htm

登山計画共有アプリ「コンパス」を使おう

「コンパス」は、登山計画の内容を家族や友人と共有できるほか、「下山／中止確認メール」をすると、登山者の所在・安否確認をすることができます。

さらに、あらかじめ登録しておいた下山時刻が過ぎると「下山通知未提出通知メール」が届き、登山者からの返信がなかった場合には「下山未確認通知メール」が家族や友人に通知され、救助機関への安否相談や救助要請といった、初動対応を早くすることができます。

「コンパス」HP

登山アプリ「コンパス」の画面

（編集部）

COLUMN

安全に山を楽しむために……「登山届」について

登山届（登山計画書）を書こう

これから登山をする前に、登山届（登山計画書）の提出は済ませましたか？　まだという人はこの機会に登山届を書いてみましょう。登山届は次の理由で自分自身を助けてくれます。

理由1　思わぬ遭難のときの初動が早い

理由2　遭難した山やルートを絞り込みやすい

理由3　服装やテントの色で目撃情報を得られる

理由4　登山計画に無理がないか自分で見直すことができる

登山区域によっては、登山届が条例で義務化され、未届登山者には数万円の罰金が科せられることがあります。危険山域はもちろんですが、低山であっても、思わぬ怪我で動けなくなったり、道迷いしたりということも。登山届を必ず書く習慣をつけましょう。

登山届（登山計画書）の書き方

登山届（登山計画書）は、各自治体や山岳会、登山専門誌などの書式を参考にするといいでしょう。富山県警のウェブサイトからも、登山計画書のフォーマットをダウンロードできます。

また、パソコンやスマートフォンを使って、オンラインで登山届が作成できる登山アプリ「コンパス～山と自然ネットワーク～」（以下「コンパス」）は、富山県の登山届出制度に対応しており、家族や友人と、登山計画書の内容を簡単に共有することができます。

令和　年　月　日

富山県警察本部山岳安全課長　殿

代表者
住　所
氏　名
TEL

登　山　計　画　書

1　目的の山名・山域
2　登　山　期　間　　　年　月　日～　　年　月　日
3　登山構成員の氏名、住所等

担当	氏　名	年齢	住　所	自宅電話 携帯電話

4　装備及び食料

テント　人用　張 人用　張	ツエルト　人用　張	ロープφ　mm×　m 本
食料　人×　日分	非常食　人×　日分	燃料　日分
無線機　ﾒｶﾞﾍﾙﾂ　台	携帯ラジオ　台	

5　緊急時の連絡先
住　所
氏　名
TEL

6　行動及び日程

月日	行　程	月日	行　程
月　日		月　日	
月　日		月　日	
月　日		月　日	
月　日		月　日	
月　日		月　日	
月　日		月　日	

7　備　考

登山計画書の一例

本書掲載の登山に必要な装備をまとめました。これらは日帰り、小屋泊・テント泊、雪山など、登山の種類や季節で、内容が変わります。出かける前にチェック欄を使って確認してください。

◎＝必ず装備・携行するもの
○＝状況によって装備・携行するもの

日帰り用の基本装備

チェック	項　目		説　明
□	登山靴 トレッキングシューズ	◎	試し履きを済ませたもの。アッパーの高さによって機能に差がある。登山の種類や季節によって選択を。
□	ザック	◎	日帰りなら 25 ～ 30ℓ程度のものを。
□	ザックカバー	◎	雨天時に装備を守るために必携。
□	長袖シャツ	◎	速乾性のものを。雪山は防水・保温性を備えるものを。
□	ズボン	◎	ストレッチ素材で速乾性のものを。
□	下着	◎	毛か保温性化繊のもの、夏は速乾性のものを。綿などの乾きにくい素材は NG。
□	替え下着	◎	濡れた下着は急激に体温を奪うため、雨天時や汗をたくさんかいた時に助かる。下着が速乾性の場合はなくてもよい。
□	アウタージャケット	◎	防風・防寒のため。軽量のものを。
□	レインウエア	◎	できればゴアテックスのものを。
□	帽子	◎	つばの広いものを。雪山は耳を覆うものや目出し帽がよい。
□	手袋	◎	汗で濡れることがあるので最低２組ほしい。ビニール手袋もあればよい。
□	靴下	◎	登山用のもの。毛素材は防臭効果もある。
□	登山用スパッツ（ゲイター）	◎	ズボンの裾や靴下を雨水で濡らさず、砂や雪の侵入を防ぎ、ダニや虫などから肌を守る。
□	予備の靴ひも	◎	靴ひもはいつか切れる。
□	ストック	◎	膝や腰の負担軽減のため。２～３時間のハイキングの場合は状況により○携行。
□	フリース	○	防寒具として使用。雪山登山は必須◎に。
□	タイツ	○	冬山の防寒具としては必須◎に。
□	登山用ヘルメット	○	クマ遭遇時の被害軽減にも。

日帰り用の基本装備			
チェック	項　目		説　明
□	飲料水（水筒）	◎	消費した水の量（mℓ）は、〔体重＋荷物の重さ（kg）〕×行動時間（h）×計数（5）でおおよそ割り出すことができる。体重65kgの人が10kgのザックを持って6時間行動した場合、75×6×5＝2250mℓの水が失われており、その7～8割の量の水分補給が必要。
□	食料	◎	消費カロリー（kcal）も、〔体重＋荷物の重さ（kg）〕×行動時間（h）×計数（5）で測られる。上記のケースだと2250kcalの消費カロリーに加え基礎代謝で失われたカロリー量を目安に食事をとる。
□	行動食	◎	カロリーメイトなど行動しながら食べられる高カロリーのもの。
□	非常食	◎	遭難など非常時に備えて常時携行する「普段は食べない」予備食料。水や火がなくても食べられ、保存がきき軽量で吸収が早く高カロリーなものを。（アルファ米、エナジーバー、乾麺、羊かんなど）。
□	地図・コンパス	◎	エリア別の登山地図、または国土地理院発行の該当エリアの２万５千分の１地形図を必ず携行する。
□	ヘッドランプ	◎	山は日が暮れやすい。予備電池、電球も必要。
□	ライター	◎	火の確保のため。
□	時計	◎	高度計つきのものが望ましい。
□	救急セット	◎	自分に必要な常備薬、ばんそうこうや、虫さされの薬など。
□	クマよけ鈴	◎	クマや野生動物に人間がいることを知らせる。
□	クマよけスプレー	○	対人用スプレーは効果なし。グループに複数は欲しい。
□	ポイズンリムーバー	○	ハチなどに刺された時のため。グループに１つは欲しい。
□	ナイフ	◎	調理やけがの応急処置に。
□	タオル・手ぬぐい	◎	２枚以上持ちたい。首に巻いたり、マスクにしたり。
□	スマートフォン（携帯電話）	◎	出発前に充電し電源は切らない。スマートフォンはGPSアプリもダウンロードしておくこと。予備電池も。
□	健康保険証	◎	コピーでも可。濡れないようビニール袋に保管。
□	ロールペーパー	◎	水溶性のもの。濡れないようビニール袋に保管。
□	現金	◎	普段より少し多めに。クレジットカードも。
□	ビニール袋	◎	防水やゴミの持ち帰りに、大小取り混ぜて。
□	筆記用具	◎	軽量小型のものを。
□	携帯コンロ	○	コーヒーや紅茶で一服するため。テント泊では◎に。
□	炊事用具	○	コッヘル、カップ、スプーンなど。テント泊では◎に。
□	サングラス	○	山での紫外線や突風や砂埃から目を保護する。軽いものを。
□	日焼け止めクリーム	○	山での紫外線の皮膚へのダメージを防ぐ。
□	傘	○	小型で軽量なものを。稜線や狭い登山道では使わない。
□	GPS機器	○	スマートフォン所有者はGPSアプリでもよい。予備電池も。
□	カメラ	○	予備電池やレンズ・周辺機器も忘れずに
□	ラジオ	○	天気情報を入手できる。
□	ツェルト	○	万が一のビバーク用に。

小屋泊用装備

日帰り用の基本装備（238-239ﾍﾟｰｼﾞ）に、下記アイテムを加えるか強化する。

チェック	項目		説明
□	ザック	◎	容量は 40ℓ程度のものに。
□	洗面用具	◎	歯ブラシや入浴用具も。
□	サンダル	○	登山靴を履くまでもない時に使用。
□	サブザック	○	身軽に山頂などを目指すアタックザックとして。20ℓ程度。
□	登山用ロープ	○	ロープワークだけでなく、タオルや物干しひもになる。
□	コロナ対策用寝具	◎	感染症予防のシュラフや枕カバーなど山小屋に事前確認する。
□	コロナ対策グッズ	◎	消毒液、除菌シート、体温計など山小屋に事前確認する。

テント泊用装備

日帰り用の基本装備（238-239ﾍﾟｰｼﾞ）に、下記アイテムを加えるか強化する。

チェック	項目		説明
□	ザック	◎	容量は 70ℓ程度のものに。
□	登山用テント	◎	軽量で風に強く、設営しやすいコンパクトなものを。
□	テント設営用具	◎	ペグやポールを忘れずに。グループ単位でペグ打ちハンマーも。
□	シュラフ	◎	布団がない場合に助かる。
□	シュラフカバー	○	夏山以外にはあるとよい。
□	マット	◎	体温確保のため。
□	ランタン	◎	照明と暖房のため。
□	洗面用具	◎	歯ブラシや入浴用具も
□	サンダル	○	登山靴を履くまでもない時に使用。
□	サブザック	○	身軽に山頂などを目指すアタックザックとして。20ℓ程度。
□	登山用ロープ	○	ロープワークだけでなく、タオルや物干しひもになる。

雪山用装備

日帰り用の基本装備（238-239ﾍﾟｰｼﾞ）、小屋泊・テント泊用装備に、下記アイテムを加えるか強化する。

チェック	項目		説明
□	雪山用登山靴	◎	アイゼンが装着できるレザーやゴアテックス製の冬用登山靴に。
□	ダウンジャケット	◎	体温確保のため。
□	タイツ	◎	ウールなど保温性に富む素材。
□	アイゼン	◎	10本爪、12本爪。軽アイゼンでもいい場合もある。
□	ピッケル	◎	永井ものは避ける。
□	ゴーグル	○	吹雪や強風よけに必携。
□	スノーシュー	◎	平たんな所で便利。
□	魔法瓶	◎	温かい飲み物確保のため。
□	雪山用手袋	◎	インナー2枚、オーバーグローブ1枚が必要。

宿泊情報　※241-243㌻の特記事項は2021年のものです

新型コロナウイルス感染防止の観点から

宿泊施設の利用や入山を検討中のみなさまは、下記をご確認の上ご協力をお願いします。(2021年6月現在)

◎緊急事態宣言区域やまん延防止等重点措置区域にお住まいの皆様は、お住まいの自治体からの外出自粛要請等をご確認ください。
◎宿泊先や訪問先の自治体（本書では、富山県、長野県、新潟県、岐阜県、石川県）の状況ならびに来県者への要請をご確認ください。

上記に加え、次の5点を必ずチェックいただき、ご理解とご協力をお願いいたします。

☑ 1　**体調管理は入念に**　登山前に検温をおこない、せき、発熱等の症状があるなど、体調に不安がある場合は絶対に入山しないでください。また入山中は継続的に検温し、体調管理につとめてください。

☑ 2　**山での発症はリスク大**　新型コロナウイルスは入山時に元気であっても、その後発症することがあります。高所は血液中に酸素を取り込みにくいことから平地より症状を悪化させることがあります。

☑ 3　**救助にあたる人への影響も考えて**　感染の疑いがある人の遭難救助にあたる救助隊員は、十分な防疫対策をとるため、救助までに通常より時間がかかる場合があります。また感染が判明した場合は、その後の救助活動やヘリなどの運用に支障がでる可能性があります。

☑ 4　**情報収集と事前予約の徹底を**　宿泊施設等は営業期間が通常と異なる場合もあります。計画の段階で情報収集を徹底しましょう。山小屋泊の場合は必ず事前予約し、テント場利用の場合も事前連絡してください。

☑ 5　**感染防止対策は自分で**　山の上ではウイルスに対処する体制が十分に整っているわけではありません。山小屋やキャンプ場での①マスク着用、②手洗い・手指消毒の徹底、③人と人との距離の確保、④感染防止グッズの携行、⑤各山小屋や施設のルールに従った各自でできる感染防止対策　をおこなってください。

山小屋	電話番号	特記事項
室堂周辺 *		
立山室堂山荘	☎076（463）1228	HP 参照
ホテル立山	☎076（463）3345	HP 参照
みくりが池温泉	☎076（463）1441	HP 参照
ロッジ立山連峰	☎076（482）1617	
雷鳥荘	☎076（463）1664	HP 参照
雷鳥沢ヒュッテ	☎076（463）1835	7・8月日帰り入浴なし
弥陀ヶ原・天狗平周辺		
国民宿舎　天望立山荘	☎076（442）3535	HP 参照
弥陀ヶ原ホテル	☎076（442）2222	(2021年は営業休止)
立山高原ホテル	☎076（463）1014	HP 参照
天狗平山荘	☎076（411）4380	HP 参照
立山駅周辺		
千寿荘	☎076（482）1138	HP 参照
グリンビュー立山	☎076（482）1716	HP 参照
立山館	☎076（482）1229	HP 参照
国立立山青少年自然の家	☎076（481）1321	HP 参照
立山山麓家族旅行村	☎076（481）1748	
立山・剱岳周辺		
一の越山荘	☎090（1632）4629	
大汝休憩所	☎090（8704）7006	
内蔵助山荘	☎090（5686）1250　衛星電話 ☎076（482）1518　期間外	

山小屋	電話番号	特記事項
剱御前小舎	☎ 080（8694）5076	HP 参照
早月小屋	☎ 090（7740）9233	完全予約・ 必シュラフ持参
馬場島荘	☎ 076（472）3080	
剱澤小屋	☎ 080（1968）1620　衛星電話	入山2週間前から感染 多発地域への行き来禁止
剣山荘	☎ 076（482）1564	完全予約 HP 参照
真砂沢ロッジ	☎ 090（5686）0100	HP 参照
池の平小屋	☎ 080（5923）5413	完全予約 HP 参照
仙人池ヒュッテ	☎ 090（1632）9120	
阿曾原温泉小屋	☎ 0765（62）1148	
大日小屋	☎ 090（3291）1579	
大日平山荘	☎ 090（3295）1281	完全予約 HP 参照
五色ヶ原山荘	☎ 090（2128）1857 ☎ 076（482）1910	HP 参照
薬師岳・黒部・裏銀座		
有峰ハウス	☎ 080（8535）7404	完全予約
太郎平小屋	☎ 080（1951）3030 現地（太郎平） ☎ 076（482）1917　五十嶋	
薬師岳山荘	☎ 090（8263）2523 現地 ☎ 076（451）9222	
薬師沢小屋	☎ 076（482）1917　五十嶋	
高天原山荘	☎ 076（482）1917　五十嶋	
北ノ俣岳避難小屋（使用休止）	☎ 0578（82）2253　神岡振興事務所	
黒部五郎小舎	☎ 0577（34）6268　双六小屋事務所	
三俣山荘	☎ 090（4672）8108 現地 ☎ 0263（83）5735　三俣山荘事務所	完全予約 HP 参照
雲ノ平山荘	☎ 070（3937）3980 現地 ☎ 046（876）6001	予約は HP からのみ
水晶小屋	☎ 090（4672）8108 三俣山荘 ☎ 0263（83）5735　三俣山荘事務所	完全予約 HP 参照
奥黒部ヒュッテ	☎ 076（463）1228　佐伯千尋	山小屋は要予約 HP 参照
平乃小屋	☎ 090（2039）8051	
烏帽子小屋	☎ 090（3149）1198	HP 参照
野口五郎小屋	☎ 090（3149）1197	HP 参照
湯俣温泉晴嵐荘	☎ 090（5535）3667	完全予約 HP 参照
後立山・白馬・栂海新道		
大沢小屋	☎ 0261（22）1584　予約用	（2021年は営業休止）
針ノ木小屋	☎ 090（2323）7145 現地 ☎ 0261（22）1584　予約用	HP 参照
ロッジくろよん	☎ 076（463）6350　予約用	
船窪小屋	☎ 080（7893）7518 ☎ 0261（83）2011	
七倉山荘	☎ 090（6007）0208	

宿泊情報

山小屋	電話番号	特記事項
新越山荘	☎ 080（1379）4043　現地 ☎ 0261（22）1263	完全予約日アリ HP 参照
種池山荘	☎ 080（1379）4042　現地 ☎ 0261（22）1263	
冷池山荘	☎ 080（1379）4041　現地 ☎ 0261（22）1263	
唐松岳頂上山荘	☎ 090（5204）7876	完全予約 HP 参照
五竜山荘	☎ 0261（72）2002	完全予約 HP 参照
村営八方池山荘	☎ 0261（72）2855　現地	HP 参照
猿飛山荘	☎ 0765（62）1004	
名剣温泉	☎ 0765（52）1355	HP 参照・要予約
祖母谷温泉	☎ 0765（62）1038	
不帰岳避難小屋（無人）	☎ 0765（54）2111　黒部市商工観光課	
村営白馬岳頂上宿舎	☎ 0261（75）3788	HP 参照
猿倉荘	☎ 0261（72）2002	完全予約 HP 参照
白馬尻小屋	☎ 0261（72）2002	
白馬山荘	☎ 0261（72）2002	
白馬鑓温泉小屋	☎ 0261（72）2002	
キレット小屋	☎ 0261（72）2002	
北又小屋	☎ 0765（84）8809 ☎ 0765（83）2318	要予約 HP 参照
朝日小屋	☎ 080（2962）4639 ☎ 0765（83）2318	
小川温泉元湯「ホテルおがわ」	☎ 0765（84）8111	HP 参照
栂海山荘（無人）	☎ 070（3965）2801　（靏本(つるもと)・栂海岳友会）	HP 参照
白鳥小屋（避難小屋）	☎ 070（3965）2801　（靏本・栂海岳友会）	
中俣小屋（無人）	☎ 025（552）8707	
魚津		
片貝山荘（無人）	☎ 0765（23）1046　魚津市教育委員会	
旧八尾・細入地域		
割山森林公園「天湖森」	☎ 076（485）2777	要予約 HP 参照
21 世紀の森杉ヶ平キャンプ場・コテージ	☎ 076（458）1352　5 月～ 10 月	HP 参照
白木峰山荘（無人）	なし	トイレ使用禁止
南砺地域		
栃谷登山口避難小屋（無人）	なし	
天竺温泉の郷	☎ 0763（68）8400	HP 参照
つくばね森林公園バンガロー	☎ 0763（62）1252　高田造園土木	
袴腰山小屋（無人）	なし	
中根山荘	☎ 0763（66）2320　（ヤマトミ企画観光）	
国民宿舎五箇山荘	☎ 0763（66）2316	HP 参照
国見ヒュッテ	☎ 0763（58）1041	
大笠山避難小屋（無人）、桂湖ビジターセンター	☎ 0763（67）3120	

富山の百山　登山史上の人物

播隆（ばんりゅう）

1786－1840年
（天明6－天保11年）

槍ヶ岳の開山で知られる僧。越中国新川郡河内村（旧大山町河内、現富山市）生まれ。生家の中村家は代々浄土真宗の道場を務める家柄。10代で家を出て浄土宗の僧侶となり、生涯を修行僧、念仏僧として諸国を巡った。1823（文政6）年に笠ヶ岳の登山道を開いて山頂に立ち、槍ヶ岳を望んで開山を決意する。苦労の末、28（同11）年槍ヶ岳に初登頂、ガウランドの登頂より50年、ウェストンより64年も前の快挙だった。その後も仏像を安置したり登拝する民衆のため、わら縄の綱（後に鉄鎖）を架けるなど何度か槍ヶ岳に登頂。生涯再び故郷の土を踏むことはなかったが、生家に宛てた書状や六字名号などは大山歴史民俗資料館に展示されている。資料館の近くには播隆上人の銅像が立つ。

（山田信明）

［参照　71高頭山］

宇治長次郎（うじちょうじろう）

1871～1945年
（明治4～昭和20年）

大山ガイド。旧大山村和田（現富山市）生まれ。13歳で隣村、小見の宇治家の養子となり宇治姓を名乗る。参謀本部陸地測量部の測量手に付いて測量作業に従事し、1907（明治40）年には柴崎芳太郎一行の作業員として、剱岳への測量登山に同行する。測量用の自然木を一人で背負い上げるなどの逸話があり、新田次郎の『劒岳・点の記』に登場人物として描かれ、後年の映画化で一躍有名になった。09（同42）年、近代登山としての初登とされる吉田孫四郎一行を、剱岳に案内した時に、往復した谷は「長次郎谷」と命名された。大正、昭和にかけて山案内人として活躍。近代登山の黎明期に活動した冠松次郎、木暮理太郎、田部重治、近藤茂吉、岩永信雄などの日本山岳会会員らを案内し、芦峅ガイドの佐伯平蔵とともに名案内人といわれた。

（山田信明）

［参照　12釜谷山］

吉沢庄作（よしざわしょうさく）

1872－1956年
（明治5－昭和31年）

登山家。魚津市西布施生まれ。富山師範学校卒業後、小学校の教員を経て、旧制魚津中学で生物教師を務めた。祖母谷から白馬岳のコースを開拓、小川温泉から越道峠を通って黒薙へ下降、小黒部谷を遡行して剱岳へ登頂、不帰ノ嶮の縦走など多くの山行をした。山行の記録を正確に残していること、たくさんの植物採集をして標本を作製していること（富山市科学博物館に現存する最古の植物標本で1600余種）、写真師を同行させて当時まだ珍しい写真記録を残していることなどが、高く評価されている。

自然保護のため1923（大正12）年「黒部保勝会」を設立、32（昭和7）年黒部案内人組合を設立し、初代組合長となり、清水小屋、坊主小屋を作るなど登山者の安全に尽くした。

文学的にも多才で、俳号を「無外」と称し多数の俳句を残した。ホトトギス派に属し、高浜虚子と交流、句会を開き俳句文芸誌を創刊している。遺志により遺骨は僧ヶ岳に埋められた。庄作が初めて登った山であり、一番愛した山であった。

（亀村兼介）

［参照　56僧ヶ岳］

宮本金作（みやもときんさく）

1873〜1927年
（明治6〜昭和2年）

大山ガイド。旧大山村小見（現富山市）生まれ。宇治長次郎の妻が金作の妻の姉だったことから、長次郎の片腕として常に一緒に山に入り、近代登山黎明期の剱岳、立山、黒部で活躍した。柴崎芳太郎の剱岳測量登山のメンバーに加わったほか、1915（大正4）年に木暮理太郎、田部重治らによる毛勝山ー剱岳北方稜線の初踏破を先導した。22（同11）年には今西錦司、西堀栄三郎らと有峰から薬師岳ー赤牛岳ー黒岳ー立山へと縦走した際、薬師岳頂上直下の谷（カール）を初めて下降した。53歳で病死した後、冠松次郎により金作谷と命名された。金作谷カールを含む薬師岳東面の三つのカールは「薬師岳の圏谷群」として国指定特別天然記念物となっている。

（山田信明）

［参照　12釜谷山、21薬師岳］

木暮理太郎（こぐれりたろう）

1873ー1944年
（明治6ー昭和19年）

登山家。群馬県新田郡強戸村（現太田市）生まれ。仙台第2高等学校、東京帝国大学史学科入学。1907（明治40）年、東京市史編纂嘱託となり、一生涯この仕事に携わる。

田部重治と共に槍ヶ岳ー剱岳、朝日岳ー針ノ木岳の縦走、黒部川、大井川、利根川の源流調査などにより、日本山岳界の「探検の時代」を築く。特に奥秩父山域をくまなく歩き、日本の渓谷の美しさを多数の著書で発表した。代表作に『山の憶ひ出』があり、山岳展望図作製にも大きなテーマとして取り組んでいる。昭和の初めごろからヒマラヤの研究もしている。日本山岳会の3代会長。

（亀村兼介）

［参照　11猫又山、12釜谷山］

柴崎芳太郎（しばさきよしたろう）

1876−1938年
（明治9−昭和13年）

参謀本部陸地測量部（現在の国土地理院の前身）測量技師。山形県大石田町生まれ。1906（明治39）年、剱岳一帯の3等三角点の設置を命じられた。柴崎測量隊は翌07（同40）年7月13日剱岳に登頂したが、あまりに険しく、3等三角点の設置を断念。その時、人跡未踏と思われていた山頂に錫杖頭と鉄剣を発見する。同月28日には柴崎が山頂に登って観測し標高2998・02メートルと計測する。

明治初期、内務省や農商務省などそれぞれに測量部署があったが、後に参謀本部に集約され、1888（同21）年、参謀本部陸地測量部が独立した一官庁として国の測量事業を行うようになった。三角点の設置は、1等三角点を約40キロメートル間隔で設置し、それを元に2等は約8キロメートル、3等は約4キロメートル間隔とした。剱岳の標高が最初に地図上に表記されたのは1913（大正2）年発行の5万分の1「立山」で柴崎測量官による4等測点の2998メートルである。

柴崎の時代に成し得なかった剱岳頂上の3等三角点は、100年後の2007（平成19）年に記念事業として設置され、GPSを使った最新の測定値で2999メートル、柴崎との差はわずか1メートルである。

（佐伯郁夫）

[参照　5剱岳、7黒部別山、66塔倉山]

冠 松次郎（かんむりまつじろう）

1883−1970年
（明治16−昭和45年）

登山家。東京府本郷区（現東京都文京区）に生まれる。実家は幕末から続く質屋を営む富豪であった。学歴はないが英語や数学を独学で学ぶ。1911（明治44）年白馬岳から祖母谷を下り宇奈月に出て、黒部峡谷に接する。15（大正4）年夏、剱岳に登った際、山頂から早月川に向かって薙ぎ落ちる長大な尾根を見て、登りたい意欲に駆られる。

17（同6）年7月飯塚篤之助を誘い、4人の芦峅の案内人を雇ってキワラ谷より登り、無名の尾根を「早月尾根」と命名した。18（同7）年立山から黒部本流へ足を踏み入れたのを皮切りに、黒部峡谷の全容を明らかにする。それらを『黒部谿谷』『劔岳』ほか多くの本に著し、その数は30冊を超える。

（佐伯郁夫）

[参照　5剱岳、48初雪山、56僧ヶ岳]

田部重治（たなべじゅうじ）

1884−1972年
（明治17−昭和47年）

英文学者、登山家。新川郡山室村東長江（現富山市）に生まれる。東京帝国大学英文科卒業。大学時代に出会った木暮理太郎とともに、日本アルプスや秩父の山々を歩き、1919（大正8）年山岳随想集『日本アルプスと秩父巡礼』として出版。増補改題した『山と渓谷』がロングセラーとなった。『峠と高原』『山への思慕』『若き日の山旅』『わが山旅50年』などを発表。表現豊かな文章で山岳随想の第一人者となった。「笛吹川を遡る（さかのぼる）」の文は、昭和初期の国語教科書に掲載されていた。日本山岳美の発見という宗教的精神と漂泊観を持ち、山岳会の中で静観派の源流といわれた。

富山県の山では、15（同4）年、木暮理太郎と毛勝山から劔岳の北方稜線を初縦走している。その足で立山ー平ー赤牛岳ー野口五郎岳ー烏帽子岳と継続している。この山行は当時としては記録的大登山であった。

富山市山室小学校は田部の母校で、運動場の隅に田部の歌碑がある。同校の校歌も作詞している。死後、遺骨は富山市梅沢町の法華寺に分骨された。

（亀村兼介）

［参照　11猫又山、12釜谷山、13毛勝山］

伊藤孝一（いとうこういち）

1892ー1954年
（明治25ー昭和29年）

登山家、山岳写真家。現在の名古屋市生まれ。伊藤家は江戸時代に代々尾張藩の御用商人として栄え、巨万の富を蓄えた。文政年間で170万両という資産は天文学的数字といわれる。伊藤は有峰に最後に残っていた、岩段家の土蔵を買って、真川に移築し立派な山小屋にする。

1923（大正12）年3月、立山温泉から雄山に登り、平で黒部川を渡って針ノ木峠を経て大町に至る。5月には、大規模な撮影隊を組織し、上ノ岳（北ノ俣岳）と黒部五郎岳に小屋を建て、積雪期の北アルプスを35ミリフィルムで撮影。24（同13）年2月、冬の薬師岳に登頂。同年4月、上ノ岳から槍ヶ岳までを撮影し、鷲羽岳・水晶岳も登る。これらは「雪の立山・針ノ木越え」「雪の薬師・槍越え」の日本初の本格的な雪山記録映画となった。当時の様子は『山岳』（68年）と『雪嶺秘話』（瓜生卓造著）に詳しい。

莫大な資産を元に行われた伊藤の登山と業績は、日本登山史上では抹殺同様に扱われ知る人は少ない。上ノ岳には今も伊藤が建てた小屋跡の石積みが残る。

（佐伯郁夫）

［参照　20越中沢岳］

塚本繁松（つかもとしげまつ）

1899ー1947年
（明治32ー昭和22年）

登山家。朝日町大家庄出身。黒部・黒薙川支流北又谷および柳又谷の開拓者として知られる。「黒薙川柳又谷」（『山岳』第26年第3号）、「朝日岳と北又谷」（同第27年第1号）、「黒部の古道を訪ふ」（同第36年第2号）、「白馬岳以北の処女境」（『旅』第8巻7号ー12号）は、その登山記などである。山岳航空写真もよくし、各種山岳雑誌のグラビアを飾る。一方、日本山岳会理事、主事を歴任。機関誌『山岳』などの編集も担当する。東京都大田区で病死。享年48歳。

（湯口康雄／富山大百科事典下巻より転載）

［参照　43朝日岳、48初雪山］

富山県山岳連盟選定 「富山の百山」一覧

富山県山岳連盟 「富山100山委員会」
2013年6月選定

[中部山岳国立公園の山]

No.	山名	よみ	標高(m)	所在地(旧市町村名)	県境	三角点	区分					備考
							越中の百山	300名山	北陸の100山	100高山	日本の山1000	
1	立山 (大汝山・雄山・富士ノ折立)	たてやま (おおなんじやま・おやま・ふじのおりたて)	3,015	立山		(1等)		100	○	○	○	花の百名山・ 新日本百名山 (雄山1等三角点)
2	別山	べっさん	2,880	立山		—				○	○	
3	浄土山	じょうどさん	2,831	立山		—					○	
4	龍王岳	りゅうおうだけ	2,872	立山		—				○		
5	剱岳	つるぎだけ	2,999	上市・立山		(3等)		100	○	○	○	新日本百名山 新花の百名山 (早月尾根)
6	池平山	いけのだいらやま	2,561	立山・宇奈月・上市		—					○	
7	黒部別山	くろべべっさん	2,353	立山		(3等)						
8	奥大日岳	おくだいにちだけ	2,611	立山・上市		(3等)		200			○	新花の百名山
9	大日岳	だいにちだけ	2,501	立山・上市		(2等)			○		○	新花の百名山
10	赤谷山	あかたにやま	2,260	上市・宇奈月		—	○					
11	猫又山	ねこまたやま	2,378	魚津・宇奈月・上市		3等	○				○	
12	釜谷山	かまたにやま	2,415	魚津・宇奈月		—	○				○	
13	毛勝山	けかつやま	2,415	魚津・宇奈月		2等	○	200	○		○	
14	大猫山	おおねこやま	2,070	上市・魚津		(3等)	○					
15	細蔵山	ほそぞうやま	1,551	上市		—	○					
16	大熊山	おおくまやま	1,629	上市		3等	○					
17	中山	→P249[県東部の山]へ										
18	クズバ山	くずばやま	1,876	上市		—	○					
19	鳶山	とんびやま	2,616	大山		—			○			
20	越中沢岳	えっちゅうざわだけ	2,592	大山		2等					○	
21	薬師岳	やくしだけ	2,926	大山		2等		100	○	○	○	花の百名山
22	寺地山	てらぢやま	2,000	大山	岐阜	(3等)	○					有峰県立自然公園
23	北ノ俣岳 (上ノ岳)	きたのまただけ (かみのだけ)	2,662	大山	岐阜	(3等)					○	新花の百名山
24	黒部五郎岳 (中ノ俣岳)	くろべごろうだけ (なかのまただけ)	2,840	大山	岐阜	3等		100	○	○	○	花の百名山
25	三俣蓮華岳	みつまた れんげだけ	2,841	大山	岐阜・ 長野	3等		300	○	○	○	
26	鷲羽岳	わしばだけ	2,924	大山	長野	3等		100		○	○	
27	祖父岳	じいだけ	2,825	大山		—				○	○	
28	水晶岳 (黒岳)	すいしょうだけ (くろだけ)	2,986	大山		(3等)		100	○	○	○	

No.	山　名	よ　み	標高（m）	所　在　地（旧市町村名）	県境	三角点	区　分					備　考
							越中の百山	300名山	北陸の100山	100高山	日本の山1000	
29	赤牛岳	あかうしだけ	2,864	大山		3等		200		○	○	
30	烏帽子岳	えぼしだけ	2,628	大山	長野	―		200			○	
31	野口五郎岳	のぐちごろうだけ	2,924	大山	長野	2等		300		○	○	
32	針ノ木岳	はりのきだけ	2,821	立山	長野	3等		200	○	○	○	新花の百名山
33	蓮華岳	れんげだけ	2,799	立山	長野	2等		300		○	○	新花の百名山
34	赤沢岳	あかざわだけ	2,678	立山	長野	3等				○	○	
35	爺ヶ岳	じいがたけ	2,670	立山	長野	3等		300		○	○	花の百名山
36	鹿島槍ヶ岳	かしまやりがたけ	2,889	宇奈月・立山	長野	2等		100	○	○	○	花の百名山・新花の百名山
37	唐松岳	からまつだけ	2,696	宇奈月	長野	2等		300		○	○	
38	五龍岳	ごりゅうだけ	2,814	宇奈月	長野	―		100	○	○	○	
39	清水岳	しょうずだけ	2,603	宇奈月		(3等)						
40	白馬岳	しろうまだけ	2,932	朝日町	長野	1等		100	○	○	○	花の百名山・新花の百名山
41	杓子岳	しゃくしだけ	2,812	宇奈月	長野	―				○		
42	鑓ヶ岳	やりがたけ	2,903	宇奈月	長野	3等				○	○	
43	朝日岳	あさひだけ	2,418	朝日町	新潟	2等		300	○		○	新日本百名山
44	雪倉岳	ゆきくらだけ	2,611	朝日町	新潟	3等		200			○	
45	〔黒岩山〕	くろいわやま	1,624	朝日町	新潟	3等	○					
57	駒ヶ岳	こまがたけ	2,003	魚津・宇奈月		3等	○					僧ヶ岳県立自然公園

[県東部の山]

No.	山　名	よ　み	標高（m）	所　在　地（旧市町村名）	県境	三角点	区　分					備　考
							越中の百山	300名山	北陸の100山	100高山	日本の山1000	
17	中山	なかやま	1,255	上市		3等	○					
46	犬ヶ岳	いぬがだけ	1,592	朝日	新潟	2等	○				○	
47	白鳥山	しらとりやま	1,287	朝日	新潟	3等	○		○		○	
48	初雪山	はつゆきやま	1,610	朝日		(3等)	○					朝日県立自然公園
49	〔大地山〕	おおちやま	1,167	朝日		―	○					朝日県立自然公園
50	〔大鷲山〕	おおわしやま	817	朝日		3等						朝日県立自然公園
51	黒菱山	くろびしやま	1,043	朝日		2等	○					朝日県立自然公園
52	南保富士	なんぼふじ	727	朝日		3等						朝日県立自然公園
53	負釣山	おいつりやま	959	入善・朝日		3等	○					
54	鋲ヶ岳	びょうがだけ	861	黒部・宇奈月		3等	○					僧ヶ岳県立自然公園

No.	山名	よみ	標高(m)	所在地(旧市町村名)	県境	三角点	区分					備考
							越中の百山	300名山	北陸の100山	100高山	日本の山1000	
55	烏帽子山	えぼしやま	1,274	黒部・宇奈月		3等	○					僧ヶ岳県立自然公園
56	僧ヶ岳	そうがだけ	1,855	魚津・宇奈月		2等	○		○		○	僧ヶ岳県立自然公園
57	駒ヶ岳	→P249〔中部山岳国立公園の山〕へ										
58	大倉山	おおくらやま	1,443	上市・魚津		3等	○					片貝県定公園
59	〔濁谷山〕	にごりだんやま	1,238	魚津・上市		1等	○					片貝県定公園
60	城山(千石城山)	じょうやま(せんごくじょうやま)	758	上市		3等						大岩眼目県定公園
61	城ヶ平山	じょうがひらさん	446	上市		3等						大岩眼目県定公園
62	高峰山	たかみねやま	958	上市・立山		2等	○					大岩眼目県定公園
63	〔鍋冠山〕	なべかんむりやま	900	上市		−	○					大岩眼目県定公園
64	大辻山	おおつじやま	1,361	上市・立山		3等	○		○		○	
65	来拝山	らいはいざん	900	立山		3等	○					
66	塔倉山	とうのくらやま	726	立山		(3等)	○					
67	尖山	とがりやま	559	立山		2等			○		○	

[県中央部の山]

No.	山名	よみ	標高(m)	所在地(旧市町村名)	県境	三角点	区分					備考
							越中の百山	300名山	北陸の100山	100高山	日本の山1000	
68	大品山	おおしなやま	1,420	大山		(3等)	○					有峰県立自然公園 立山山麓県定公園
69	鍬崎山	くわさきやま	2,090	大山		2等	○	300	○		○	有峰県立自然公園
70	鉢伏山	はちぶせやま	1,782	大山		3等	○				○	有峰県立自然公園
71	高頭山	たかずこやま	1,210	大山		(2等)	○					
72	六谷山	ろくたんやま	1,398	大山	岐阜	1等						
73	キラズ山	きらずやま	1,188	大沢野・大山	岐阜	3等	○					
74	唐堀山	からぼりやま	1,159	細入	岐阜	3等	○					
75	城山(呉羽丘陵)	じょうやま(くれはきゅうりょう)	145	富山		1等			○			呉羽丘陵県定公園
76	小佐波御前山	おざなみごぜんやま	754	大沢野・大山		2等	○		○		○	
77	大乗悟山	だいじょうごさん	590	細入・大沢野		−						
78	夫婦山	めおとやま	784	八尾		2等	○					
79	祖父岳	そふだけ	832	八尾		3等	○					
80	白木峰	しろきみね	1,596	八尾	岐阜	(2等)	○	300	○		○	白木水無県立自然公園

[県西部の山]

No.	山　名	よ　み	標高(m)	所　在　地(旧市町村名)	県境	三角点	区　分					備　考
							越中の百山	300名山	北陸の100山	100高山	日本の山1000	
81	二上山	ふたがみやま	274	高岡・氷見		ー			○			能登半島国定公園
82	碁石ヶ峰	ごいしがみね	461	氷見	石川	2等			○			
83	元取山	もとどりやま	196	福岡		3等						ふくおか西山森林県定公園
84	稲葉山	いなばやま	347	小矢部		2等			○			稲葉山宮島峡県定公園
85	牛岳	うしだけ	987	庄川・利賀・山田		2等	○		○			牛岳県定公園
86	金剛堂山	こんごうどうざん	1,650	利賀・八尾		(1等)	○	200	○		○	白木水無県立自然公園
87	八乙女山	やおとめやま	756	井波・利賀		(3等)	○					八乙女山・閑乗寺県定公園
88	赤祖父山	あかそぶやま	1,030	井口・利賀		ー	○					
89	高清水山	たかしょうずやま	1,145	城端・平		ー	○		○		○	
90	高落場山	たかおちばやま	1,122	城端・平		ー	○					五箇山県立自然公園
91	高坪山	たかつぼやま	1,014	平・上平		3等	○					五箇山県立自然公園
92	袴腰山	はかまごしやま	1,165	城端・上平		ー	○		○		○	
93	猿ヶ山	さるがやま	1,448	上平・福光		2等	○		○		○	
94	人形山	にんぎょうざん	1,726	平	岐阜	ー	○	300	○		○	新日本百名山 白木水無県立自然公園
95	三ヶ辻山	みつがつじやま	1,764	利賀	岐阜	2等	○				○	白木水無県立自然公園
96	医王山 (奥医王山)	いおうぜん (おくいおうぜん)	939	福光	石川	1等	○	300	○		○	新花の百名山 医王山県立自然公園
97	大門山	だいもんざん	1,572	福光	石川	3等	○	300	○			
98	奈良岳	ならだけ	1,644	上平	石川	3等	○		○		○	白山国立公園
99	大笠山	おおがさやま	1,822	上平	石川	1等	○	300	○		○	白山国立公園
100	笈ヶ岳	おいずるがだけ	1,841	上平	石川・岐阜	3等	○	200	○		○	白山国立公園

(注)・山　名　地形図の標記、ただし〔　〕は地形図に記載がないもの
・よ　み　『決定地名集（Ⅱ）(自然地名)』(建設省国土地理院、1996年）による
・標　高　国土地理院ＨＰの地理院地図により山頂の三角点または最高地点の標高、ただし小数点以下を四捨五入（2017年3月現在）
・三角点　（　）は最高地点にないことを示す　　ーは三角点がない
・区　分　越中の百山：『越中の百山（改訂新版)』(北日本新聞社、1981年）　300名山の内訳　100：日本百名山（深田久弥、1964年)、200：日本二百名山（深田クラブ、1984年)、300：日本三百名山　（日本山岳会、1978年）　北陸100山：『北陸の百山』（朝日新聞富山・金沢・福井支局編、1987年）100高山：「日本の山岳標高ベスト100」『山の便利帳』（山と渓谷社）　日本の山1000：『山渓カラー名鑑　日本の山1000』（山と渓谷社、1992年）

執筆者一覧

取材・執筆

【魚津岳友会】
坂口　　忍
佐竹　剛彦
山本　一彦
【十全山岳会】
小藥　正義
小西　孝司
【上市峰窓会】
安宅　繁正
池田　則章
澤井　仁一
高井　　充
土井　唯弘
蓮田　　哲
蓮田ルミ子
林　　幹雄
藤田　啓一
【黒部山岳会】
堀　　正幸
【城端山岳会】
中道　伸雄
西川　雄策
橋本　英司
開澤　浩義
本谷二三夫
山﨑富美雄
【高岡カラコルムクラブ】
棚田　英治
【高岡山岳会】
阿部千賀雄
折平　　豊
坂田　　満
松崎　　勇
南　　成昭
【砺波登高会】
遠藤　志朗
金田　淑子
田嶋　道夫
温井　　満
【富山県高体連登山専門部】
金川　千尋
中井　信一
滝川　昌史
【富山県庁山岳スキー部】
大楠　立紀
高見　直哉
藤井　久一
【富山山想会】
柴崎　孝之
瀬戸紀美子
西嶋　真市
藤田　安啓
藤村　宏幸
【日本山岳会富山支部】
金尾　誠一
佐伯　郁夫
渋谷　　茂
山田　信明
【黒檜山岳会】
木本　桂春
上不　信義
本多　尚文
本多　直人
【北陸電力山岳部】
奥野　優一
藤木　寿俊
【大山町山岳会】
浅井　淳一
永山　義春
辰口　久一
【高志山の会】
岡本　邦夫
島崎由美子
真木　義信
松見　吉博
【福光山岳会】
橋本　准治
【双嶺山の会】
稲垣　　勲
川口　一民
北岡　宏紀
草野　良博
高橋　正光
林　　伯雄
松田　博紀
吉村勢津子
【山凱会】
五島　雄介
谷口　凱夫
蜷川　健昭

表紙カバー・大扉写真

高見　源彰（日本山岳写真協会北陸支部）

巻頭口絵写真

安宅　繁正、村上　清光、松本　睦男、永山　義春、林　　伯雄、浅井　淳一、小西　孝司

本文写真協力（敬称略、50音順）

浅井　淳一、荒井　高志、五十嶋博文、浦井　直幸、大坪　達弘、荻野　弘文、柏原　一正、金田　淑子、草野　良博、佐伯　謙一、坂井　一彦、坂口　　忍、佐々木賢二、渋谷　　茂、清水ゆかり、宝田　桂子、辰口　久一、鈞　　良恵、直江　裕二、長岡　正利、林　　伯雄、福山亜希子、藤村　宏幸、堀井よし子、松本　睦男、村上　清光、森田　裕子、山田　信明

取材協力

富山県自然保護課、国土地理院北陸地方測量部、立山自然保護官事務所、富山森林管理署、富山県警山岳安全課、立山カルデラ砂防博物館、木戸自動車工業

富山100山委員会（2013.4）　◎は編集委員を兼ねる（2013.9）

松本　睦男◎（富山県山岳連盟会長）
山田　信明◎（委員長・富山県山岳連盟副会長）
蛯川　健昭◎（委員会副委員長・山凱会）
高見　直哉◎（委員会事務局・富山県山岳連盟事務局長）
森田　裕子◎（委員会事務局・上市峰窓会）
中島　　眞　（魚津岳友会）
小西　孝司　（十全山岳会）
安宅　繁正　（上市峰窓会）
堀　　正幸　（黒部山岳会）
開澤　浩義◎（城端山岳会・富山県山岳連盟理事長）
阿部千賀雄◎（高岡山岳会）
金田　淑子　（砺波登高会）
石溪　秀満　（富山県高体連登山専門部）
藤井　久一◎（富山県庁山岳スキー部）
西嶋　真市　（富山山想会）
渋谷　　茂　（日本山岳会富山支部）
上不　信義　（黒檜山岳会）
藤木　寿俊　（北陸電力山岳部）
浅井　淳一　（大山町山岳会）
亀村　兼介◎（高志山の会）
橋本　准治◎（福光山岳会）
林　　伯雄◎（双嶺山の会）
五島　雄介　（山凱会）

北日本新聞社事業局出版部／北日本新聞開発センター―出版部◎
佐伯　郁夫◎（オブザーバー・日本山岳会富山支部）

『富山の百山』改訂新版検討委員会（2020.1）

山田　信明（富山県山岳連盟会長）
開澤　浩義（富山県山岳連盟副会長・理事長）
山田　　宏（富山県山岳連盟事務局長）
佐竹　剛彦（魚津岳友会）
小西　孝司（十全山岳会富山県支部）
安宅　繁正（上市峰窓会）
佐々木基安（黒部山岳会）
開澤　浩義（城端山岳会）
松崎　　勇（高岡山岳会）
金田　淑子（砺波登高会）
金川　千尋（富山県高体連登山専門部）
藤井　久一（富山県庁山岳スキー部）
西嶋　真市（富山山想会）
渋谷　　茂（日本山岳会富山支部）
上不　信義（黒檜山岳会）
藤木　寿俊（北陸電力山岳部）
浅井　淳一（大山町山岳会）
岡本　邦夫（高志山の会）
橋本　准治（福光山岳会）
林　　伯雄（双嶺山の会）
蛯川　健昭（山凱会）

北日本新聞社事業局出版部長、北日本新聞開発センター出版部
松本　睦男（オブザーバー・元富山県山岳連盟会長）

累積標高データ作成　中島　敬二（チロル山の会）
略図制作・校正　岡田　幸生
装丁・レイアウト　土井野修清（土井野デザイン事務所）

参考文献一覧

共　通

書　名	編著者	発行所	発行年
越中の百山	県教職員山岳研究会	北日本新聞社	1973
越中山座図巻	越中山座同定グループ	北日本新聞社	1978
立山黒部奥山の歴史と伝承	廣瀬　誠	桂書房	1984
新版とやま山歩き	橋本　廣　他	シー・エー・ピー	1992
とやま山ガイド　10ジャンル100コース	佐伯郁夫・佐伯邦夫	シー・エー・ピー	1996
とやま山紀行	橋本　廣	桂書房	1996
富山とっておきの33山	渋谷　茂	北国新聞社	2000
富山県山名録	橋本廣・佐伯邦夫	桂書房	2001
新日本山岳誌	日本山岳会	ナカニシヤ出版	2005
日本山名辞典　改訂版	徳久球雄・石井光造・竹内正	三省堂	2011
富山県の山　新分県登山ガイド改訂版17	佐伯郁夫・佐伯克美・佐伯岩雄	山と溪谷社	2013

ガイドブック

書　名	編著者	発行所	発行年
ヤマケイアルペンガイドシリーズ18　立山・剱・白馬	佐伯郁夫・佐伯克美・中西俊明	山と溪谷社	2001
ヤマケイアルペンガイド7　槍・穂高連峰　北アルプス	渡辺幸雄	山と溪谷社	2012
ヤマケイアルペンガイド8　剱・立山連峰　北アルプス	星野秀樹	山と溪谷社	2013
ヤマケイアルペンガイド9　白馬・後立山連峰　北アルプス	中西俊明	山と溪谷社	2008
新版空撮登山ガイド8　立山・剱・雲ノ平	三枝輝雄・内田　修	山と溪谷社	1997
YAMAPシリーズ5　立山・剱岳・大日岳	佐伯郁夫・佐伯克美	山と溪谷社	2006
YAMAPシリーズ11　雲ノ平・双六・黒部五郎	三宅　岳	山と溪谷社	2004
フルカラー特選ガイド22　雲ノ平・双六岳を歩く	三宅　岳	山と溪谷社	1999
日本三百名山登山ガイド　中	三宅岳・佐伯郁夫・佐伯克美	山と溪谷社	2000
山と高原地図34　白馬岳	高久正雄	昭文社	
山と高原地図35　鹿島槍・五竜岳	古瀬惠一	昭文社	
山と高原地図36　剱・立山	佐伯成司	昭文社	2011
石川県の山　分県登山ガイド18	林正一　他	山と溪谷社	2000
新潟県の山　新分県登山ガイド16	宮澤健二・羽鳥勇・小野健他	山と溪谷社	2007
長野県の山　新分県登山ガイド改訂版15	垣外富士男・津野祐次・中山秀幸	山と溪谷社	2010
岐阜県の山　新分県登山ガイド改訂版20	島田　靖・堀井啓介	山と溪谷社	2012

その他

書　名	編著者	発行所	発行年	対象の山名
立山のいぶき	廣瀬　誠	シー・エー・ピー	1992	立山、別山
山頂渉猟	南川金一	白山書房	2003	黒部別山
日本登山体系5　剱・黒部・立山	黒部の衆　他	白水社	1981	〃
地域研究黒部別山　岳人383号	黒部の衆	東京新聞出版局	1979	〃
北アルプスの湖沼	大塚　大	山と溪谷社	1986	龍王岳、鳶山
地震の記憶　安政五年大震大水災記	廣瀬　誠	桂書房	2000	鳶山
立山をめぐる山岳ガイドたち(図録)	五十嶋一晃	立山カルデラ砂防博物館	2010	鳶山、越中沢岳
薬師岳と人とのかかわり(企画展図録)		富山市大山歴史民俗資料館	2011	薬師岳
越中薬師岳登山史	五十嶋一晃	五十嶋商事	2012	〃

書　名	編著者	発行所	発行年	対象の山名
太郎平小屋50年史別冊　岳は日に五たび色がかわる	五十嶋一晃	太郎平小屋50周年記念誌編集委員会	2005	薬師岳、北ノ俣・黒部五郎・三俣蓮華岳、鷲羽・祖父岳
とつげき日本百名山	今野銀河	ブイツーソリューション	2007	北ノ俣・黒部五郎・三俣蓮華岳
山と溪谷2010年8月号		山と溪谷社	2010	北ノ俣・黒部五郎・三俣蓮華岳、寺地山
保勝会五十年のあゆみ	大蓮華山保勝会	富山スガキ	1980	朝日・雪倉岳
越中奥山の地名	廣瀬　誠	富山県国語学会・方言民俗談話会	1958	〃
栂海新道を拓く　山溪叢書5	小野　健	山と溪谷社	2010	白鳥山
笹川小学校閉校時記念誌　さゝ郷の流れとともに	笹川小学校閉校時記念誌編集委員会	笹川小学校閉校記念事業実行委員会	1994	大鷲山、南保富士
朝日町立南保小学校閉校記念誌「南保」	記念誌編集委員会	閉校記念実行委員会	2005	南保富士
魚津区域郷土史・郷土読物				濁谷山
魚津市史		魚津市		〃
北越の山歩き　桂新書6	橋本　廣	桂書房	1998	高峰山
大岩眼目県定公園	菊川　茂　他	富山県自然保護課	1988	鍋冠山
越中山河覚書 I	橋本　廣	桂書房	2002	〃
上市町誌		上市町	1970	〃
新上市町誌	新上市町誌編纂委員会	上市町	2005	鍋冠山・千石城山
来拝山周辺地図	立山青少年自然の家	立山青少年自然の家		来拝山
来拝山の自然と歴史	〃	〃		〃
佐々成政〈悲運の知将〉の実像	遠藤和子	サイマル出版社	1986	鍬崎山
ふるさと大山とともに　大山町山岳会創立20周年記念誌		大山町山岳会	2010	〃
村の記憶(増補)	山村調査グループ	桂書房	2004	高頭山
富山県の地名　日本歴史地名大系16		平凡社		〃
地名語源で探る神通郷の素性	佐藤　徹	私家版	2012	キラズ山
とやまウオーキングガイド	とやま散策グループ編	シー・エー・ピー	1999	城山(呉羽丘陵)
案内パンフレット・ルートマップ	山口五十一代表	呉羽山観光協会		〃
細入村史		細入村		大乗悟山
二上山を歩く　二上山文庫	泉治夫・内島宏和・大野豊	二上山総合調査研究会	2010	二上山
氷見春秋　第37号	奥村秀雄	氷見春秋会	1998	碁石ヶ峰
福岡町鳥倉村の物語	岩崎照栄・島倉英彦	岩崎照栄	1999	元取山
越の下草	宮永正運	富山県郷土史会・北国出版社	1980	稲葉山
小矢部市史	小矢部市史編集委員会	小矢部市	1971	〃
庄川町史　上巻		庄川町		牛岳
井波町史　上巻	千秋謙治	井波町		八乙女山
井波風と不吹堂信仰	井波町自然保護委員会			〃
赤祖父郷土地改良区史	千秋謙治	赤祖父郷土地改良区史刊行会	2004	赤祖父山
古道道宗道		道宗道の会	2010	赤祖父山、高清水山、高落場山、高坪山
中部北陸自然歩道を歩く	田嶋直樹	風媒社	2007	高落場山
続わが白山連峰	長崎幸雄	山路書房	1994	猿ヶ山
五箇山保勝会会報		五箇山保勝会	1986	〃
五箇山・白川郷の峰々 美しきふるさとの山63座	山崎富美雄	五箇山保勝会	2000	高坪山、人形山、大笠山
週刊ふるさと百名山No.41　白山　笈ヶ岳		集英社	2011	笈ヶ岳

『新版　富山の百山』に寄せて

山の頂に立つと、日常の喧騒を忘れられると言います。山登りの魅力は尽きることがありません。ここに、最新の情報を盛り込んで、『富山の百山』の新版を発刊できることを喜ばしく思います。

『富山の百山』は、北日本新聞創刊１３０周年を記念して２０１４年に初版が発行されました。ロングセラーとして県内外の山岳ファンに読み親しまれ、増刷したものの、２年前に在庫がなくなり、新版の出版が待たれていたことと思います。

当初は昨春の発刊を目指し、富山県山岳連盟が中心となって編集を進めてきました。しかし、新型コロナウイルスの感染拡大を受けて延期となり、その後、「三密」の回避など感染防止に配慮した新しい登山スタイルが浸透してきたことも踏まえ、発刊を決めました。

ご存知のように、私たちのふるさと富山には、３０００メートル級の北アルプス・立山連峰から地域に身近な里山まで約６００の山々があります。この中から特徴のある１００の山を選び、自然環境や登山ルート、見どころなどをまとめたのが本書です。そそり立つ岩峰の山から、なだらかな湿原や高原を持つ山、信仰の対象となる山もあり、実に多様で奥深い山の姿が詰め込まれています。

新たな試みとして、富山県が2020年に安全な登山のために公表した「山のグレーディング」と同じ基準で登山の指標を見直しました。「体力度」と「技術的難易度」という二つの面から登山の難しさ「グレード」を示しているほか、登山ルートを細分化して区間ごとに難易度を色分けした地図も取り入れました。

登山ブームの中、『富山の百山』の発刊を機に100座すべてを完登される方が増えたと聞きます。北陸新幹線が開業し、これまでにも増して多くの登山者が富山を訪れています。令和の新しい登山ガイドブックとして、多くの方々が本書を手に取り、富山の山の素晴らしさを実感していただければ幸いです。

取材・執筆に尽力されました富山県山岳連盟の皆さまの熱意と努力に敬意を表します。コロナ感染防止に気を配り、安全な登山を楽しまれることを心より願っています。

2021年6月

北日本新聞社代表取締役社長　駒澤信雄

編集後記

2013年に、富山県山岳連盟創立65周年記念事業の一環として選定した「富山の百山」は、その魅力を広く発信しようと、登山ガイドブックとして加盟団体が分担して現地取材や原稿執筆に取り組み、2014年8月11日（同年に制定された「山の日」）に、北日本新聞社から『富山の百山』の初版が発行されました。以後、増刷や改訂を重ねつつ、6年が経過しています。

その間富山県では、2018年に「安全登山検討会」が開催され、多方面から安全登山対策が議論される中で、登山者によるオンライン登山届や、山のグレーディング作成などの提言がありました。2019年6月からは、公益社団法人日本山岳ガイド協会が運用するコンパス登山届システムが県でも活用され、2020年3月には、富山県「山のグレーディング」が公表されました。

『富山の百山』も新版を発行するにあたり、安全な登山計画に活用いただけるよう、山のグレーディングやピッチマップなど、新たな情報を取り入れました。

山は自然の一部であり、日々変化し、季節や天候によっても大きく異なります。登山道も行政や関係団体、山小屋や地元の方、山岳会やボランティアの方など、たくさんの方々のお蔭で維持管理されていますが、中には、登山道のない山や維持管理が及ばないところ、状況が変化しているところもあります。読者の皆様には、自然のリスクを知り、それに対する備えをしながら、登山を通じて、豊かな自然を体験していただければと思います。

新版の編集は、新型コロナウイルス感染症の感染拡大に大きな影響を受け、現地調査や打合せなどが困難な状況でした。できるだけメールや郵便を活用し、関係者の格別のご協力と熱意により作業を進めることができました。

今回、表紙に素晴しい写真を提供いただいた高見源彰様や、有峰湖上空からの貴重な立山連峰の写真を提供いただいた長岡正利様、協力いただいた加盟団体の皆様はもちろん、初版から引き続き原稿の見直しや写真を提供いただいた執筆者の皆様、北日本新聞社事業局や北日本新聞開発センター出版部の皆様、多くの皆様に心から感謝申し上げます。

また、初版の原稿執筆者のうち、鬼籍に入られた西川雄策氏、棚田英治氏、阿部千賀雄氏には、謹んでご冥福をお祈り申し上げます。

本書『富山の百山』が、山に親しみ、山の恩恵に感謝する機会となり、四季折々の富山の山の魅力の再発見や、安全に山を楽しむ一助となれば幸いです。

2021年6月

富山県山岳連盟　副会長・理事長　開澤浩義

新版

富山の百山

［グレーディング版・ピッチマップ付き］

2014年8月11日初版発行
2017年4月 3日改訂
2021年6月27日新版発行

編　　者　富山県山岳連盟
発 行 者　駒澤 信雄
発 行 所　北日本新聞社
〒930-0094 富山市安住町2番14号
電話　076(445)3352
FAX　076(445)3591
振替口座　00780-6-450

編集制作　(株)北日本新聞開発センター

印 刷 所　北日本印刷(株)

定価はカバーに表示してあります。

ISBN978-4-86175-116-5 C0026 Y2500E